国際教育開発の研究射程
「持続可能な社会」のための比較教育学の最前線

The Scope of International Educational Development Studies

北村友人

東信堂

はじめに

　途上国の教育のあり方について多様な視点から検討を行う国際教育開発研究は、まだ「若い」学問領域である。ここで言う「若さ」とは、教育学のなかでもとくに新しい分野であり、いまだ十分な学術的知見が蓄積されていないという点においてである。それは同時に、研究の可能性が非常に多く残されている分野であることも意味する。

　とくに日本では、急速な経済成長を遂げつつあるアジアや開発の可能性を秘めたアフリカにおける途上国の教育課題に対する関心が、1990年代半ばから今日にかけて高まってきた。国際教育開発研究を志す若手研究者たちの数が確実に増えていることを、大学に身を置く筆者は日々感じている。

　本書の目的は、こうした「若い」学問領域である国際教育開発研究が、どのような課題を研究テーマとして捉え、それらの課題に関していかなる学術的分析を行おうとしているのかを、読者のみなさんに提示することである。ただし、いかに「若い」学問領域とはいえ、途上国の教育に関する広範な研究課題のすべてを扱うことは不可能である。そのため、あくまでもこの学問領域が射程に入れている研究課題や問題関心を紹介するとともに、今後の国際教育開発研究を通してさらに深められていくべき課題を提示することが、本書の目指すところである。

　加えて、21世紀に生きる私たちにとって大きな課題である「持続可能な社会」の実現へ向けて、教育がどのような貢献をすることができるのかについても考えてみたい。そこで、持続可能な社会の担い手を育てるために、教育がいかなる役割を果たすべきかについて考察することが、本書のもうひとつの目的である。

今日、途上国と呼ばれる国・地域は、その多くがかつて西欧諸国や日本が中心となって推し進めた帝国主義にもとづく植民地支配のもとに置かれていた。そのため、植民地社会に関する理解を深めるために行われた教育分野についての諸研究を、国際教育開発研究の源流のひとつとして捉えることができる。

　ただし、そうした研究の主流は、支配体制を強化するために植民地の社会文化的な実情を明らかにするという目的を有しており、あくまでも旧宗主国側からの一方的な視点にもとづくものであったといっても過言ではない。したがって、途上国の教育分野でどのような課題があり、その課題を克服するためにいかなる国際的な援助・協力が必要であるかといった関心にもとづく、今日的な意味での国際教育開発研究は、20世紀の後半に入って（とりわけ1950～60年代を境に多くの旧植民地が国家としての独立を果たすなかで）本格的に始まったと言って良いであろう。

　こうした国際教育開発研究は、途上国における教育制度、教育行財政、教育内容、教育方法などに関して、政治学、社会学、経済学、文化人類学といった多様な学問領域の知見を活かして現状を分析する。そして、そこにみられる諸問題を改善するための方策を、途上国の立場に立って探ることを目指している。また、それらの問題を改善するうえで、国際的な援助や協力がどのように実施され、その効果がいかなるものであるかといったことを検証している。

　さらに、教育に対する国際的な援助・協力の実践的な問題を研究するためには、教育だけに限定されず、教育の背景にあるその国の歴史や文化に目を広げる必要がある。すなわち、途上国に生きる人々の視点が不可欠である。その意味では、近年、途上国の研究者たちが着実に育ち、途上国と先進国の研究者たちが協力して研究を行う条件が整ってきていることは喜ばしいことである。

　ここで、教育に対する国際的な援助・協力のあり方を検討する国際教育開発研究を推し進めるにあたって、重要な武器となるのが比較教育学である。比較教育学とは、異なる社会における教育のあり方を理解し、自らの社会に

おける教育の特性を見つめ直すことで、教育という事象のもつ普遍性・法則性や、それぞれの社会における独自性・固有性などを探究する学問である。このような特性をもつ比較教育学の多様で総合的な学術的知見を、国際教育開発研究に活かしていくことが欠かせない。

　国際教育開発研究は、「途上国のなかで営まれている教育事象」について分析を加える際に、「先進国、国際機関、NGO等が途上国に対して働き掛ける教育の援助・協力」がもたらす影響などを考慮しながら行う研究である。伝統的な比較教育学では前者（「途上国のなかで営まれている教育事象」の分析）の研究を主として行ってきたが、途上国の教育について理解を深めるためには後者（「教育の援助・協力」がもたらす影響）を明らかにすることも欠かせない。こうした点から、国際教育開発研究は、比較教育学のなかの重要な一領域を占めると位置づけることができる。

　本書では、国際教育開発研究の学問的な特性を明らかにするとともに、比較教育学の学問的な特性をも明らかにすることを目指している。

　第1部では、国際教育開発研究の理論や方法論について論じる。そのため、国際教育開発研究が比較教育学の方法論を活用しながらどのように発展してきたかを示したうえで、比較教育学における国際教育開発研究の位置づけを明らかにする。そのうえで、途上国の教育に対する国際的な援助・協力の実践に国際教育開発研究の知見がいかにして活用できるかを、能力開発や政策評価といったテーマに即して論じる。

　第2部では、第1部の理論や方法論に関する議論を踏まえたうえで、持続可能な社会を実現するためには公共性や市民性を備えた人材の育成が不可欠であるという観点から、「持続可能な開発のための教育（ESD）」という新しい教育の考え方について論じる。途上国における教育の援助・協力を推し進めていくなかで、このESDがいかにして教育実践として活かされるのかについて、カンボジアの「市民性の教育」、平和構築の際の「権利としての教育」という考え方、防災教育と情報ガバナンスのあり方などを通して検討する。

　最後に、今後の国際教育開発研究が進むべき方向性を考えるために、日本

の教育改革における新自由主義的な思潮の影響について明らかにしたい。途上国・先進国を問わず新自由主義のイデオロギーが大きな影響をもつなか、いち早く新自由主義的な教育改革を実施し、結果として教育格差を拡大させてきた日本の経験は、途上国にとっても参考になるはずである。さらなる経済成長を実現し、戦後の日本が歩んできた道と同じような道を駆け足で進もうとしている多くの途上国の教育開発のあり方を考えるうえで、日本の経験は貴重な反面教師になると考える。

　今後、日本における国際教育開発研究がさらに充実していくことを期待し、この「若い」学問領域の「若い」一学徒として自分なりのメッセージを投げかけたいという思いで、本書を上梓した。「若い」が故に、未知の研究領域が大きく広がっている国際教育開発研究は、学術的な探究心をかき立てるという意味から魅力的な学問であるとともに、そこでの研究成果を実際の途上国における教育の援助・協力に反映させることができるという点でも、非常にエキサイティングな分野である。こうした国際教育開発研究の面白さを、本書を通して読者諸賢に感じていただければ、望外の幸せである。

2015年1月

著者

大目次／国際教育開発の研究射程──「持続可能な社会」のための比較教育学の最前線

はじめに …………………………………………………………………………… i
序章　国際教育開発の研究射程 ………………………………………………… 3

第1部　国際教育開発研究の理論的検討──比較教育学の視点から

第1章　政策科学としての比較教育学 ………………………………………… 14
　　　　──国際教育開発研究における方法論の展開
第2章　比較教育学における開発研究の位置づけ …………………………… 32
第3章　途上国における能力開発と教育の役割 ……………………………… 52
　　　　──高等教育の国際協力を中心に
第4章　途上国における教育政策評価と教育指標の活用 …………………… 63
第5章　途上国の教育開発とジェンダー ……………………………………… 83

第2部　持続可能な社会を実現するための「市民性の教育」

第6章　持続可能な開発のための教育（ESD）における
　　　　「市民性の教育」 …………………………………………………… 104
第7章　EFAとESDの相互補完的な関係 …………………………………… 125
　　　　──カンボジアにおける「市民性の教育」の事例
第8章　平和構築のための国際教育協力に関する概念的考察 …………… 144
　　　　──「権利としての教育」を考える
第9章　国際協力リテラシーとグローバルな情報ガバナンス …………… 164
　　　　──東日本大震災の経験と防災教育のあり方
第10章　日本の教育改革と新自由主義 ……………………………………… 177
　　　　──教育格差の拡大と市民性教育の可能性

おわりに ……………………………………………………………………… 197
参考文献 ……………………………………………………………………… 207
索　引 ………………………………………………………………………… 223

詳細目次／国際教育開発の研究射程──「持続可能な社会」のための比較教育学の最前線

はじめに ………………………………………………………………… i

序章　国際教育開発の研究射程 ……………………………………… 3
　　　　本書の目的 (3)
　　　　途上国における基礎教育開発 (6)
　　　　EFA推進における課題 (8)
　　　　「市民性の教育」とESD (9)

第1部　国際教育開発研究の理論的検討──比較教育学の視点から

第1章　政策科学としての比較教育学 ……………………………… 14
　　　　──国際教育開発研究における方法論の展開
　　　　はじめに (14)
　　　　1. 比較教育学の理論的・方法論的な展開 (15)
　　　　2. 政策科学としての国際教育開発研究 (18)
　　　　3. 国際教育協力における研究と実践 (26)
　　　　結び──政策科学としての方向性 (29)

第2章　比較教育学における開発研究の位置づけ …………………… 32
　　　　はじめに (32)
　　　　1. 比較教育学の研究モデルの変遷 (32)
　　　　2. 「コミットメント・アプローチ」にもとづく比較教育研究 (35)
　　　　3. 国際教育開発研究の動向 (39)
　　　　4. 比較教育研究者による国際教育協力への貢献 (41)
　　　　結び──国際教育開発研究者の立場 (48)

第3章　途上国における能力開発と教育の役割 ……………………… 52
　　　　──高等教育の国際協力を中心に
　　　　はじめに (52)
　　　　1. 能力開発と教育の関係 (53)
　　　　2. 高等教育の国際協力 (55)
　　　　結び──能力と資源の活用 (61)

第4章　途上国における教育政策評価と教育指標の活用 ………… 63
　　　　はじめに (63)
　　　　1. 途上国の教育政策と評価 (64)

2. 国際機関による教育指標の開発 (67)
　　　3. 途上国支援における教育指標の活用 (71)
　　　　　――EFAファスト・トラック・イニシアティブの事例
　　　結び――教育指標の柔軟な活用 (79)

第5章　途上国の教育開発とジェンダー …………………………… 83
　　　はじめに (83)
　　　1. 教育におけるジェンダー格差の現状 (84)
　　　2. 教育におけるジェンダー格差是正のための国際的取り組み (90)
　　　3. 教育のジェンダー平等へ向けた途上国の取り組み (96)
　　　　　――バングラデシュの事例
　　　結び――教育におけるジェンダー平等実現への道筋 (98)

第2部　持続可能な社会を実現するための「市民性の教育」

第6章　持続可能な開発のための教育 (ESD) における
　　　「市民性の教育」…………………………………………… 104
　　　はじめに (104)
　　　1. ESDにおける「市民性の教育」の概念枠組み (105)
　　　2. 「市民性の教育」の試み (113)
　　　結び――民主主義の理想へ (120)

第7章　EFAとESDの相互補完的な関係 ……………………… 125
　　　――カンボジアにおける「市民性の教育」の事例
　　　はじめに (125)
　　　1. 途上国における教育改革とEFAの推進 (127)
　　　2. ESDを通した民主主義と市民性の教育 (129)
　　　3. ライフ・スキルの獲得・向上 (134)
　　　4. 環境教育の充実 (137)
　　　5. 平和・人権教育 (138)
　　　結び――ESDの実践とEFAの拡充 (140)

第8章　平和構築のための国際教育協力に関する概念的考察 …… 144
　　　――「権利としての教育」を考える
　　　はじめに (144)
　　　1. 教育と平和に関する概念枠組み (145)
　　　2. 平和構築と国際教育協力 (155)
　　　結び――紛争後の国際教育協力の深化と拡充 (161)

第9章　国際協力リテラシーとグローバルな情報ガバナンス …164
　　　——東日本大震災の経験と防災教育のあり方
　　はじめに（164）
　　1. グローバルな情報ガバナンスの構築（165）
　　2.「持続可能な開発のための教育（ESD）」を通した防災教育（170）
　　結び——国際協力リテラシーの向上（174）

第10章　日本の教育改革と新自由主義 ……………………………177
　　　——教育格差の拡大と市民性教育の可能性
　　はじめに（177）
　　1.　新自由主義思潮の台頭（178）
　　　　——1980年代〜2000年代へかけて
　　2.　教育「格差」の拡大（182）
　　3.　教育における公共性の再構築（190）
　　　　——「市民性の教育」の可能性
　　結び——リベラリズムの原点へ（193）

おわりに ………………………………………………………………197
参考文献 ………………………………………………………………207
索　引 …………………………………………………………………223

国際教育開発の研究射程
――「持続可能な社会」のための比較教育学の最前線

序章　国際教育開発の研究射程

本書の目的

　今日、世界中には学校に通うことのできない学齢期の子どもたちが約6,700万人、文字の読み書きができない15歳以上の青年・成人は約7億9,600万人もいる。そうした人々の多くは開発途上国（以下、途上国）で生活しており、そのうちの60％以上が女子・女性である。このように多くの人が基礎的な教育を受ける機会を得ることができずにいる状況を改善するために、長年にわたってさまざまな努力が国際社会のなかで積み上げられてきた。その結果は一様ではなく、この10数年間で目覚ましい成果を挙げた国もあれば、いまだに十分な教育機会を提供することができない国もある。とはいえ、基本的にいまだ多くの途上国で、教育分野の開発にさまざまな困難を抱えていることは明らかである。

　こうした途上国における教育開発の諸課題を学術的に分析する分野が、国際教育開発研究である。この分野は、これまで基本的には欧米の研究者たちが国際的な研究の潮流をリードしてきたが、近年、日本人研究者たちによる研究活動も活発化してきている。

　国際教育開発研究では、途上国の教育セクターにおけるアクセス、公平性、公正さ、質、適切性（レリバンス）、効率性、費用・財政などの諸領域を対象とした研究が行われている。しかしながら、多くの途上国ではこれらの領域のいずれにおいても深刻な問題を抱えており、そのなかから優先的に取り組むべき課題を抽出し、それらを政策に落とし込み、教育現場での実践へと結

びつけていく作業は容易ではない。そのため国際教育開発研究には、研究成果を活かして実際の教育制度、教育行財政、教育内容、教育方法などの状況を改善するために、途上国の教育政策や教育現場に対して一定レベルの実践的な貢献をすることが期待されている。

　このような国際教育開発研究には、「開発のための教育」、「教育の開発・発展」、「教育と開発」という3つの視点をみることができると、日本におけるこの研究分野を先導してきた黒田一雄は指摘している（黒田, 2009）。

　第一の視点は、途上国の社会経済開発の基礎をつくるための教育の役割に焦点をあてている。とくに人的資本論に代表される経済成長重視の立場からは、質の高い教育を効率的に普及させ、優れた人材を育成することが、国家や社会の経済開発を進めるためには不可欠であるという考え方が優勢になっている。

　第二の視点は、教育を基本的な人権と捉えることで、教育それ自体に普遍的な価値があると考える見方である。こうした視点は、性別、年齢、人種、出自などにとらわれず、公平な教育機会へのアクセスをすべての人に保障するという理想を掲げた「世界人権宣言」（1946年）や「子どもの権利条約」（1989年）などの国際的な合意に、その基礎をみることができる。この立場からは、就学状況や男女格差の改善といった教育機会の拡大や、教育の質的な向上といった課題が主として設定されている。

　これら2つの視点を較べると、前者が開発にとっての教育の役割を重視するのに対して、後者は教育そのものが開発であるとみなしている。その一方、第三の視点は、教育と開発の間の関係性についてどちらかに主軸を置くのではなく、客観的に理解しようとする見方である。この視点においては、2つの対立するアプローチが存在する。すなわち、教育と開発の関係に正の相関を見出す「近代化論」にもとづくアプローチと、途上国の位置づけを国際的な従属・搾取の関係から理解する「従属理論」からのアプローチである。前者のアプローチでは、教育が経済成長に必要な人的資本を増加させるという考え方が分析的に提示され、援助機関などによる国際教育協力に大きな影響を与えてきた。それに対して後者のアプローチは、国際的・国内的な従属・

搾取関係を転換させることなく教育拡大を行っても、途上国の従属がさらに進む結果になるだけであると批判している(黒田、2009; 2011)。

　国際教育開発研究は、途上国における教育開発という現象を、これら3つの視点からみることによって理解しようとする学問である。ただし、これらの視点はそのいずれかのみを選ぶべきというわけではなく、各研究者がそれぞれの国際教育開発研究を進めるうえで、研究対象とする国や社会の政治的、経済的、社会的、文化的な文脈に沿って、複数の視点を組み合わせることも必要である。

　また、いずれの視点においても、教育には国民としてのアイデンティティを涵養したり、市民性を陶冶したりするという役割があることを鑑み、多文化・多民族・多言語な国家形態をしばしば有する途上国においては教育の普及を通した社会統合の促進が期待されることを忘れてはならない。

　本書は、こうした国際教育開発研究が、学術分野としてどのような理論的枠組みをもっており、いかなる研究テーマを射程に入れているのかについて、筆者なりの見解を示す試みである。もとより、国際教育開発研究が取り扱う領域は幅広く、一人の研究者が網羅的に解説することは極めて困難である。しかし、一人の国際教育開発研究の学徒として、また比較教育学者として、本書のような試みを提示することにはそれなりの学術的意義があるのではないかと考え、本書を上梓した。

　このような意図をもった本書は、2部構成となっている。まず第1部では、国際教育開発研究の主たる学問領域である比較教育学の視点から、国際教育開発研究のあり方について主に理論的な検討を加える。今日、国際教育開発研究は、比較教育学のなかで重要な位置を占めるようになってきているが、まだまだ教育学として確立されているとは言い難い面もある。そのため、第1部の目的は、その学問研究としての特徴を多角的に描き出すとともに、国際教育開発研究を教育学(とくに比較教育学)の一領域としてより明確に位置づけることにある。

　そして、第1部の論考を踏まえたうえで第2部では、21世紀の大きな課題

である「持続可能な社会」の実現へ向けて教育がどのような貢献をすることができるのかという関心にもとづき、「持続可能な開発のための教育(Education for Sustainable Development: ESD)」や「市民性の教育(citizenship education)」といったテーマに焦点を絞りながら、途上国社会における教育の役割について考察することを目指す。とくに、教育が社会的にどのような意義をもっているのかということを考えたとき、筆者としては、より民主的な社会づくりに貢献する、自立した市民の育成が、その重要な役割であると信じている。なぜなら、自立した市民の連帯なしには、持続可能な社会を実現することはできないと考えるからである。そして、自立した市民を育てるために「市民性の教育」が重要であることは、近年、多くの研究者たちによって認識され、関連研究が活発に行われている(平田, 2007；嶺井, 2007；近藤, 2013; Arnot and Dillabough, 2000; Lee, 2004)。このことは、途上国・先進国の別なく、いずれの社会においても非常に今日的かつ重要な課題であり、本書でも第2部を中心にさまざまな角度から論じてみたい。

さらに、最後の章(＝第10章)では、世界各地・各国の教育改革に大きな影響を及ぼしている新自由主義的なイデオロギーの影響について明らかにする。そういった影響に染まることなく、まさに「自立」して教育問題を考えられる「市民」を育てることが、意識的であれ無意識的にであれESDのアプローチを発展させていくことにも繋がっていくはずである。

なお、第9章と第10章では日本の経験を踏まえた議論を行うが、日本のような先進国における「教育」のあり方を見つめ直すことは、途上国の教育開発について検討するうえでも多くの示唆をもたらすと考えるからである。

途上国における基礎教育開発

1990年代以降、「万人のための教育(Education for All: EFA)」という国際目標のもとで、世界中の途上国における基礎教育普及のための動きが活発化している。EFAは、世界のあらゆる国家・社会においてすべての人が等しく、基礎的な教育を受ける機会を保障されなければならないことに合意した国際目

表序-1　これまでに合意されたEFA目標

万人のための教育世界会議（1990年）	世界教育フォーラム（2000年）
1. とくに貧しい子どもたちや不利な立場に置かれた子どもたち、障がいをもつ子どもたちに対する、早期幼児ケア・発達活動の拡張	1. とくに最も不利な立場に置かれた子どもたちや障がいをもつ子どもたちに対する、早期幼児教育・就学前教育の拡充
2. 2000年までに、初等教育（あるいは各国が「基礎」と見なすレベル以上の教育）へのアクセスと修了を普遍化	2. 2015年までに、すべての子どもたちに無償・義務制の良質な初等教育へのアクセスを保障
3. 一定の年齢層の一定の比率の者に必要とされるレベルまで、学習到達度を向上	3. 適切な学習・生活技能（learning and life-skills）プログラムへの公正なアクセスを保障
4. 2000年までに、とくに女性を中心として、成人の非識字率を1990年の水準の半分に削減	4. 2015年までに、とくに女性を中心として、成人識字率を2000年の水準から50%改善
5. 若者と成人のために、基礎教育ならびに基本的な技能（essential skills）の訓練の機会を拡充	5. 2005年までに、初等・中等教育での男女間格差を解消し、2015年までに、教育におけるジェンダーの平等を達成
6. 個人や家族が、より良い生活や健全かつ持続可能な開発に必要とされる知識・技能・価値観を獲得する機会の拡大	6. あらゆる側面における教育の質（quality of education）を改善

出所：UNESCO（1990; 2000a）より、筆者が要約して訳出。

標である。この目標は、国連教育科学文化機関（ユネスコ）や国連児童基金（ユニセフ）、世界銀行などの国際機関が共催した「万人のための教育世界会議」（1990年3月）と「世界教育フォーラム」（2000年4月）において、細部の修正を経ながらも基本的に2度にわたって合意されたものである。

　EFAの概念で最も強調されていることは、いかなる社会においても基礎的な教育を受ける権利はすべての人に保障されるべきであり、そのために国家ならびに国際社会は最善を尽くさなければならないということである。

　このEFAという概念は、それまで主として初等教育を中心に理解されていた基礎教育の概念を拡大し、より包括的かつ柔軟な教育のあり方を提案したものである。すなわち、初等教育を中心とする公的な学校教育を基本としつつも、就学前教育、職業教育、成人識字教育なども含めた幅広い領域の教育を、子ども、青年、大人といったあらゆる年齢層に対して、人種、性別、階層などによる差別なく提供することの重要性が強調されている。そして、初等教育の完全普及や成人の非識字率の半減など、2015年までにEFAを達

成するという目標が設定され、すべての人が基礎教育を受けられるようにすることを目指している。

　こうしたEFA目標が合意された背景には、とくに途上国における人的資源の重要性が広く認識されるなかで教育分野への関心が1980年代に高まり、先進国や国際機関による途上国への基礎教育援助が幅広く実施されるようになったことがある。しかしながら、目標を掲げただけでは、具体的な実践になかなか結びついていかない。とくに、途上国で基礎教育を普及させるためには、途上国政府だけでは対応できないことも多く、先進国の援助機関、国際機関、市民社会組織（NGOなど）の助けを得ることが欠かせない。

EFA推進における課題

　近年、多くの国では政府による公共サービスを縮小しようとする動きが進んでおり、基礎教育分野における学校教育の拡充は、資金の増加や教員の確保といった財政支出の増大を伴う施策が必要になるため、政府にとっては難しい判断を迫られている。こうした状況に対して、世界銀行をはじめとする国際機関や先進国の援助機関は、教育援助への資金額を増やすなどの対応をとったが、その総額にしても、資金の拠出方法にしても、多くの途上国にとっては決して満足のいくものではなかった。

　また、とくに国際機関には多様なリソース（知識、情報、専門家、財源など）が蓄積されているにもかかわらず、国際機関の間での協調関係が必ずしも十分に構築されているとはいえず、リソースのさらなる効率的・効果的な活用が必要である。

　ちなみに、EFAは教育が普及すれば社会の発展に繋がるという機能主義的な教育観にもとづくものであり、基本的には教育の社会的機能を積極的に評価し、教育を通した国民統合や体制の維持・再生産を促進しようとする立場に立っている。しかしながら実際の学校現場においては、EFAの旗印のもとに基礎教育の拡充が性急に試みられ、公立学校における教育の質が低下し、結果として地域間・階層間の教育格差の拡大を招いてしまっている例も

みられる。

　さらには、初等教育の無償化政策や地方分権化が、必ずしも地域の人々の積極的な学校運営への参加を促すわけではなく、行政への依存が増すことでかえって親の関与が消極的になってしまうケースすらある。

　このような状況を踏まえると、EFAの推進に関して象徴的にみられるように、国際機関や援助機関が主導して中・長期的な教育計画を立て続けることが、各国の教育状況を改善するうえで必要不可欠なことなのだろうかという疑問が湧いてくる。とくにEFAの推進過程でみられる問題としては、マクロ・レベルの指標目標の達成に重点が置かれ、国内の地域間格差の是正や学校における学習成果の向上などの課題に対して、具体的な取り組みを提示しきれていないことが指摘できる。

　その原因として、政策レベルでは2015年までに国際目標を達成したいという援助側の強い要望と、政府側の政権の持続と安定という動機が結びつき、教育に多額の資金が投入されるのにもかかわらず、政策対話の過程に一般の人々が参加する機会が保障されることはなく、教育がポピュリズムによって政治の手段化してしまうといった状況がしばしば起こっているからだと考えられる。

　そうしたなか、改めて教育改革の担い手が誰であるべきかを考えることが必要である。その問いかけに対する答えは、まず何といっても「市民」であり、政府や国際機関といった公的なアクターは、あくまでも「市民」の自立的・自律的な改革を支援する役割を果たすべきである。そのような観点から重視されるべき教育が、「市民性の教育」である。

「市民性の教育」とESD

　多くの国では、国民国家の形成過程のなかで近代学校教育が重要な役割を果たしてきた。それは、学校教育がリベラル・デモクラシーを担う市民の育成に大きく貢献し、その結果、社会の安定がもたらされるという考え方が広く共有されているからである。ちなみに、ここで意味するリベラル・デモク

ラシーとは、単に平等主義 (egalitarianism) の理念を反映するのみならず、「自由な市場には自由な政治制度が欠かせない」（Kennedy, 2004, p.10）という考え方にみられるように、健全な経済発展や社会開発の推進に不可欠な要素として機能する民主主義のあり方でもあることを指摘しておきたい。

　その一方、政治、経済、社会、文化といった多様な領域にわたるリベラル・デモクラシーが、今日では脅威にさらされていると言わざるを得ない状況がある。それは、経済資本、労働力、情報技術、コミュニケーションなどのグローバル化の進展と、冷戦構造の終焉以降に見られる民族や宗教などにもとづく衝突とそれに伴う政治的な不安定状況が、国民国家としての伝統や価値観、ナショナル・アイデンティティといったものに疑問を突きつけていることに起因する。そのため、近年の教育改革の潮流のなかで、「市民性の教育」が重視される傾向がさまざまな国でみられる[1]。

　本書では、こうした「市民性の教育」を考えるための枠組みとして、「持続可能な開発のための教育 (ESD)」について検討を加える[2]。ESD は 2001 年 9 月に開催された「持続可能な開発に関するサミット」（南アフリカ共和国ヨハネスブルグ市）で提唱され、同年 12 月の国連総会でユネスコを主導機関とする「国連・持続可能な開発のための教育の十年 (DESD)」（2005 年 -2014 年）が採択された。

　ESD とは、「個人個人のレベルで地球上の資源の有限性を認識するとともに、自らの考えをもって、新しい社会秩序を作り上げていく、地球的な視野を持つ市民を育成するための教育」[3]であり、「社会・文化」、「環境」、「経済」の 3 つの領域を主たる対象としている。ESD の概念的基盤は、1970 年代から深刻化してきた環境問題に対して教育の場からその改善を目指そうとする「環境教育」と、そうした問題意識の高まりを受けて 80 年代から理論面ならびに実践面において多様な成果を挙げてきた「持続可能性」に関する考え方とから構築されている。そして、現在および将来世代を含む他者を尊重したり、資源制約のなかで地球環境を守ることの大切さを理解するような、地球市民としての心性を育むことを目指している。

　これまでのところ、ESD は主に国際機関（とくにユネスコと国際連合大学

(UNU))や先進国(とりわけ日本、韓国、ドイツなど)が中心となって推進されているが、ESDを通した次世代の「市民」の育成が重要な課題であることは多くの途上国でも認識されている。とりわけ、2014年にDESDが終了し、2015年にはEFAが目標とする最終年を迎えるなか、これらの国際的な取り組みの調整役を務めるユネスコを中心に、今後の教育のあり方について国際的な議論が積み重ねられている。そこで焦点化されているテーマのひとつが、「グローバル・シティズンシップ(Global Citizenship)」の育成である。先進国・中進国・途上国で教育課題の詳細は異なるが、いずれの国の文脈においてもグローバル化する21世紀の社会において、責任ある「市民」として次世代を育てることの重要性は共通した課題であると広く理解されている。それは、国連事務総長による「世界教育推進活動(Global Education First Initiative)」においてグローバル・シティズンシップ教育が最優先課題のひとつであると位置づけられていることからもわかる。

　ここで概観したように、途上国における教育開発をめぐり、国際的な議論を踏まえながら、さまざまな研究や実践が積み重ねられている。本書は、そうした多様な研究や実践を、あくまでも筆者なりの視点から整理するという試みに過ぎない。そのため、本来、国際教育開発研究の射程は、本書が提示するよりもさらに広く深いものであることを予めお断りしておきたい。

　もちろん、甚だ未熟な試みであることは筆者自身が痛感しているのだが、それでもなお、こうした試みを通して国際教育開発研究を教育学(とくに比較教育学)の一領域として改めて位置づけることに、学術的な意義があると考えている。そのうえで、読者諸賢が本書で提示する議論を通して国際教育開発研究の豊かさを少しでも感じて、この分野に対する興味・関心を深めていただければ、望外の喜びである。

注
1　Kennedy (2004) は、近年の欧米ならびにアジア諸国における教育改革のなかで公民教育や市民性の教育が重視されている様子を、多様な先行研究をレビューするなかで詳述している。

2　ESDの主導機関はユネスコとUNUであるが、国として積極的に推進しているのが日本やドイツである。とくに日本は、「持続可能な開発に関するサミット」において日本政府と日本の政策提言・情報発信型のNGOネットワーク「ヨハネスブルグサミット提言フォーラム（JFJ）」が共同でDESDを提案するなど、文部科学省ならびに環境省を中心に積極的な関与を示している。

3　「持続可能な開発のための教育（ESD）とは？」文部科学省ホームページ（www.mext.go.jp/a_menu/kokusai/jizoku/kyouiku.htm［2014年3月20日閲覧］）より引用。

カンボジア農村の小学校にて（前列中央・筆者）

第1部
国際教育開発研究の理論的検討
── 比較教育学の視点から

第1章 政策科学としての比較教育学
　　　── 国際教育開発研究における方法論の展開

第2章 比較教育学における開発研究の位置づけ

第3章 途上国における能力開発と教育の役割
　　　── 高等教育の国際協力を中心に

第4章 途上国における教育政策評価と教育指標の活用

第5章 途上国の教育開発とジェンダー

第1章　政策科学としての比較教育学
──国際教育開発研究における方法論の展開

はじめに

　教育学は、実際の教育政策の形成や実施の過程において、どのような役割を果たすことができるのか。この問いかけに答えるうえで、多くの国や地域では教育政策を策定するにあたり、すでに他の社会で行われた経験を参照することに留意したい。なかでも、異なる社会の教育事象を対象に「比較」という分析手法を用いて、それぞれの社会で実践されている教育のあり方について幅広い視点から考察を加えてきたのが比較教育学である。

　比較教育学には、教育事象における法則性や理論を導き出すための純粋に普遍的真理を探究するという側面と、教育政策の立案や教育援助の形成・実施などのための政策研究・評価研究の推進という面がある。とくに後者の側面を政策科学への志向性として捉えることができる。教育学において政策科学への志向性を有する領域としては教育社会学や教育経済学なども挙げられるが、いずれの学問領域においても実証的なデータにもとづき実際の政策形成や教育実践に対して含意・提言を示すことが重要な役割として考えられている。

　本書の主題である国際教育開発研究の射程を考えるにあたり、その学問的基盤である比較教育学のあり方をまずは明確化することが欠かせない。そこで本章は、近年、日本の比較教育学のなかで量的にも質的にも研究の蓄積が飛躍的に進みつつある国際教育開発研究を通して、政策科学としての比較教育学のあり方をその方法論的な観点から考察する。そのうえで、国際教育開発研究が国際教育協力の実践に対して果たす役割について考えてみたい。

1. 比較教育学の理論的・方法論的な展開

今日、公共政策に関わる多くの領域において「政策科学 (policy sciences)」としての学術研究が果たす役割の重要性が広く認識されている (中道, 2008)。それは教育分野においても例外ではなく、教育政策の策定・実施・評価の過程で政策科学としての教育学研究がエビデンスにもとづく多様な知見を提供することが求められている (OECD, 2007)。とりわけ、さまざまな国や社会における教育の理念・制度・実践に関して知見を蓄積している比較教育学は、政策科学への志向性を強くもっている。まず本節では、比較教育学の理論的・方法論的な展開について概観する。

比較教育学の成立過程と発展の歴史を振り返ると、異なる社会における教育の理念・制度・実践などを比較検討することを通して、政策科学としての学問領域の確立に対する志向性を色濃くもってきたことがわかる。フランスのMarc-Antoine Jullienが比較教育学の端緒を開いた18世紀末から19世紀初頭以降、異なる社会の教育制度などを比較研究するなかで、いわゆる「教育借用 (educational borrowing)」による自国の教育の充実を目指した試みが積み重ねられてきた。とくに20世紀に入ってからは教育の制度や方法に関する入手可能な資料が量的にも質的にも大幅に向上したため、単なる外国教育研究から徐々に脱するようになり、「比較教育科学」として考えられる学問領域が発達してきた (ヒルカー, 1966；石附, 1996；馬越, 2007)。そこでは、自国と他国の教育制度とそこにみられる諸問題に関する地域的・時間的な相違の並列化を試みるようになった。また、各国の教育の伝統を歴史的な関心から説明しようとする視点を中心に、国民性や思想、文化的伝統などへと研究対象を拡げていった。とはいえ、研究の方法論としては多くの研究が記述的なスタイルに終始し、学問領域としての多様性に欠けるきらいがあり、「科学」としての比較教育学が十分に確立したとは言い難い状況が続いた (Jones, 1971)。

20世紀の半ばになると、「比較によってのみ可能な知識を獲得する」(ヒルカー, 1966, 86頁) という比較教育学のアイデンティティともいえる研究スタ

イルが次第に確立されていく。1960年代にはより「科学的」な研究のあり方を模索して、活発な議論が交わされた（そうした議論は、たとえばBereday (1964)、Holmes (1965)、Noah and Eckstein (1969) などにみることができる）。当時の議論では、観察や記述、類型化などの過程でどれだけ「客観的」であるのかといったことや、各国ごとに異なる条件を有しているなかで、そもそも「比較」という作業が可能なのかといった問題意識が示された。この点について加藤（1967）は、「比較研究法は普遍を否定するものではない。別な視角から比較研究法は、一般意味論でいう抽象階梯の次元を普遍の次元から一段ずらしたところで成立するともいえる」と指摘している。

　これらの議論を通して比較教育学は、さまざまな教育の制度・実践に関する情報を収集し、体系的に整理分析することで、原理や法則性を発見することを目指してきた[4]。そのために、たとえばNoahとEcksteinは自然科学における実験の方法との類似性にもとづき、次のような5段階の操作的プロセスを経ることで、社会科学における比較の方法も仮説検証の有用な方法になると主張した。すなわち、(1) 仮説の定立、(2) 概念の明確化と指標の開発、(3) 事例となる国の選択、(4) データの収集と比較のための修整、(5) データの操作と仮説の検証、という一連の過程である（Noah and Eckstein, 1969；二宮, 2003）。

　しかしながら、このような「科学」としての比較教育学を確立しようとする動きは、1970年代以降、一種の停滞状況に陥ることとなった。なぜなら、こうした方法論は「経験的に測定するための数量的指標の開発の困難さ、教育の質的な側面を取り扱う時の困難さや問題など」（二宮, 2003, 36頁）があったため、十分に発達することはなかったのである。確かに、比較教育学という学問分野における方法論の確立に関しては、このNoahとEcksteinが提唱したアプローチがひとつの限界点として捉えられる。実際、こうした5段階の操作的プロセスを経た仮説検証法の有用性を示すような実証研究は、比較教育学のなかでほとんど行われてこなかった。

　ただし、比較教育学の理論的・方法論的なアプローチの深化について、日本の比較教育学と欧米の比較教育学では、異なる展開を経てきたことも見逃

すことはできない。すなわち日本では、日本比較教育学会の紀要である『比較教育学研究』誌の特集号[5]やいくつかの著作（小林・江原（1987）、石附（1996）、馬越（2007）など）を通じて比較教育学の理論や方法に関する議論が交わされた面もあるが、基本的にはあまり高い関心をもって取り組まれてきたとは言い難い。それに対して、たとえば北米比較国際教育学会（Comparative and International Education Society: CIES）の年次大会や紀要（『比較教育評論（*Comparative Education Review: CER*）』誌）などでは、さまざまな議論が積み重ねられてきた。

とくに1990年代には比較教育学に関するパラダイム論争とも呼べる議論がCER誌を中心に展開された。本書の「はじめに」でも触れたが、黒田（2011）が詳説するように1970年代から80年代にかけて北米の社会科学諸分野で近代化論と従属論をめぐる論争が繰り広げられ、比較教育学においても近代化論にもとづく政策的・実践的・応用的な研究（とくに「国際教育学」という枠組みで称される）と、従属論や世界システム論に依拠した学術的・理論的・基礎的な研究（一般的に「比較教育学」の枠組みとして捉えられている）との間で、理論と実践の関係を明らかにしようと試みられた。こうした論争は、「『社会科学』としての比較教育と『平和と文化理解』を達成するための国際教育」（黒田，2011, 103頁）という2つの学問的アイデンティティをもつ比較教育学（北米では比較国際教育学という名称がしばしば用いられる）の性格を象徴的に表している。

このような議論を概観すると、比較教育学としての純粋な方法論の深化に行き詰まりを感じたとはいえ、関連する社会科学の諸分野（社会学、政治学、経済学、行政学、心理学など）の理論や方法論について議論するなかから、比較教育学のあり方を見出そうとしてきたことがわかる。そうした関心のもとに北米で行われた研究の例としては、比較教育学における理論的・方法論的なアプローチの多様性を学問領域に関するマッピングを通して描き出してきたRolland Paulston（1977; 1999）の一連の研究、フェミニズム理論からの視点を提示したNelly Stromquist（1990）の研究、Val Rust（1991）によるポストモダニズムの影響についての考察などを挙げることができる。また欧州においても、比較教育学の理論・方法論を体系的かつ包括的に捉えることを試みたLe Thành Khôi（フランス）やJürgen Schriewer（ドイツ）の研究、Andy Green（イギリ

ス）による近代の国民教育制度をめぐるポストモダン理論とグローバリゼーション理論に対する批判など、日本でも翻訳書を通して紹介されている理論研究の蓄積をみることができる（レ・タン・コイ，1981/1991；シュリーバー，2000；グリーン，2000）。さらには、Mark Brayが中心となり香港大学比較教育センターが刊行した方法論に関する著作も訳出されている（ブレイ他，2011）。

　これらの研究のなかでも、とくにLe Thành KhôiやSchriewerによる著作の翻訳書は日本の比較教育研究者たちの間で広く読まれてきたが、従来の比較教育学の概説書が学説史や諸外国の教育制度の紹介を中心としていたのに対して、これらの著作は比較教育学における理論的・方法論的な視座の重要性を強調しており、日本の比較教育研究者たちの間に理論的な枠組みや研究方法論についての関心を高める役割を果たしてきた。しかしながら、それらに触発されて比較教育学の理論研究をさらに発展させようという試みは、日本では限定的にしか行われてこなかった[6]。

2. 政策科学としての国際教育開発研究

　前節では比較教育学の理論的・方法論的な展開について概観したが、比較教育学の理論的・方法論的な議論の深化に重要な役割を果たしてきた領域のひとつが、途上国を対象とする国際教育開発研究である。とくにParkyn（1977）が指摘するように、比較教育学の役割が「教育と人間社会の開発との間の関係性についてのわれわれの理解を高めることにある」（Parkyn, 1977, p.89）のだとすれば、途上国の教育に関する諸研究の重要性は自明である。また、すでに指摘したように、比較教育学が伝統的に果たしてきた機能のひとつが、政策形成や政策決定に対する示唆の提供である。国際教育開発研究は、この機能が強く求められている領域である。そこで本節では、政策科学としての比較教育学のあり方について国際教育開発研究を通して考えたい。

　まずは、政策形成に関わる過程を確認しておく。吉村（2008）は、「政策形成というのはひとつの政治的なプロセスであると同時に、知識・情報の形成過程である」（118頁）と指摘する。つまり、政策課題を認知するために、何

が社会において深刻な問題となっているのか、そして今後、重要な課題になっていくのかということについて、予見性や先見性をもちながら絶えず調査研究を行っていくことが欠かせない。そうして明らかになった問題を政策課題として認知したうえで、その課題がいかなる要因から成り立っているのかを構造化・理論モデル化し、最終的にそれを解決するための、政策の複数の代替案を提示することが求められている。さらに、それらの代替案に対して、費用対効果分析などの手法を用いて合理的な判断や分析を行い、最終的な政策を決定する。そのようにして形成された政策は、法制化や予算化を経たうえで実施され、実施した結果に対するモニタリング・評価を行い、次の政策サイクルに反映させていくこととなる。こうした政策形成のあり方を教育分野で実践するための体系的なモデルとして、国際教育開発研究ではHaddad(1995)が一連の政策サイクルを示すとともに、政策形成の類型化を含んだ政策フレームワークを提示している。さらには、Levin他(2001)が、学校や生徒に関するデータを政策の立案・評価に活用するための教育の費用効果分析に関して概説している。

　1950年代以降、とくに新興独立国(その多くが途上国)の教育政策立案に対する国際的な援助のニーズが高まったことを背景として、国際教育開発研究に対する政策的・実践的な要求も増大した。そのなかで、「比較」を中心とする方法論とともに、社会科学の諸分野の理論や手法を応用するアプローチが積極的に導入された。その端緒を開いたのが、経済学を中心として発展した人的資本論の政策への適用であり、ShultzやBeckerといった経済学者たちによってさまざまな実証研究が積み重ねられていった。それらの研究としては、1人当たりのGNPと各教育段階の就学率との相関関係を分析したHarbison and Myer(1964)、1950年の就学率がそれ以後の20年間にわたる経済成長に対して影響を及ぼしていることを明らかにしたMeyer and Hannan(1979)、教育と社会の近代化との間の関係を、人々の価値観が経済成長や技術革新に及ぼす影響を通して明らかにしたMaClelland(1961)の研究などが挙げられる。さらには、こうした研究の蓄積を背景に、アジアの高度経済成長をもたらした要因が教育の普及度合いにあることを強調することで、政策

的含意の提示に主眼を置いた報告書『東アジアの奇跡』(World Bank, 1993)が世界銀行より刊行されたことは周知の通りである[7]。

また、比較教育学の方法論について、それまでに公刊されてきた研究の内容を精査することで明らかにしようという試みが、Rust他(Rust et al., 1999)やLittle(2000)によって行われてきた。とくに比較教育学の主要学術誌[8]に掲載された論文を詳細に分析し、そこで用いられている研究手法や方法論について検証したRustらは、比較教育学の論文で用いられる研究手法を次のようなカテゴリーに分類している。すなわち、理論的・概念的研究、実証的研究、既存データの研究、今日の状況に関する先行研究の分析、歴史研究、(国家間の教育制度などの)比較調査研究、プロジェクト評価、内容分析研究、参与観察・インタビュー・質問紙にもとづくフィールド調査研究である。分析の結果、先行研究の分析が最も多く(全体の50.8%)、その次にフィールド調査(38.4%)と比較調査(30.9%)が続いている。

こうした研究手法の傾向は、時代によって異なる様相をみせている。1960年代には先行研究の分析、歴史研究、比較調査が多数を占めていたのに対して、1980年代以降になると歴史研究が明らかに減少し、その他の実証的な研究方法などが増えてきた。とくに国際教育開発研究に焦点をあてている『教育開発国際誌(International Journal of Educational Development)』では他の雑誌と較べて先行研究の分析が占める割合が若干少なく、その代わりに実証的な研究が多い。これは、途上国の教育開発に関する研究の蓄積が必ずしも豊富ではないことや、実際の教育開発や教育援助のプロジェクトを研究対象にしていることを反映していると考えられる。さらに、1960年代の研究の多くが主として欧米を中心とした先進国を対象としていたのに対して、1980年代以降は途上国を対象とした研究が増加している。これは、Little(2000)が指摘するように、欧米で発行されている学術誌であるにもかかわらず研究者たちの関心が世界中に広がっていることを示している。

翻って、近年の日本における比較教育学の研究対象や研究手法には、どのような傾向を見出すことができるだろうか。ここでは、まず日本比較教育学会の紀要『比較教育学研究』誌に掲載された論文を概観する。2011年7月現

表1-1　日本比較教育学会紀要の掲載論文における対象国等の地域別分類

	1-10号	11-20号	21-30号	31-42号
アフリカ	—	—	ガーナ1 ケニア1 タンザニア1	タンザニア2 マラウィ1 ケニア1 ガーナ1 ザンビア1
アラブ諸国	—	—	シリア1 レバノン1	レバノン1
アジア太平洋	日本30 韓国9 タイ4 中国3 インド1 オーストラリア1 朝鮮1 フィリピン1 マレーシア1	日本15 中国8 マレーシア5 タイ4 韓国4 インドネシア4 オーストラリア4 インド2 シンガポール2 フィリピン1 ニュージーランド1	中国11 オーストラリア7 日本6 タイ6 インドネシア5 インド4 マレーシア3 バングラデシュ2 フィリピン2 韓国1 朝鮮1 シンガポール1 ネパール1 ベトナム1 ミャンマー1 オーストラリア1 ニュージーランド1	中国8 タイ7 日本5 韓国4 ニュージーランド3 インド2 オーストラリア2 カザフスタン2 台湾1 アフガニスタン1 ウズベキスタン1 カンボジア1 トルコ1 ネパール1 東ティモール1 フィリピン1 ベトナム1 マレーシア1
ヨーロッパ/北米	アメリカ26 イギリス12 ドイツ7 （内、西ドイツ5） ソ連5 フランス4 スウェーデン4 アイルランド1 カナダ1	アメリカ25 イギリス12 ドイツ9 （内、西ドイツ4） （　　東ドイツ1） フランス8 ソ連6 スウェーデン4 カナダ2 イタリア1 アイルランド1 オランダ1 スイス1	アメリカ15 イギリス12 （内、スコットランド1） ドイツ11 （内、東ドイツ1） フランス6 ロシア3 カナダ1 ポーランド1	アメリカ12 ドイツ9 （内、旧東ドイツ1） イギリス5 スウェーデン4 フランス4 オランダ2 カナダ2 ロシア2 イタリア1 ギリシャ1 スペイン1 ベルギー1
中南米/カリブ海	—	メキシコ1	チリ1	チリ2 メキシコ1
地域研究	東南アジア3 アジア1 東アジア1 スカンジナビア1	中南米2 欧米1 東南アジア1 オーストラリア地域1	アジア1 ヨーロッパ1 ラテン・アメリカ1 オセアニア1 東南アジア1 イスラーム文化圏1	ラテンアメリカ4 東南アジア3 ヨーロッパ2 アジア太平洋諸国1 アフリカ地域1 仏語圏西アフリカ1 北欧1
国際機構	UNESCO3 OECD2 EC1 ASEAN1 世界銀行1	EC1	EU2 世界銀行1	EU1 国際機関1
その他	33	32	21	17

出所：北村（2005a）にもとづき北村友人・山﨑瑛莉が作成した。

在までに合計42号が発刊されている同紀要のなかで、特集論文あるいは自由投稿論文として掲載された論文について、それぞれの論文の研究対象国などを地域別に分類したものが**表1-1**である。この表をみると欧米の学術誌の傾向と類似して、かつては欧米や東アジアが主たる研究対象であったのに対して、近年になるにしたがいアジアの他地域やアフリカ・アラブ諸国といった地域（多くが途上国）へと研究関心が広がってきていることがわかる。

近年の比較教育学をHawkinsとRustは、1) 地域研究にもとづく研究 (area studies based)、2) 社会科学の学問領域にもとづく研究 (social science disciplinary based)、3) 開発研究や政策・計画研究にもとづく研究 (development/planning studies based) という、3つのカテゴリーに類型化している (Hawkins and Rust, 2001)。とくに開発研究や政策・計画研究については、地域研究と社会科学研究のそれぞれの要素を取り入れた研究であることを指摘している。そこで、日本の『比較教育学研究』誌に掲載された論文のなかで途上国を研究対象にしているものを抽出し、それらが3つの研究カテゴリーのいずれにあてはまるかを検討した結果が**表1-2**である。この表が示す通り、もともと「地域研究」を中心に行われてきた日本の途上国教育研究であるが、近年の傾向として「開発・政策研究」の占める割合が飛躍的に高まっていることがわかる。それは結果として、「地域研究」とみなすことのできる論文の掲載本数が相対的に減少していることも表している。

こうした比較教育学における国際教育開発研究の重要性の高まりについて

表1-2　日本比較教育学会紀要の掲載論文における途上国研究の傾向

	1：地域研究	2：社会科学	3：開発・政策研究
1-10号	14	2	3
11-20号	26	6	0
21-30号	38	2	3
31-42号	17	6	16
合計	95	16	22

出所：Hawkins and Rust (2001) にもとづき北村友人・山﨑瑛莉が作成した。

は、第2章でさらに詳しくみていきたい。

　また、日本比較教育学会の会員を対象として行ったアンケート結果にもとづき、山田（2011）が詳細な分析を行っている[9]。山田によれば、回答結果を因子分析したところ、「教師・教授法型」（教師、教授法、カリキュラムなどの教育内容・プロセス）の研究者たちは観察とともに質問票などによる実証的な手法を用いており、「国際アジェンダ型」（ジェンダー、援助動向など）の研究者たちはフォーカスグループ・ディスカッションや質問票といった構造化された調査手法を用いる傾向が強い。「学問論・手法分析型」（学問分野の研究動向や手法）の研究者たちは、学問領域としての比較教育学のあり方やその手法自体を研究対象としているため、二次的な資料にもとづく研究が多い。

　国際教育開発研究に従事する研究者は、これらのいずれのタイプにも見出されるが「国際アジェンダ型」に比較的多く分類される。それに対して、地域研究に取り組んでいる研究者たちは「教育と社会型」に多くみられる。この2つの類型の大きな違いが、研究成果の発信に関するスタンスである。前者は、研究成果を発信することを通して、調査対象国の政策やその国への日本による外交・援助政策に影響を与えたいという意思を明確にもっている。後者は、調査対象国の教育政策や教育実践などに影響を及ぼすといったことを基本的に想定していない。のみならず、地域研究者たちはいわゆる「教育借用」の観点から日本にとって何か有益な示唆を得ようという関心も高くはなく、自らの調査対象国における教育を「その社会自体の営みの一要素として位置づけ、理解しようとする」（山田，2011，150頁）姿勢が基本であり、研究手法としてはフィールド調査を重視している。

　とくにフィールド調査にもとづく研究は、1990年代以降のアジア地域を対象とする研究の興隆に伴い、数多く発表されるようになってきた（大塚，2005）。しかし、日本比較教育学会の紀要に掲載された論文のなかでフィールドワークにもとづく研究とみなし得る論文について分析を行った大塚（2005）は、比較教育学研究におけるフィールド調査の重要性を強く主張したうえで、「悪しき成果主義」の影響を受けた速成的な調査に対して警鐘を鳴らすとともに、理論構築や新たな知見の提供に資するような比較教育学のあ

り方を探求すべきであると指摘している。

そうしたなか、先述のように1990年代にCER誌を中心に行われた「比較教育学」と「国際教育学」の関係をめぐる論争と極めて類似した現象として、2000年代に入ると比較教育学における「地域研究」と「開発研究」の位置づけに関して多様な議論が交わされるようになった。とくに、地域研究にはある特定の社会における教育の歴史的・構造的解釈に精通した研究が多いのに対して、国際教育開発研究では複数の国や社会を対象として政策的・実践的な示唆を提供しつつも、表層的な理解・分析にとどまるものも散見される。また、方法論的な関心からも、国際教育開発研究が「鳥瞰的・実証主義的な仮説検証を是とする学問手法・学問観」にもとづく傾向が強いのに対して、地域研究は「虫瞰的・現象学的なアプローチを研究者として誠実な態度である」と見なす考え方に立つことが多い(黒田,2011,105頁)。このような違いがみられる2つの研究領域であるが、途上国における教育の現実を理解し、政策的な示唆を提示するためには、相互補完的な関係を構築することが不可欠である。

ここまで国内外における国際教育開発研究の志向性や方法論の潮流について概観したように、理論的・方法論的な関心の多様性と実践的な問題設定の幅広さから、国際教育開発研究は「統合的分野」として理解することが可能である。図1-1で示すように、理論に関しては学際性が特徴であり、社会科学と行動科学のさまざまな学問分野における知見が活用されている[10]。また、

図1-1　統合的分野としての国際教育開発研究

実践に関しては制度化された学校教育、ノンフォーマル教育、さらには非組織的・非体系的・非定型的なインフォーマル教育の各領域での教育実践を包含している。

　とりわけ、統合的分野としての国際教育開発研究において最も重要な関心のひとつが、教育における公平性と公正さに関する問題である。たとえばStromquist (2005) は、教育における公平性 (equality) と公正さ (equity) の課題に対して比較教育学がどのような姿勢で取り組んでいくべきであるかを論じている。とくに、教育を通して生活に不可欠なスキルの獲得を支援し、その結果として社会的な流動性を高めることで、すべての市民が公平かつ公正な就業や生活の機会を得ることが必要である。これは生活条件の厳しい途上国においてとくに強く求められており、そのために研究者と実務家が協働したり、先進国と途上国が協力したりすることの重要性を訴えている。

　こうした国際教育開発研究において日本人研究者たちによる研究成果の国際的な発信が、近年、活発化している。それらの例としては、Jimenezと澤田によるエクアドルのEDUCOに関する研究 (Jimenez and Sawada, 1999)、山田によるアフリカの教育に対する植民地主義の影響についての研究 (Yamada, 2008)、廣里と北村による政治経済学的なアプローチにもとづく途上国の教育改革に関する研究 (Hirosato and Kitamura, 2009)、笹岡と西村による初等教育無償化政策の農村部での影響についての調査 (Sasaoka and Nishimura, 2010)、JICA研究所と共同で行われた黒田らによるアジアの高等教育機関の国際化に関する大規模調査 (Kuroda et al., 2011) などが挙げられる。

　また、定量的・定性的な研究のいずれにおいてもミクロ・レベルに対して関心を向けることが重要である (Chen, 1997)。そういった関心を支える背景には、途上国の貧困問題を精緻に分析するためのミクロ・データの整備とその個票データへのアクセスが改善され、たとえば多目的家計調査にもとづくミクロ開発計量経済学の研究が教育分野にも高い関心を払うようになったことがある。さらには、社会・文化人類学の知見を応用して、途上国の文脈における教育実践のあり方について理解を深めることも重要である。

　このようなミクロ・レベルへの関心にもとづき、生徒の個人ファイルに

よって進級・原級留置・中途退学などの調査を行うための研究手法である Individual Students Tracing Method (IST法) を適用した、内海と澤村らによるケニアの小学校での一連の研究 (内海他, 2000；澤村他, 2003；内海他, 2006) や、インドネシアやベトナムでの国際協力機構 (JICA) による教育援助プロジェクトの学校現場において日本の授業研究に関する蓄積を活用したアクション・リサーチを行っている齊藤らの研究 (Saito et al., 2007; Saito et al., 2008) など、日本の国際教育開発研究者たちも国際的にみて高い独自性をもった研究成果を挙げている。

こうした国際教育開発研究の活性化と並行して、国際教育協力の実践においては成果重視の傾向が強まっており、モニタリング・評価を行うための調査研究に対する需要の増大が高まっている。とくに、調査研究から得られたエビデンスにもとづく教育援助の重要性が強調されている。そこで、次節では国際教育協力において研究と実践がどのように関連づけられてきたかについて検討する。

3. 国際教育協力における研究と実践

途上国の教育開発に関する研究領域は、第二次大戦以前の欧米や日本による植民地支配のなかで、各宗主国が植民地社会における教育のあり方を検討するために行った各種の教育調査にその源流をみることができる。戦後になると、たとえばアジアでは「アジア及び太平洋の共同的経済社会開発のためのコロンボ・プラン」が組織され、アジア太平洋諸国の経済社会開発を促進し、それらの社会の生活水準を向上させることが目指されるなか、途上国の教育に対する国際的な支援の重要性が広く認知されるようになった。

また、1960年代には多くのアフリカ諸国が独立を果たすなか、途上国の自立的な発展を支える重要な分野として教育が位置づけられるようになった。そうした動きを国際的に支援するために、ユネスコが主催した地域レベルでの教育会議 (カラチ、アディスアベバ、サンティアゴ、トリポリで開催) が開かれ、途上国の教育開発に対する政策的な支援の重要性が確認された。このように、

途上国の経済社会開発を促進するうえで教育が大きな役割を果たすという認識が広く共有されるなか、途上国の教育状況についての調査や途上国への教育支援に関する研究なども積極的に行われるようになっていった。

そして、1990年にタイのジョムティエンで開かれた「万人のための教育世界会議」において国際的に合意された「万人のための教育 (Education for All: EFA)」目標[11]が、90年代を通してどの程度実現されたのかを知るために、世界中の国・地域で『EFA2000年評価報告書 (*EFA 2000 Assessment*)』がまとめられた。この報告書の作成にあたっては教育研究者たちが動員され、それぞれの国・地域における基礎教育の状況について詳細な調査を行った[12]。これらの報告書は、2000年にセネガルのダカールで開催された「世界教育フォーラム」の重要な資料として活用された。

この2000年の会議では新たなEFA目標を設定することが合意されたが、目標の詳細を決めるにあたっては学術的な研究成果も積極的に参照された。なかでも、Christpher Colcloughによってまとめられた、アフリカで初等教育の完全普及を実現するために必要とされる財政的コストについての研究 (Colclough et al., 1993; Colclough et al., 2003) は、基礎教育の普及というEFA目標を実現するには各国の自助努力を促すだけでは不十分であり国際社会による支援が欠かせないことを明確に示しており、ダカールの会議ならびにそれ以降のEFAに関する国際的な会合[13]でもしばしば引用されることとなった。また、Colclough自身が初代編集長を務めた『EFAグローバル・モニタリング報告書 (*EFA Global Monitoring Report*)』は、世界各地における基礎教育普及の進捗状況をチェックすることを目的として、ユネスコによって毎年刊行されている。この報告書には、さまざまな国や地域の教育開発研究者たちによる研究の成果が豊富に取り入れられている。

さらに、国際教育開発研究と実践を架橋しようとする国際機関による試みのひとつとして、世界銀行による取り組みを挙げることができる。世界銀行は2011年に策定した「教育戦略2020年 (Education Strategy 2020)」を実施するにあたり、世界各国の教育システムのパフォーマンスを検証したうえで、その改善へ寄与することを狙いとしたプログラムを立ち上げている。このプロ

グラムはSystem Assessment and Benchmarking for Education Results (SABER)と名づけられ、各国の政策や実践を比較し、教育システムと各種の政策要素(policy domains)の検証を可能にする、包括的なシステム分析手法の開発を試みるものである (Bruns, Filmer and Patrinos, 2011)。

　ここまでみてきたように、EFAの目標設定や政策的合意の形成にあたっては、国際教育開発研究の成果が積極的に反映されてきた。それに対して、現在、国際的な取り組みが進んでいるもうひとつの教育政策課題である「持続開発な開発のための教育 (Education for Sustainable Development: ESD)」に関しては、その導入から実施の過程を通して必ずしも実証研究の成果にもとづき政策化が行われてきたわけではない。もちろん、「持続可能な開発」という概念は、環境、食糧、水、人口、エネルギー、人権、社会経済活動などの多様な分野における学術的な知見を踏まえて構築されてきた[14]。しかしながら、ESDを教育分野の政策課題に具体化する過程では、理念と実践が先行したために学術的な観点からの検証が十分に行われてきたとは言い難い。たとえば、国連による「持続可能な開発のための教育の10年 (The UN Decade of ESD: DESD)」(2005年-2014年)では、定期的なモニタリング・評価を2009年、2011年、2015年に実施することが計画(一部すでに実施)されているが、それらの結果を踏まえて追加的な政策支援を検討するといった動きに繋がっていない[15]。

　また、EFAと大きく異なる点が、ESDには到達すべき政策的目標が具体的に設定されていないことである。今後の国際教育開発研究における方法論的な課題は、ESDのように理念的な議論や実践での乗り組みが先行しており、到達すべき目標が必ずしも明確に設定されているわけではない政策アジェンダに対して、その進捗状況や成果をいかに検証していくかということである。これは国際教育開発研究にとって新たな挑戦となるが、比較教育学における歴史研究、思想研究、地域研究などのなかで長年にわたり適用されてきた各種の研究方法を組み合わせることで、こうした課題に応えていくことが期待される。そのような研究の取り組みが積み上がっていくことで、比較教育学の一領域としての国際教育開発研究が、政策科学としての比較教育

学をさらに豊かなものにするうえで貢献できると考える。こうした問題意識にもとづき、本書の後半ではESDに関してより詳細な検討を行っていきたい。

結び——政策科学としての方向性

　比較教育学の大きな特徴がその学際性にあることは、すでに本章でも指摘した通りである。これは、政策科学としての比較教育学の強みであり弱点でもある。すなわち、多様な学問領域に立脚する比較教育学であるからこそ、現実の政策課題が有する複雑な構造に対してさまざまなアプローチを試みることが可能になる。しかし、その一方で、それぞれの学問領域における方法論的な厳密性といった観点からは、比較教育学に対して厳しい目が向けられていることも事実である[16]。

　また、世界のさまざまな国・地域で教育政策が策定され、その政策にもとづく教育改革が実施されている。それらの改革の成果に対する評価は一様ではないが、エビデンスにもとづき客観的な視点から冷静な分析がどの程度行われたのであろうかという疑問を感じることも少なくない。とくに、教育行政の制度的・組織的・人材的な能力が脆弱な途上国では、教育政策の策定・実施の過程において、統合的分野としての国際教育開発研究が十分な役割を果たし得ていない。そのため、政策立案者や政策決定者たちには、学術的な調査研究の結果を参照したうえで、より良い教育政策をつくり続けていく努力が求められている。それと同時に、研究者たちも政策科学としての比較教育学(とくに国際教育開発研究)のあり方について、今後も検証を積み重ねていくことが必要である。

注

4　1970年代初頭までの比較教育学の方法論的な議論の変遷についてはJones (1971) を参照のこと。

5　たとえば、第1号「日本に比較教育学の現状と展望」(1975年)、第17号「比較教育学研究の回顧と展望」(1991年)、第20号「比較教育学研究の30年」(1994年)、第

25号「比較教育学の新展開－」(1999年)といった特集で、比較教育学の理論や方法について論じた諸論文が掲載されている。
6　日本でも、今井重孝(1990)による研究など比較教育学の理論や方法論に関心をもった研究が行われてきたが、そういった研究の量的な広がりという面では、限定的な取り組みしか行われてこなかった。
7　ここで挙げた研究は必ずしも比較教育学の研究成果とはみなされていないが、比較教育学(とくに教育開発研究)に対して大きな影響を及ぼしている。
8　この論文で分析の対象となった雑誌は、*Comparative Education Review*、*Comparative Education*、*International Journal of Educational Development* の3誌である。そのほかにも比較教育学の国際的学術誌としての地位を確立している *Compare* やユネスコが刊行している *International Review of Education* と *Prospects*、さらには英語圏以外の学術誌を分析することも検討したようだが、地理的なバランス、雑誌の目的、英語に翻訳して分析する際に生じる問題などを考慮し、最終的に上記の3誌に絞られた。
9　この調査は、2009年度末の時点で日本比較教育学会に所属する会員(約1,000名)のなかで、個人情報の公開に同意していて、連絡をとることのできた699名に対してアンケートを送り、そのうちの264名から回答を得たものである(回収率38％)。
10　廣里恭史(元アジア開発銀行東南アジア局上級教育専門官、現上智大学教授)がかつて提示したモデルにもとづき、図1-1を作成した。
11　EFA目標については北村(2008)を参照のこと。
12　これらの報告書は、ユネスコのホームページ(http://www.unesco.org/education/efa/efa_2000_assess/index.shtml)［2011年7月10日閲覧］に掲載されている。
13　EFAに関する国際的な会合は地域レベル(アジア、アフリカ、中南米など)も含めると非常に数多く開催されているが、とくに「EFA作業部会(EFA Working Group Meeting)」と「EFAハイレベル・グループ会合(EFA High-level Group Meeting)」(閣僚級会合)はそれぞれ2001年と2002年から毎年開かれており、重要な政治的決定を行っている。
14　「持続可能性」を測定するためには、人の健康、環境的な質、経済的な活力度、社会正義といった観点から各種の指標が提唱されている。これらの異なる観点から設定された指標を、それぞれ個別にみるのではなく、相互の関係性を踏まえて統合的にみることの重要性が指摘されている。「持続可能性」の測定に関しては、ノースカロライナ大学チャペルヒル校グローバル公衆衛生学部のホームページ(http://www.unc.edu/~baerk/sustainability/measuring.htm)［2011年6月12日閲覧］が参考になる。
15　DESDのモニタリングと評価に関するユネスコのホームページ(http://www.unesco.org/new/en/education/themes/leading-the-international-agenda/education-for-sustainable-development/monitoring-evaluation-process/)［2011年7月12日閲覧］を参照のこと。
16　もちろん、すべての比較教育研究が方法論的な緩さをもっているわけではなく、非常に厳密な調査手法と分析プロセスを経て、当該学問分野に対して優れた知見を提供している研究も少なくない。とはいえ、ある学問分野のプロパーで行われている研究

と比して、方法論的な厳密さが比較教育学のなかでどこまで追究されているかどうかという点では批判的な見方があることを、筆者も含めて比較教育研究者たちは真摯に受け止めることが必要である。

ラオス国立大学

第2章　比較教育学における開発研究の位置づけ

はじめに

　今日、教育研究における国際比較は、比較教育学者だけでなくさまざまな専門領域の研究者たちによって、活発に行われている。こうした状況のなか、比較教育学の独自性をいかにして打ち出していくことが必要であるのか。また、そもそも比較教育学は、独自の学問分野として成立しつづけることが今後も可能であるのか。こうした問題意識にもとづき、第1章では近年その重要性が認識されている途上国における国際教育開発分野との関わりから、比較教育学のあり方を捉え直そうと試みた。本章でも、このような問題関心をさらに深めていきたい。

　とくに国際教育開発研究では、一般法則を探求するという純粋にアカデミックな関心だけでなく、国際教育協力のための具体的な処方箋を提示するための途上国研究という実務的・応用的なアプローチも求められている。こうした要請に対して、比較教育学者はいかにして応えることができるのか。さらには、途上国における基礎教育の普及を進める国際社会の動きを、国際機関や市民社会組織を通して概観することにより、比較教育学(なかでも国際教育開発研究)が実際の国際教育協力に対していかなる役割を果たすべきかについて、本章では考察していく。

1. 比較教育学の研究モデルの変遷

　比較教育学は、多様な学問分野(ディシプリン)の理論や方法論にもとづく

研究を包含しており、研究対象となる領域も多岐にわたっているが、その根底には「教育はより公平かつ公正な社会を実現するための変化をもたらすことができる」という基本的な信念が共有されていると考えられる。これは、「教育の設備、形式、内容における変化が、貧困の削減や、ジェンダー・階層・民族などにもとづく不平等の終焉に対して、貢献するであろう」(Arnove, Altbach and Kelly, 1992, p.1)という想定や、教育の重要な役割は「貧富の差にかかわらず、それぞれの人間が倫理的にふるまうための能力を開発すること」(McGinn and Cummings, 1997, p.39)への寄与であるという主張に現れている。こうした信念を再確認することは、今日の国際社会においてさまざまな問題に直面している途上国の教育について考えるにあたり、比較教育研究者たちにとって最も重要な姿勢であると言えるだろう。

　国際化した社会における比較教育学のあり方を考えるために、小林(1987)は比較教育学の発展の歴史を次の4つのモデルの変遷として跡づけた。すなわち、啓蒙主義思想の影響を強く受けていた19世紀初頭のM.A. Jullienを起源とする「普遍主義モデル」に始まり、市民国家における教育行政のための「教育借用」を目的とする「ナショナリズム・モデル」が広まった。また、19世紀後半から20世紀にかけては、西欧型ナショナリズムと植民地などにおける非西欧型ナショナリズムのせめぎあいを背景とする「国際主義モデル」も発達した。すなわち、「世界を国民国家の集合体として把握し、各国家はそれぞれの国民的個性を基礎にして内では国家的・国民的統合を図り、外にたいしては国際的な協調の道を求める」(小林, 1987, 37頁)ための比較教育研究が、ナショナリズム・モデルや国際主義モデルであったと言える。これらのモデルにもとづき、1950年代末以降から、教育の「国際競争」や「教育計画・開発」の動きが比較教育学に新たな課題を与えるとともに、比較教育研究者たちは第三世界の社会開発問題にも関心を寄せるようになっていった(沖原・小澤, 1991)。こうした研究関心の広がりに伴い、グローバリズムの進展が著しい今日においては、「世界を一つの人類社会として把握し、国民国家はそうした人類社会の重要ではあるが、しかし他の社会集団と並ぶ一つの単位と理解する」(小林, 1987, 37頁)ためのグローバルな世界像に立つ比較

教育学(「グローバリズム・モデル」)を確立しなければならないと、小林は主張している。

こうした研究関心の歴史的変遷に沿った分類に対して、Arnove (1999) は比較教育学の目的や対象といった研究領域にもとづく分類を試みている。すなわち、①科学的側面 (scientific dimension)、②実用主義的側面 (pragmatic dimension)、③グローバルな側面 (global dimension) という3つの側面からさまざまな研究が行われており、これらが相互に関連しあいながら、比較教育学という学問分野を発展させてきたと指摘している。Arnoveによれば、比較教育学の科学的側面において重要な役割が、理論構築への貢献である。ここでは、比較研究を通して、学校制度をはじめとする教育事象の形成要因や機能と、経済的・政治的・文化的・社会的な秩序との関係性を明らかにし、それを一般化した命題として提示することが目指されている。また、実用主義的側面とは、異なる社会における多様な教育実践を「借りる」ことにより、自らの社会の政策や実践を改善するうえで役立てることができる。その際、必ずしも一方的な貸借関係が生じるのではなく、それぞれの社会から学びあうこともあり得る。この側面が、最も古典的かつ一般的な比較教育研究の目的と言えるだろう。

これらに対して、グローバルな側面とは近年その重要性を増している領域であり、さまざまな教育課題を国際的(クロス・ナショナルあるいはトランス・ナショナル)な視点から分析し問題提起することにより、教育を通した国際理解と平和を促すことが目指されている。この側面における研究対象は、小林の指摘と同様に必ずしも国民国家の枠組みだけでなく、国際機関や市民社会組織(NGOなど)が主要なアクターとして含まれてくる。Arnoveの「グローバルな側面」という分類は、小林のグローバリズム・モデルに類似すると同時に、比較教育学者によるダイナミックな国際社会との関わりをより積極的に想定している点が特徴と言えるだろう。

また、比較教育学を「教育の国際関係の研究」と捉えた二宮(2003)は、国と国の「関係」のなかで「ある国の教育」を理解するにあたり、次の3つのアプローチを提示している。すなわち、①植民地における支配－被支配(ある

いは新植民地主義)の関係のなかで当該国の教育を理解する、②「先進国 対 発展途上国」や「援助国 対 被援助国」という図式のなかで理解する、③対等な「関係」あるいは協働型「関係」のなかで双方を理解する(交換留学や留学プログラムなど)、といった国際的な広がりのなかから教育事象への理解や説明を深めることが、比較教育学の重要な役割であると指摘している。

　これらの比較教育研究における多様なアプローチを大別すると、さまざまな国民国家における教育の制度・理論・実践などを比較研究することによって帰納的に教育の本質や法則を見出そうとするアプローチと、国際社会をひとつの総体として捉えることで多様な教育事象・教育課題を分析しようとするアプローチがあると言えるだろう。しかしながら、いずれのアプローチを採るにしても、馬越(1998)が指摘したように、今日の比較教育研究の理論的枠組みについては支配的なパラダイムを見出すことができず、新しいパラダイムを模索して諸理論が並存する状態にあると言える。

2.「コミットメント・アプローチ」にもとづく比較教育研究

　ここで概観したように、比較教育学における研究関心は歴史的な変遷を遂げてくるなかで、そのアプローチの複雑さを増してきた。かつての「教育借用」が主流であった時代に比し、今日の比較教育研究はよりダイナミックな教育事象の理解を国際的な文脈において試みていると言える。こうした現在の比較教育学をとくに開発研究との関わりから考えるために、「コミットメント・アプローチ」と呼びうるアプローチを筆者は提唱したい。

　これまでのモデルが基本的に比較教育研究者を外部者として位置づけ、「外」からの理解や説明を主たる目的としてきたのに対して、とりわけ開発の分野では内部者(途上国の当事者)とともに実際の問題に取り組む姿勢が求められている[17]。そのためには、研究を通して明らかにされた問題などに対して何らかの提言や改善策を示すことが重要であり、研究者は途上国の教育問題へのある種の「積極的な関与(コミットメント)」を示さざるを得ない。したがって、このモデルにおいて比較教育研究者は、「先進国 対 発展途上国」や

「援助国 対 被援助国」という図式を乗り越え、途上国の当事者たちとの「対等な関係」や「協働型関係」を築くことが欠かせない。そのためにも、村田・渋谷(1999)が指摘したように、「対象国・地域の教育制度や行政システム、教育上のニーズをとらえることはもちろんであるが、それらの制度を支えている学校観や子ども観、民族と教育の関係など、文化的・社会的背景をも踏まえたうえで教育をとらえていく必要がある」(59-60頁)と言える。

このアプローチを検討するにあたり、参加型調査を例として取り上げ、研究者が「アウトサイダー」から「パートナー」へと転換することにより、研究そのものが調査対象である住民の利益にも繋がることを目指す地域研究の可能性を考える渋谷(2001)の論考は示唆的である。こうした研究者の立場の転換により、「知識を有する者が無知な者を導くというこれまでの教育観を、そのプロセスに関わる者すべてを主体として位置づけ、相互に学び合うという学習観へと転換する」(渋谷, 2001, 25頁)ことが可能になると渋谷は指摘している。

また、多くの途上国にとって「開発」(development)という言葉は、進歩(progress)や世界の覇権(world supremacy)を意味するのではなく、先進諸国へ追いつき(catch-up)、競争に参加し続け(staying in the game)、そして基本的に生き残っていくこと(basic survival)を意味するのだと、Little (2000)は指摘している。そのため、比較教育研究者は「理解と行動、分析と主張、政策の分析と政策の処方箋」(Little, 2000, p.293)を途上国に対して示すことが求められ、単なる「考える人」(thinkers)ではなく「行動する人」(do-ers)でなければならない。とりわけ、多くの途上国において共通してみられる不平等な権力関係に対して、問題提起や提言を積極的に行う責任があるだろう。比較教育研究者に求められるこうした姿勢の実践こそが、筆者の提案するコミットメント・アプローチである。

ただし、このコミットメント・アプローチにもとづく研究を推し進めていくにあたっては、研究対象でありカウンターパートでもある「途上国の当事者」像が問題となるであろう。かつてFriedrich Schneiderは、教育のルーツを探るために要因分析の手法を活用することを提唱するなかで、「比較研究

においては、民族と国民とを明確に区別することが可能である」(シュナイダー, 1965, 120頁)と述べ、国民国家という枠組みに囚われずに対象を認識することの重要性を指摘した。とりわけ、多くの国家の境界線が意図的に引かれたアフリカにおいて、民族と国家を明確に区別することが必要であると主張している。このSchneiderの指摘は、コミットメント・アプローチにもとづく比較教育研究を考えるうえで、複雑な意味をもっている。すなわち、このアプローチでは、小林やArnoveの指摘したグローバルな側面に留意しつつ、国民国家という枠組みに囚われずに研究対象(つまり「誰に関する、誰のための研究を行うのか」という認識)を明確化することが、とりわけ重要となる。しかしながら、「国家」、「社会」、「民族」、「個人」といった分析の単位が多様化するとともに、それぞれが複雑に関連し合っている今日においては、たとえアフリカの新興独立諸国においてですらたとえば民族と国家を明確に区別することが可能であるのか、という疑問が呈されるであろう。そして、むしろ今日のグローバル化した社会においては、複数の帰属意識(あるいはアイデンティティ)を有することも稀ではないという認識に立つことも必要であろう。

　このような研究対象に関する比較の単位は、その多様性をますます深めている。Bray and Thomas(1995)は、比較の単位を次の諸要素にもとづき分類している。すなわち、①地理的要素(geographic/locational dimension)(国際的な地域・大陸、国、州・県、市町村、学校、教室、個人)、②非地理的な人口統計学的諸集団(nonlocational demographic groupings)(エスニシティ、宗教、ジェンダーなど)、③教育的・社会的要素(aspects of education and of society)(カリキュラム、教授法、財政、運営、制度、政治的変化、労働市場など)である。これらの諸要素を掛け合わせることで、教育開発におけるより具体的な「当事者」像を浮かび上がらせることが可能となる。また、ミクロ・レベル(個人、教室、学校、地域コミュニティなど)での教育事象に対する研究とマクロ・レベル(州・県、国、国際的な地域・大陸など)における研究について、それぞれの利点と問題点を指摘している。さらには、異なるレベルのデータを比較するマルチ・レベル分析を行うことで、より包括的な理解を得られると主張している[18]。

　たとえば、複数の民族や文化によって構成されている途上国社会の教育を

考える際には、国家内に存在するさまざまな民族集団が比較の単位となりうる。すなわち、「国家の内部構造に大きな相違があるとき、国家間の比較は有意義なものになることができない」（レ・タン・コイ，1991，92頁）ため、複数文化国家や複数言語国家の内部に目を向ける比較教育研究が求められている。しかしながら、それと同時に、国民国家の枠組みが依然として強固に存する現実においては、比較の単位としての国家を無視することはできない。とりわけグローバリゼーションの進展とともに国と国との間の相互交流的なシステム（例・先進国－途上国間の高等教育機関における学生や研究者の交流制度など）が構築されるに伴い、国別データの比較がより細かく提出されるようになり、かえって国ごとの独自性を意識せざるを得なくなっている側面がある。さらに、途上国における教育普及のために国際機関や国際的なNGOなどが活発な活動を展開している今日では、研究対象となる民族集団や国家を取り巻く「超国家的」な組織や制度が及ぼす影響などに関する研究も欠かすことができない。したがって、これらのミクロな分析とマクロな分析とを交差させるうえで、比較の視点が活用されることになる。

　ここまで論じたように、マクロ・レベルの現状分析だけでは把握された諸問題への具体的な方策などを示すことが難しいとの観点から、最近の教育開発研究においてはミクロ・レベルでの研究が意識的に実施されるようになってきた。それは、世界銀行によるLiving Standard Measurement Studies (LSMS)などの組織的な多目的家計調査にもとづくミクロ開発計量経済学の分析（澤田，2003）や、個人ファイルの作成を中心に学校内での生徒の履歴をトレースするIST法（Individual Students Tracing Method）による進級・留年・中途退学に関する調査（澤村他，2003）など、幅広い分野にわたり多様な手法が用いられている。教育開発研究に比較の視点を採り入れるためには、これらのさまざまな分析手法を異なるレベルで適用していくことが、今後ますます求められてくる。

3. 国際教育開発研究の動向

　すでに第1章でも簡単に触れたが、日本の比較教育学研究における教育開発研究の位置づけを考えるうえで、これまでの比較教育研究がどのような国や地域を対象としてきたのかを知ることは重要である。そこで、比較教育研究者にとり中心的な学会である日本比較教育学会の紀要 (1-13号は『日本比較教育学会紀要』、14・15号は『比較教育学』、16号以降は『比較教育学研究』) にこれまで掲載された論文の対象国を地域別に分類したものが、第1章に掲載した表1-1である[19]。

　初期の掲載論文をみると、1975年から84年 (1-10号) にかけては日本の教育を扱った論文が30本と多数掲載された。これは、「日本と○○国の比較」といった研究や「日本における比較教育学のあり方」といった研究が多くを占めていたためである。しかしながら、徐々に日本を研究対象とする論文の数が減り、1995年から2004年 (21-30号) にかけては6本にとどまっていることがわかる。また、ヨーロッパならびに北米に関する研究も、いまだに研究者たちの関心が高いことはうかがわせるが、かつてほどの本数は掲載されていない。それに対して、1980年代半ば以前にはわずか数本に過ぎなかったアジア太平洋諸国 (日本を除く) に関する論文が、1985年から94年 (11-20号) にかけて大幅に増えた。さらに、1995年から2004年 (21-30号) には対象となる地域が多様になり、2005年以降 (31-42号) ではその傾向がさらに顕著になっている。

　とりわけ、東南アジア[20]・南アジア地域の途上国に関する研究が目覚しく増えていることは注目されるべきであろう。それとともに、中国に対する関心が一定して高いことも特徴として挙げられる。さらに、いまだ数が少ないとはいえ、アフリカや中東を対象とした研究も発表されるようになってきた。

　このように、近年の日本における比較教育研究の傾向は、かつての欧米諸国を中心的な対象とする研究からアジア諸国を中心に多様な地域を対象とする研究へと比重が移り変わってきたと言える。このような研究対象国の選定傾向の変化は、かつての「教育借用」のためのアプローチからよりグローバ

ルなアプローチへと、比較教育研究者の関心が広がってきたことを示している。さらには、途上国に関する研究が常に開発の問題を扱っているわけではないとはいえ、ヨーロッパ・北米以外の地域に関する研究の増加は、比較教育研究者たちの間で開発分野に対する関心が高まっていることの表れであると考えられる。

　こうした途上国への研究関心の高まりを背景として、比較教育研究者が教育開発プロジェクトに関与する機会が増加し、1990年代半ばからは国際教育協力に関する議論や研究も活発に行われるようになってきた[21]。たとえば、1994年の日本比較教育学会第30回大会において「これからの世界の教育を考える－人権、開発、および環境の問題を中心として－」と題するシンポジウムが開かれるとともに、ラウンド・テーブルでは「発展途上国に対する教育協力・援助のあり方」について議論された[22]。また、1999年の同学会第35回大会においては「比較教育学研究における国際教育協力の位置の検討」と題する課題研究が実施され、比較教育学と国際教育協力の関係のあり方を位置づけるための継続的な検討の必要性が確認された(佐藤真理子，2000)。さらに2001年の同学会第37回大会では「21世紀の教育開発と国際教育協力のパートナー像」と題する課題研究において、90年代の教育開発政策・協力に関する実証研究にもとづき「日本の国際教育協力の比較優位をどう活かすべきか、大学がどこまで国際教育協力に関わるべきか」(岡田，2002，203頁)といった具体的な問題に踏み込み、研究と実践の両面から今後の国際教育協力のあり方について議論が交わされた。このように学会誌や大会を通して日本比較教育学会において積み重ねられてきた議論を振り返ると、開発の問題に対して意識的に取り組もうとする比較教育研究者たちの関心が、ますます広がりと奥行きをもとうとしていることが感じられる。

　ちなみに、『比較教育学』(*Comparative Education*)誌に掲載された論文にもとづき、Little (2000) は比較教育研究の国際的な動向の分析を行っている。それによると、1977年から1998年の間に同誌に掲載された論文が研究対象としている国の内訳は、以下の通りである。地域別の割合をみると、論文総数の56%がヨーロッパの国を扱っており、最大多数を占めている。これは、

もともと同誌が英国において出版されているためと思われる。その他の地域に関しては、南米（36％）、アジア（35％）、アフリカ（30％）、オセアニア（30％）、北米（16％）の順であり、ヨーロッパならびに北米を除いては、世界中の地域をバランスよく取り上げていることがわかる[23]。また「先進国」（developed countries）と「途上国」（developing countries）の別にわけると、224本（62％）の論文が先進国を研究対象としており、138本（38％）の論文が途上国を扱っている。これらの掲載論文に関する分析を通して、Littleは比較教育研究者たちの関心の幅広さを明らかにするとともに、グローバリゼーションが浸透する過程においてとりわけ開発研究との関わりから、教育の役割の変化について世界各地の比較教育研究者たちがますます活発な議論を交わしつつあると指摘している。

4. 比較教育研究者による国際教育協力への貢献

多くの途上国が、経済・政治・社会の諸分野において国家としての基盤を確立することに多大な努力を払っている。そのなかで、いかなる分野の開発を進めるうえでもその基盤となるのは人材の育成であることが強く意識されたことにより、教育分野を含む社会開発の重要性が広く認識され、さまざまな国際教育協力が推進されてきた。そして、1990年にタイのジョムティエンで開催された「万人のための教育世界会議」や2000年にセネガルのダカールにおいて開かれた「世界教育フォーラム」といった国際会議を通じて、「万人のための教育」（Education for All: EFA）の理念のもとにとりわけ途上国における基礎教育の普及を促進することが国際社会全体の責務であると確認された。

こうした国際的な議論の深まりに伴い、途上国への教育支援というかつての慈善活動的な性格が変容し、よりプロフェッショナリズムが追求されるようになってきたことが近年の国際教育協力の特徴であり、その過程において比較教育研究者たちに求められる役割も多様化してきた。そうしたなか、日本における研究にしても、欧米を中心として行われている海外の研究にしても、国際教育開発分野においては研究と実務の密接な結びつきが広く見受け

られる。

　たとえば、今日の国際教育協力の潮流は、これまで中心的であったプロジェクト単位の支援から、プログラムやセクター単位の支援へと変化してきている。こうしたなか、領域横断的なアプローチが重視されるようになり、理論と政策と実践を繋ぐための比較教育研究の役割がますます高まっている。そこで、先に示した「コミットメント・アプローチ」にもとづく国際教育開発研究を進めるにあたり比較教育研究者たちが果たすべき役割は、以下の3分野に大別することができる。

①国際的な共同調査などを含む、途上国の教育実態に関する調査研究の推進
②教育政策の立案・形成・実施ならびにそのモニタリング・評価に関する研究
③教育開発プロジェクトの案件形成・運営への関与と、それらのプロジェクトのモニタリング・評価

　これらには、すでに多くの研究者たちが実際に携わってきた活動もあるが、むしろ教育行政官や開発実務家たちの仕事であり、研究者の領分ではないと考えられてきたものも多分に含まれている。したがって、あくまでも研究者として実務に関わるという姿勢や態度をいかにして保持していくことができるかが、今後の課題として多くの比較教育研究者たちに突きつけられている。
　こうした比較教育研究者による国際教育協力への貢献を考えるうえで、研究者たちに多様な調査研究の機会を提供している国際機関や市民社会の役割を分析することが重要である。そこで、多数の比較教育研究者が所属している国際機関としてユネスコと世界銀行を取り上げ、比較教育研究が開発実務の現場においていかなる役割を果たしているのかについて考察を加える。さらに、近年その役割が広く認識されるようになってきた市民社会の諸活動において、いかにして比較教育研究の成果が活用されているのかについて考えたい。

(1) ユネスコ

　国連の専門機関であるユネスコは、第二次世界大戦の終結直後に設立された。ユネスコ憲章の前文で「戦争は人の心のなかで生まれるものであるから、人の心のなかに平和のとりでを築かなければならない」と謳われているように、ユネスコの使命は「平和の希求」にある。一人ひとりが平和を希求する心を大切にすることによって、人類の知的・道徳的な連帯が深まり、ひいては平和な世界を実現することが可能になるという理念を、ユネスコは掲げている。そして、そのような理念のもとで国際社会の連帯を深めるために、教育、自然科学、文化、社会・人文科学、コミュニケーションの諸分野における国際協力を推進している。

　ユネスコは、国際連盟の諮問機関であった国際知的協力委員会(1922年設立)を前身とし、1945年11月にロンドンで開かれた設立会議(37カ国の代表が出席)におけるユネスコ憲章の採択を経て、1946年11月に設立された。ユネスコの目的は、「国際連合憲章が世界の諸人民に対して人種、性、言語または宗教の差別なく確認している正義、法の支配、人権および基本的自由に対する普遍的な尊重を助長するために教育、科学および文化を通じて諸国民の間の協力を促進することによって、平和および安全に貢献することである」と、ユネスコ憲章の第1条1項において定められている。すなわち、国際協力を通して戦争や紛争を防ぐために、人間の尊厳を守り、平等を重んじ、人々の心のなかから無知や偏見、差別などをなくすことを目指している。

　こうした使命(ミッション)を有するユネスコにおいて、教育分野は最も重要な柱であると考えられており、長年にわたって国際教育協力を推進してきた。とくに、途上国の教育開発分野で事業を実施している他の国際機関(主に女子・女性や子どもに対する教育を推進するユニセフや、フォーマルな教育制度への支援を行っている世界銀行など)と較べ、就学前教育にはじまり初等・中等・高等の各教育段階、そして成人の識字教育や生涯教育、さらには職業教育、平和教育など、あらゆる教育段階における幅広い分野の事業に取り組んでいることが、ユネスコの特徴として挙げられる。そのため、EFAの推進にあたりユネスコは各国政府、国際機関、市民社会組織の間での政策協議などにおけ

る調整役を担うことが、2000年の世界教育フォーラムでも改めて合意された(UNESCO, 2000a)。

こうした役割を果たすためにも、ユネスコは組織としての次のような立場を中期戦略などのなかで明確にしている。すなわち、ユネスコは、倫理的な諸問題に対する普遍的な合意を形成するうえでのさまざまなアイデアの実験場(a laboratory of idea)であり、標準の設定者(a standard-setter)である。また、情報・知識を広め共有するための情報センター(a clearing house)であると同時に、多様な分野における各加盟国の人的・制度的な能力の向上(capacity-building)に寄与する、という立場である(UNESCO, 2002a)[24]。したがって、ユネスコの業務には、国際教育協力を展開するための行政的な側面とともに、各国の教育政策へ直接的あるいは間接的な影響を及ぼす調査研究活動を含めたアカデミックな貢献も期待されている

国際教育開発分野におけるユネスコの調査研究は、パリ本部の教育局を中心に付属研究機関や現地事務所などと協力して展開されている。とりわけ、ユネスコ国際教育局(UNESCO International Bureau of Education: IBE)、ユネスコ教育計画国際研究所(UNESCO International Institute for Educational Planning: IIEP)、ユネスコ教育研究所(UNESCO Institute for Education: UIE)などの研究機関は、幅広い分野における調査研究を通して、教育研究への新しい視点などを提示してきた。ユネスコの主導による国際的な調査研究の最近の例としては、人口稠密な9カ国(E-9諸国と呼ばれる)[25]に関する課題別の調査研究シリーズ(UNESCO, 2001a; UNESCO 2001bなど)や、IIEPによる「教育の質調査のための南アフリカ諸国連合(SACMEQ)の調査」(IIEP, 1998; 斎藤・黒田, 2000)などが挙げられる。

また、ユネスコの調査研究を支える重要な事業が、地域別・国別に実施されている教育統計の収集である。かつてNicholas Hansは、比較教育研究の最も基礎的な資料となる統計データの収集や分析のためには、「一つの国際当局が、たとえばユネスコ(UNESCO)のような機関が、異なった言語と、教育的価値についての認容された同義語とで、すべての教育用語に関する公認の辞典を制定すべきである」(ハンス, 1956, 20頁)と指摘した。とくに数量的

な比較を行うに際して不可欠であるこうした要求に対して、ジュネーブの国際教育局はユネスコの付属研究機関となる以前から発行していた『教育年鑑』(*Year Book of Education*)や『年報』(*Annuaire*)において、不十分ながらもそうした試みを行っていた。そして、ユネスコによる『統計年鑑』(*Statistical Yearbook*)や『世界教育白書』(*World Education Report*)、『EFAグローバル・モニタリング報告書』(*EFA Global Monitoring Report*)などの刊行を通して、現在ではユネスコ統計研究所 (UNESCO Institute for Statistics: UIS)が中心となり国際的な教育統計データの収集システムの整備を進めている[26]。

　しかしながら、多くの途上国における教育統計専門家の不足をはじめ、基本となる指標 (indicator)の選定やデータ収集・処理の手法の標準化に伴う困難など、さまざまな問題点も指摘されている (UIS, 2001)。これらの問題は教育政策や学校運営などとも関わっているため、統計の専門家のみで取り組むには自ずと限界がある。そこで、クロス・ナショナルあるいはトランス・ナショナルな視点から多様な教育事象を分析している比較教育研究者たちにも、教育統計の指針を策定する過程へと今後ますます積極的に関与していくことが求められている。

　ちなみに、ユネスコの事業は、ユニセフや国連開発計画 (UNDP) といった他の国連機関と較べて、途上国におけるプロジェクト・レベルでの貢献は小規模なものがほとんどである。むしろ、貧困削減戦略ペーパー (Poverty Reduction Strategy Paper: PRSP) などの経済社会開発のフレームワークと関連づけて教育セクター戦略・計画を策定することを途上国政府に対して促すといった政策レベルにおける技術支援・助言や、カリキュラム開発や教材作成などを通したプログラム・レベルでの支援を主に行ってきたことが、特色として挙げられるだろう。これらの支援を進めるうえでも、教育分野の諸課題に精通する比較教育研究者たちが果たすべき役割は非常に大きいと言える。

(2) 世界銀行

　ユネスコと並び、積極的に国際教育協力を展開している国際機関が世界銀行である。この分野への関心を世界銀行が高めるようになった背景には、

1970年代後半から経済開発における人的資本論の見直しがなされ、教育分野でも教育投資の効率性に関する議論が盛んに行われるようになったことがある。なかでも世界銀行の教育エコノミストであったGeorge Psacharopoulosは、中等・高等教育と較べて初等教育の収益率が高いことを示し、初等教育分野への優先的な投資の有効性を主張し、それまで中等職業教育や高等教育の比重が圧倒的に高かった世界銀行の援助政策に大きな影響を与えた(Psacharopoulos and Woodhall, 1985; Psacharopoulos, 1994)。

こうして1980年代から90年代にかけて開発における教育(とりわけ基礎教育)の役割が重視されるなかで、国際教育協力における世界銀行の存在感も急速に高まった(澤村, 2001)。たとえば、90年代に他の国際機関が国際教育協力への支出をそれほど増やすことができずにいた間に世界銀行は3倍近くの増額を果たし、現在では先進国からの援助も含めた途上国の教育分野向けの資金の約4分の1を扱う世界最大のドナーとなっている[27]。

このように国際教育協力への積極的な資金援助を通して教育開発分野における世界銀行の存在感は非常に高まったが、それと同時に、「直接的な貸付業務だけでなく世界銀行は途上国の教育の調査研究の分野でも研究情報を豊富に蓄積してきており途上国政府に対する教育政策アドバイザー、シンクタンクとしても影響力を深めてきている」(斉藤, 1998, 6頁)ことが、広く認識されている。そうした世界銀行の調査研究を担っているのが、Psacharopoulosをはじめ、Stephen P. HeynemanやGary Theisen(ともに北米比較国際教育学会(CIES)元会長)といった世界銀行の職員を務めた比較教育研究者たちであった。また、途上国の教育政策に直接的な影響を及ぼす世界銀行の教育協力・教育研究に対する「協力者」あるいは「批判者」として、多くの比較教育研究者たちが積極的に関与してきた(黒田, 1999)。

こうした世界銀行をはじめとする援助機関による国際教育協力が活発化するのに伴い、途上国における教育研究は、国際機関やドナー国の援助機関のニーズや関心、さらには好みといったものに大きく左右されるようになってきた。これらの援助機関によって実施される研究は、教育援助政策の形成過程において重視されるのみならず、各国の教育政策に対しても影響を及ぼし

ている。こうした状況の背景として、国際機関やドナー国の援助機関は、「たとえばアフリカのいかなる研究機関よりも、いやおそらくアフリカのすべての研究機関を合わせたよりも多くのアフリカ教育研究者を雇い、より多くのアフリカ教育研究を委託している」(Samoff, 1999, p.79)と、Joel Samoffは皮肉を込めながら指摘している。そして、これらの援助機関による「調査研究」が途上国政府に対する「コンサルティング」を目的として行われるとき、援助資金の流れを正当化するために調査研究の独立性が損なわれる危険とともに、政策立案過程における途上国政府の主体性を失わせてしまう恐れがあると警鐘を鳴らしている。国際教育開発研究に携わる比較教育学者は、こうした側面に留意しながら援助機関からの委託研究などを実施する必要があるだろう。

(3) 市民社会

他の開発分野における傾向と同様に、国際教育協力においても「市民社会」(civil society)と総称されるNGOや個人などの果たす役割が年々増してきている。たとえば、世界教育フォーラムにおいて採択された『ダカール行動のための枠組み』(*The Dakar Framework for Action*)のなかで、会議に参加した各国政府や国際機関の代表者たちは「教育開発戦略の策定・実施・モニタリングにおいて、市民社会の関与と参加を保障する」(UNESCO, 2000a, p.8)と約束している。そして、EFA推進のための国家計画は「とくに、人々の代表者たち、コミュニティのリーダーたち、親たち、学習者たち、非政府組織といったステークホルダーたちを巻き込む、透明かつ民主的なプロセスを通して作成する」(UNESCO, 2000a, p.9)ことを明言した。

開発分野における比較教育研究の新しい担い手たちは、こうした市民社会のなかで活発な調査研究活動を展開している。たとえば、国際的なNGOであるオックスファム(Oxfam)[28]に所属していたKevin Watkinsは『オックスファム教育報告書』(*The Oxfam Education Report*)をまとめ、途上国における基礎教育の普及状況などを分析している(Watkins, 2000)。Watkinsは、「教育パフォーマンス指数」(Education Performance Index: EPI)という新しい分析手法を

用いて教育における不平等の問題を論じるなかで、国際機関やドナー国による教育援助への関与の不足が途上国の教育普及を妨げていると批判している。この報告書の見解に対する評価は一様ではないが、その後ユネスコが『EFAグローバル・モニタリング報告書』を発刊するひとつの契機となるなど、この報告書がもたらした国際的なインパクトは大きかったと言える(ちなみに、Watkinsは後に『EFAグローバル・モニタリング報告書』の編集長を務めた)。

従来、市民社会の役割は、①サービスの供給・実施、②新しいアイデアの試み、③公的機関に対する監視などが主であると考えられていたが、今日ではこれらに加えて「政策パートナー」としての役割を積極的に捉える傾向が増している。その背景には、市民社会におけるプロフェッショナリズム(専門的な調査研究や情報発信などを行う能力)の向上とともに、官(政府や援助機関)と民(市民社会組織)の相互補完関係なしには国際教育協力を推進することが難しいという現状がある。したがって、今後さらに多くの比較教育研究者たちが、民の立場からも教育開発に関わっていく(すなわち「コミット」していく)ことが期待されている。

結び——国際教育開発研究者の立場

本章では、純粋にアカデミックな原理・法則の探究のみではなく、国際教育協力における政策的な判断基準や知見を示すことが求められている国際教育開発研究の最前線で、比較教育研究者たちがいかなる役割を果たすことができるのかについて考察を加えた。そして、「コミットメント・アプローチ」という自明とも思われる研究のスタンスへ敢えて言及することにより、実証的なデータにもとづく政策提言を自覚的に行うことこそが、国際教育開発研究に携わる比較教育学者にとって非常に大切な役割であることを強調した。ここでは、実務的なコミットメントとともに、研究者としての倫理的・道義的な側面からのコミットメントも求められていることを指摘しておきたい。

また、こうしたアプローチにもとづく比較教育研究を実践するためには、日本からの積極的な発信として自らの教育経験を伝達すると同時に、途上国

における当事者たちとの対話を通した教育「協力」のあり方を追求していくことが必要である[29]。ただし、かつて組織戦略の過度な政治化によりその調査研究機能を弱体化させてしまったユネスコの轍を踏まぬよう[30]、国際教育開発研究において比較教育学を「政治化」させてしまわないことに留意せねばならない。すなわち、国際教育開発研究に携わる比較教育研究者は、自らの研究が政治的に利用される危険を常に孕んでいることを自覚し、あくまでも研究者としてのスタンスを明確にしなければならない。そのためには、単なる外部者ではなく、なおかつ決して内部者にもなることのできない国際教育開発研究者の立場について、今後さらなる考察を加えていくことが必要である。

比較教育学のあり方を開発分野との関わりから捉え直すことは、教育学における比較教育研究の役割を考えるうえで欠かせない作業である。しかしながら、本章はあくまでも問題提起を試みたに過ぎないため、これから活発な議論が比較教育研究者のみならず教育学ならびに隣接領域の研究者たちによって展開されることを期待している。

注

17　外部からの視点と内部からの視点については、レ・タン・コイ（2000）105-113頁を参照のこと。

18　マルチ・レベル分析により成果を挙げている分野としては、効果的学校に関する研究などが挙げられる。

19　表1-1は、基本的に各論文の題目にもとづき分類したものである。ちなみに、複数国にまたがる比較研究に関しては、4カ国以上を対象とした国際比較を除き、基本的に比較対象となっている国をすべて挙げてあるため、本表の対象国等の総数と同誌の掲載論文の総本数は一致していない。

20　『比較教育学研究』に掲載された東南アジア地域研究の諸論文の特徴については、村田・渋谷（1999）を参照されたい。

21　教育開発（あるいは教育協力・援助）を意識して書かれた初期の『日本比較教育学会紀要』掲載論文としては、原田種雄「各国の教育研究体制に関する比較研究序説－教育改革・開発・計画との関連において－」（第2号、1976年）や、益井重夫「カリキュラム改革における国際協力の可能性について－ユネスコ事業参加の経験から－」（第4号、1978年）を挙げることができる。その後、第10号（1984年）では課題研究として「教育の国際交流および援助に関する総合的比較研究」というテーマのもと、前平泰志「国際機関と教育援助－世界銀行を中心に－」が掲載された。しかしながら、この前後

の課題研究テーマなどをみると、当時は「国際交流」に対する関心が高く、「援助」という領域は必ずしも積極的に扱われていなかったことがうかがえる。したがって、教育開発を中心的なテーマとして扱う研究が積極的に発表されるようになるのは、1990年代半ばまで待たねばならなかった。

22　これらの議論を踏まえ、『比較教育学研究』第21号（1995年）には潮木守一「教育開発・教育協力援助の研究課題」が掲載された。また、1995年の大会では、同年8月から9月にかけてアジアで初めて開催された第4回世界女性会議と軌を一にして、「女性と開発と教育―比較教育学の課題を探る―」と題するシンポジウムが開かれた。さらに、96年の大会では「世界における人口問題と教育―人口爆発、少子化、人口移動―」というテーマでシンポジウムが開かれるなど、開発の問題と深く関わりのあるテーマが議論されてきている。

23　論文によっては複数の国を扱っているものが含まれるため、これらの割合の合計は100％を超えている。また、この研究では『ユネスコ統計年鑑1998年版』（UNESCO *Statistical Yearbook 1998*）の地域別カテゴリーにもとづき、それぞれの国が所属する地域を決定している。

24　ユネスコの事業内容や最近の論点などについては、拙稿（2004a）を参照されたい。

25　E-9諸国は、インド、インドネシア、エジプト、中国、ナイジェリア、パキスタン、バングラデシュ、ブラジル、メキシコである。

26　『世界教育白書』は、2000年版を最後に廃刊となった。現在は『EFAグローバル・モニタリング報告書』（2001年の準備号を経て、2002年版より発行）が、教育分野に関する国際的な報告書として広く活用されている。『EFAグローバル・モニタリング報告書』は、対象領域を基礎教育へと限定しているため『世界教育白書』に較べるとカバーされる分野が狭まってはいるが、基本的な教育統計データを幅広く載せている。

27　世界銀行や国連機関の国際教育協力への財政的支援の実績については、OECD/DAC. *Development Co-operation Report*, 2000 & 2001, OECD/DACデータベース（The International Development Statistics online (IDS/o): www.oecd.org/dac/stats）を参照。

28　貧困問題の解決に取り組み、世界各地で緊急救援・開発プロジェクト・政策提言などを展開している国際的なNGO。1942年に「オックスフォード飢餓救済委員会」（Oxford Committee for Famine Relief）としてイギリスで設立された。ヨーロッパ、北米、アジア、オセアニアなど世界各地にオックスファムの名前を冠する独立したNGOが存在しており、これらのNGOの連合体がオックスファム・インターナショナル（本部・イギリス、オックスフォード）である。オックスファムの活動などの詳細については、オックスファム・インターナショナルのホームページ（www.oxfam.org.uk）やオックスファム・ジャパン（www.oxfam.jp）を参照のこと。

29　比較教育学者たちも参加して編纂された国際協力機構（2003）は、日本からの積極的な発信のあり方を示しており重要な試みであろう。そうした発信にあたり、同書の序文で「本報告書は、途上国の参考になるような日本の教育経験を洗い出し、また日本の経験を応用する際の留意事項を明確にすることを目的としたものであり、日本の教育経験を途上国に移転することを目的とするものではない」（4-5頁）とのことが明

第 1 部　国際教育開発研究の理論的検討　51

記されており、援助機関としても対等な協力関係を重視する姿勢が示されている。

30　ユネスコの事業運営方針などを決定する際に第三世界諸国の意見と先進国側（とくにアメリカ）の意見が対立するといった「過度な政治化」や、「事務局の非効率性と際限のない財政膨張」などに対する不満と同時に、セネガル出身のAmadou-Mahtar M'Bow第6代事務局長（当時）が支持した「新世界情報コミュニケーション秩序（New World Information and Communication Order: NWICO）」に対する不信感などが重なり、1980年代にはアメリカ（1984年脱退・2003年再加盟）やイギリス（1985年脱退・1997年再加盟）、シンガポール（1985年脱退・未加盟）が相次いで脱退した。これらの背景に関する詳細は、日本ユネスコ協会連盟（1999）や野口（1996）を参照のこと。

カンボジア農村での学生たちによるフィールド調査

第3章　途上国における能力開発と教育の役割
——高等教育の国際協力を中心に

はじめに

　途上国の国造りを考えるうえで、多様な専門性をもった人材を育成することの重要性は自明のことである。とりわけ、グローバル化が進むなかで、いわゆる知識基盤社会や知識基盤経済といった考え方が一般化した今日、より高度な専門性を有する人材の育成が多くの途上国においても喫緊の課題となっている。しかしながら、そうした高度専門職業人とも呼ばれるような人材を育成する基盤となる教育（とくに高等教育）が脆弱であることも、広く途上国にみられる現状であることは否めない。したがって、途上国自身だけでは十分な資源を有することの少ない教育セクターの状況に対して、国際的な支援を提供することが求められている。

　そのような途上国の教育が抱える問題は多岐にわたり、その脆弱性はさまざまな問題に起因している。なかでも、しばしば指摘される問題は、物的・人的・財的な資源が少ないことである。しかし、それと並んで大きな問題が、少ないならば少ないなりの資源を最大限に活用するための「能力（capacity）」を十分に備えていないことである。途上国が自立的な開発を進めていくうえで、さまざまなセクターにおいて必要とされる能力がある。なかでも教育セクターは、教育セクター自体の能力を向上させるとともに、他のセクターの能力開発に貢献する人材を育成するという役割を担っている。

　こうした問題意識を念頭に置きながら本章は、教育セクターのなかでもとくに高度専門職業人の育成に大きな役割を果たすべき高等教育に焦点をあて、途上国の高等教育の質を高めていくために、どのような国際協力のあり方が

必要であるのかについて考えたい。

1. 能力開発と教育の関係[31]

　開発の現場では、この十数年にわたり「能力開発 (capacity development)」の重要性がしばしば指摘されている。ここでいう「能力」とは、「個人、組織、社会が全体として問題を上手に管理する力」のことであり、それらの「個人、組織、社会が全体として自らの能力を発揮、強化、構築、適用、維持していくプロセス」のことを、一般的に「能力開発」と呼んでいる (OECD/DAC, 2006)。また、とくに途上国の文脈で能力開発を考えると、途上国自身の主体的な努力によって、「途上国の課題対処能力が、個人、組織、社会などの複数レベルの総体として向上していくプロセス」として捉えることも可能である (国際協力機構, 2006)。ここでは、能力開発の内発性が重視されており、仮に開発援助や国際協力といった途上国の外部からの働きかけがあったとしても、能力開発そのものは基本的に途上国自身の意思によって実現されることが期待されている。これは、開発される能力の妥当性、必要性、持続可能性などの観点から考えると、極めて重要な視点である。

　こうした能力開発がどのように実現されていくべきであるかについて、とくに人材育成の主たる領域である教育分野に即して具体的に考えてみたい。基本的に能力開発が促進される対象としては、個人と組織に加えて、制度を考えることができる。すなわち、個々の教育行政官や教師といった教育関係者の能力が開発されることは重要であるが、それだけでは教育分野の総体としての能力は向上していかない。個人に加えて、教育省や学校といった教育に関わる諸組織の能力が向上することが不可欠である。これは、たとえば教育省であれば、個々の教育行政官が研修等を通じて自己の能力を高めたとしても、それらの行政官が人事異動などで当該部署を離れてしまうと、その部署のパフォーマンスが低下してしまうことは往々にしてみられる。そのようなことを防ぐためには、個々の能力を個人レベルにとどめておくのではなく、それを組織内に制度化していくことが欠かせない。さらに、そうした個人な

らびに組織の能力を社会的なレベルで発揮していくための制度が整備されることが、非常に重要である (OECD/DAC, 2011)。

たとえば、教育分野における重要な取り組みとして、教育行財政の地方分権化が多くの途上国でも進められている。国際的な教育改革の潮流のなかで分権化が大きく取り扱われていることに加え、開発援助においても教育分野のみならず公共セクターにおける重要課題として焦点化されていることもあり、さまざまな途上国の教育省もこうした政策を導入している (Grauwe, 2004; Winkler and Yeo, 2007)。しかしながら、地方行政の組織的な能力が十分に開発されていないことに加え、制度的にも中央から地方へ財源を適切に委譲するシステムが構築されておらず、権限だけは地方に移っても、実施段階においては十分な教育予算を確保できないといった問題が散見される。

これらの点を要約すると、能力開発には、「人づくり」に加えて「組織づくり」と「制度づくり」が欠かせないことがわかる。とくに「組織づくり」に関しては、個人を活かすような組織のあり方を検討するとともに、できるだけ効果的かつ効率的に個人の能力を組織として制度化することが必要である。また、「制度づくり」に関しては、個人や組織の働き方を規定する雇用制度を充実させ、組織内でのコミュニケーションが十分に行えるような環境を整備することに加え、個別セクターの枠を超えた公共セクター全体の行政改革を推進することが求められている。

このことを、人数の点から言えば、ほとんどの国で最大規模の公務員を抱える教育分野で考えると、そうした公務員の多数を占める「教員」の養成・訓練・雇用などに関する能力開発を進めることが、極めて重要である。また、非常に大きなセクターであるが故に、資金調達や財政マネジメントも容易ではない (Dove, 1986; ILO, 1991: OECD, 2005)。

こうした課題のみならず、教育分野において取り扱われる「知識」に関わる制度整備や管理（マネジメント）について考えることも、忘れてはならない。すなわち、たとえば学校教育においてどのような「知識」をいかにして次世代に伝達するのかという問題を考えてみると、実は非常に複雑な要素を含んでいることに気づく。なぜなら、とりわけ植民地時代を経験している多くの

途上国では、「知の正統性」そのものが明確ではなく、伝えるべき「知識」は何なのかということに関して、社会的な合意を形成することが難しいためである（とくに歴史や国語などの教科において、どの民族や氏族の視点からみるのかといった問題について、多くの国で極めて繊細な対応が求められることは、想像に難くない）。さらに、どのように伝えるのかという点についても、どの言語（公用語、母語、国際語［英語や仏語など］）を使用すべきか、また男女は共学か別学か、等々、考えなければならない要素が非常に多いことは明らかである。

　これらの課題を踏まえたうえで、途上国社会の需要にもとづき、持続可能な効果を期待できる能力開発を行う必要がある。そのためにも、常に学校や共同体などの教育現場の環境を改善し、個々人の知識や技能（スキル）の習得を支援するような、制度や組織の改革を行っていかなければならない。

　また、教育分野の能力開発を考える際には、以下の2つの側面があることも忘れてはならない。すなわち、教育分野そのものに関する能力開発とともに、他の分野における能力開発のための人材育成を教育分野は担っている。こうした特徴を踏まえたうえで、途上国の能力開発を向上させるための支援を、国際機関や先進国の援助機関は考える必要がある。そこで次節では、能力開発において重要な役割を担っている高等教育分野に焦点をあて、途上国の高等教育が国際協力を通してどのように能力開発に貢献し得るのかについて考えてみたい。

2．高等教育の国際協力

　教育分野における国際的な連携・協力は、1960年代から世界各地で活発に取り組まれるようになった。たとえば、ユネスコが主導した地域レベルの教育会議の開催は、教育普及や教育の質向上のために、域内の加盟諸国が国の枠を越えて協力し合うことの重要性を確認する契機となった。また、たとえば東南アジア諸国連合（アセアン）で教育大臣会合が定期的に開かれるようになるなど、国際的なネットワークを構築する試みが、さまざまな地域で行われるようになった（Jones, 1988）。

このような試みは1970年代から80年年代を通して継続され、高等教育分野においても、教育省、大学、研究所、国際機関などの異なるアクターが、国際的な連携を深めるために、多様な取り組みを行ってきた。ただし、とくに高等教育分野においては先進国と途上国がそれぞれ置かれていた状況は大きく異なり、学生や研究者の人材交流の面でも、国際共同研究などの展開に関しても、かなり限定的なものでしかなかったことは否めない。しかし、1990年代に入ると、世界のさまざまな地域で本格的な高等教育の国際ネットワークが機能し始めるようになり、この傾向は2000年代になるとさらに加速化している (Knight, 2008)[32]。

　こうしたなか、途上国を数多く抱えるアジア、アフリカ、中南米といった地域においても着実に経済成長が進展する一方、それぞれの域内における経済的・政治的・社会文化的な格差といった問題が十分に解決されずにいることも事実である。そこで、域内の格差を改善し、地域全体としての自立的な発展を実現するためにも、より高度な知識・技能をもった人材の育成が多くの途上国では喫緊の課題となっている。とはいえ、高度職業専門人の育成は途上国にとって容易ではなく、国際協力を通じた高等教育の充実がより積極的に目指されるようになっている。

　ただし、高等教育の国際協力を考えるうえで、留意しなければならない問題がある。それは、高等教育の拡充において、誰が責任の主体であり、誰が利益を得るのか、といった問題である。高等教育の役割は多様であるが、その最も重要な役割のひとつが、社会の指導的立場に立つ人材を育成することである。したがって、高等教育の拡充の際も、基本的には途上国の指導者たち自身が責任をもつとともに、社会的な責務として一人ひとりの市民が支えるものでもあることを明確にしなければならない。

　これは、財政的な面から考えても明らかである。たとえば、初中等教育段階と比較して高等教育段階における学生1人当たりの経費（ユニット・コスト）は、国によって異なるとはいえ、少なくとも数倍以上になる。そうしたコストの多くが、とくに国公立大学では（また私立大学でも）、公的な財源から賄われることが一般的である（もちろん、高等教育のコストに関しては、学生たち自身や

家計による負担もあるが、社会的な負担の大きさは、初中等教育段階と較べると格段に大きい[33]）。このことは、高等教育の修了者が、社会的・経済的により恵まれた地位につくケースが多いことを考えると、初中等教育の修了者と較べて社会的な責務が大きく、より公共的な貢献が求められることは明らかである[34]。

　このように公共性の高い高等教育分野において、責任の主体はまず何よりも国家にあると言える。それぞれの国家が責任をもって社会の指導的立場に立つ人材を育成しなければならず、そのために高等教育の公的支出がかなりの大きさになることも仕方がないと考えられている（丸山, 2007）。しかしながら、先述のように、高等教育の修了者たちが社会的・経済的により利益を得ているケースが多いことに留意をしながら、それぞれの途上国で高等教育の役割を改めて定義し直さなければならない。

　このことは、とくに国際的な連携・協力を通して途上国の高等教育を支援する際に、顕在化してくる問題である。つまり、そもそも先進国の税金を基本的な原資として行われる高等教育支援が、途上国のなかで実は恵まれた状況にある一部の人々に多大な恩恵をもたらし、より社会経済的に脆弱な立場にある人々への支援に繋がらないケースが多いことは、非常に問題である。こうした状況を念頭に置きながら、先進国の援助機関や国際機関による途上国の高等教育への支援を考えてみると、主たる出資者である先進国の国民にとって納得する答えが十分に用意されていないことが透けてみえてくる。その原因として、多くの人々が、現地の関係各機関（大使館、援助機関、政府の国際交流機関、等）と協議を積み重ねることがなかったり、これまでもっていたステレオ・タイプの意識に囚えられてしまっていることが考えられる。

　また、このような問題が意識されるのは、これまでの高等教育の国際協力には、**図3-1**の概念図で示したような段階が想定されてきたからだと思われる。すなわち、社会経済的な発展段階と高等教育の成熟度などにもとづき、国際協力を通してパートナーである海外の大学などとの間に、より便益を供与する側なのか、あるいはより便益を授受する側なのか、という立場の違いが生じる。もちろん、こうした立場の違いは、その国が社会経済的な発展を進め、高等教育も成熟化していくなかで、変化していくものである。とはい

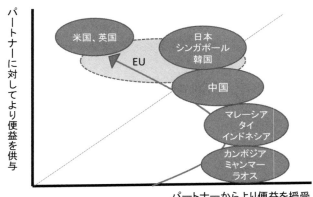

図3-1　高等教育の国際協力にみられる段階のイメージ
出所：金児・木村・山岸（2002）を参照のうえ筆者作成。

え、多くの世界システム論者や従属論者たちが批判してきたように、国際的な「知」の創出において「中心」に位置する先進国と、「周辺」に位置する途上国との間では、こうした関係性が容易に変わるわけではないことも事実であろう（Altbach, 2007; Wallersteinm 1999）。もちろん、かつてと較べて途上国でも「知」の創出が活発に行われるようになってきたが、一部の主導的な研究大学に限られてしまっており、必ずしも研究開発の裾野が広がっているとは言い難い（これらの状況については、Altbach et al., 2009を参照のこと）。

そこで、こうした問題をさらに考えていくために、本章では「知的交流（intellectual exchange）」と「開発援助（development assistance）」という2つの視点からみることを提唱したい。途上国の高等教育に対する国際協力を筆者なりに類型化すると、「知的交流」と「開発援助」という2つのアプローチに整理することができる（**表3-1**）。「知的交流」とは、大学・学部・研究室・研究者個人の各レベルにおける学術交流や、学術交流を促進する機関（日本学術振興会、国際交流基金、フルブライト、ブリティッシュ・カウンシル等）による支援によって行われる国際協力のことを意味する。それに対して「開発援助」は、主として国際機関による多国間援助と各国政府を中心とする二国間援助に分けられ、技術協力、無償資金協力、有償資金協力といった異なるモダリティを通じて

表3-1 高等教育の国際協力―2つの類型の特徴―

	知的交流 Intellectual Exchange	開発援助 Development Assistance
知の伝達 （Knowledge Transfer）	● 双方向	● 基本的に一方向
財源（Funding）	● 非ODA型 ● しばしば先進国の大学等によって提供されるが、途上国の機関との協働などによって財源を確保するケースもみられる	● 政府開発援助（ODA） ● 先進国からの援助資金が中心となるが、先進国と途上国の大学・機関が協働して財源を確保するケースもみられる
アクターの関係 （Relationship of Actors）	● 対等（Equal partnership）	● ドナーと被益者（Donor-Recipient）
一般的な期間 （General Period）	● 中期から長期	● 短期から中期

出所：筆者作成。

途上国に供与される国際協力である。

　こうした2つの類型の間には、いくつかの点において特徴的な違いをみることができる。まず、「知の伝達」という観点から捉えると、知的交流においては必ずしも「知」が先進国から途上国へ伝えられるだけでなく、途上国から先進国へと伝えられることもしばしばである。その意味で双方向的な関係と言えるが、開発援助では先進国が有する資源（知識、スキル、資金など）を途上国に伝えることが基本的な目的であり、ある程度、一方向の関係にあると言える。その意味で、それぞれの国際協力を推進するアクターの関係においても、前者が対等な関係性を前提とするのに対して、後者ではどうしてもドナーと被液者という関係性が強調されがちである。

　また、財源についても、知的交流ではさまざまな財源が動員され、多くのケースでは主として先進国の大学・機関などによって資金が提供される傾向にある。しかしながら、その一方、途上国と先進国の機関の協働のなかには途上国側でも財源を確保するケースがみられる。それに対して、開発援助では、政府開発援助（ODA）の予算などが基本的な財源となり、先進国からの援助資金が中心となる。ただし、開発援助の場合でも、先進国と途上国の大

学・機関が協働して財源を確保するケースもみられることを付言しておきたい。さらに、こうした財源の問題とも関係するが、知的交流では財源の有無（あるいは多寡）にかかわらず、中・長期的な関係を構築する傾向にあるのに対して、開発援助ではODA予算の有無などに大きく左右されるため、より短期的あるいは中期的な視点から取り組まれることが多いといえる。

　ただし、これまでは基本的にこうした2つの類型にわけられるような形で高等教育の国際協力は展開されてきたが、今日の協力の実態をみてみると、この2つの類型のどちらかに明確に区分できないものも増えている。

　たとえば、最も典型的な例としては、近年、日本が積極的に推進している「地球規模課題対応国際科学技術協力 (Science and Technology Research Partnership for Sustainable Development: SATREPS)」を挙げることができる。このSATREPSは、独立行政法人科学技術振興機構 (JST) と独立行政法人国際協力機構 (JICA) が共同で実施しており、地球規模課題（たとえば環境・エネルギー問題・自然災害（防災）・感染症・食糧問題など）を解決するために、日本と途上国の研究者が共同で研究を行うとともに、それらの研究を通して課題解決のための方策を提示することを目指しているプログラムである。いわゆる地球規模課題を解決するためには、国や地域の枠を越えて協力することが欠かせず、とくにこれらの問題の影響を受けやすい状況にある途上国では、現地のニーズを反映した研究開発が必要とされている。そこで、途上国にある知見を、日本が有する最先端の科学技術と融合させることで、より優れた成果を挙げることが期待される[35]。

　これまで、先進国の研究者（とくに自然科学分野）が開発援助に携わるにあたっては、研究環境が充実しているとは言い難い途上国に活動の軸足を置くことによって、国際的な研究開発の競争の最前線から後れをとる恐れがあり、なかなか積極的な貢献を期待することが難しいという問題があった。しかし、こうしたSATREPSのような研究プログラムでは、地球規模課題が最も顕著に出現している途上国を現場とすることで、むしろ最先端の研究を行うことができるという利点がある。しかも、こうした研究においては、途上国の研究者と先進国の研究者がより対等な関係のなかで、お互いの知見を共有して

いくことが重要になってくる。このような取り組みは、日本だけでなく他国の援助機関によっても展開されており、今後さらに広まっていくことが予想される（たとえば、米国開発援助庁（USAID）は、同国の国立科学財団（NSF）や国立衛生研究所（NIH）とともに、Partnerships for Enhanced Engagement in Research（PEER）というプログラムを展開している[36]）。

　こうした国際的な連携・協調こそが、先述の「知的交流」と「開発援助」を融合したモデルであり、そうした新しい形態を本章では「知的開発協力（Intellectual Development Cooperation）」と名づけたい。それは、従来の2つの類型を越えた、新しい高等教育の国際協力であり、先進国側と途上国側の相互努力（mutual efforts）を通して成り立つものだと考える。こうした国際協力を発展させていくためには、先進国・途上国の双方において、いかなる課題に直面しているかを正確に把握したうえで、そうした課題を解決するためにそれぞれが有する資源を十分に活用するための方策を考え、それらを活かすための「能力」を開発していくことが欠かせない。

結び——能力と資源の活用

　本章で概観したように、途上国の社会経済開発を進めるうえで、高度な専門性を有する人材の育成が喫緊の課題であるにもかかわらず、多くの国ではそのための十分な能力や資源を確保することができずにいる。そのため、国際協力を通した途上国の高等教育支援が必要となっているのだが、高等教育における国際協力のあり方は急速に変化してきている。本章で整理したように、これまでの高等教育の国際協力には「知的交流」と「開発援助」という2つの類型がみられるが、今日導入されている協力の形態のなかにはこれら2つの類型を越えた（あるいは統合した）、相互努力にもとづく「知的開発協力」と呼べるものが現れ始めている。もちろん、そうした努力は端緒に着いたばかりであり、多くの課題を抱えているが、先進国の知見・経験と途上国の知見・経験を融合させながら、確実に実績を積み上げつつある。したがって、大学、政府機関、援助機関をはじめとする関係各機関は、それぞれの機関が

有する能力や資源を最大限に活かすような国際協力のあり方を今後も追求していく必要がある。

　本章では、「能力開発」の概念を念頭に置きながら、途上国の人材育成において教育が果たすべき役割について、高等教育の国際協力を例として考えてみた。しかしながら、本章では十分な議論を尽くしたとは到底言えず、あくまでも試論として提示したに過ぎない。そのため、今後さらなる研究を積み重ねるなかで、途上国の能力開発と人材育成をいかにして推進していくことができるのかについて、考え続けていく必要がある。

注

31　本節における「能力開発」に関する論考は、廣里・北村（2007a）における議論をベースとしている。

32　なかでも、90年代後半の金融危機を乗り越えたアジア地域では、グローバル化する経済と知識基盤社会を支える人材の育成に対する需要に応えるため、高等教育がとりわけ急速に拡大してきた（北村・杉村, 2012）。

33　高等教育のコストに関しては、東京大学大学総合教育研究センター（2007）の国際比較研究を参照のこと。

34　もちろん、途上国では経済が成熟しておらず、高学歴者を十分に吸収するだけの労働市場が形成されていないため、高等教育を修了しても適切な職業に就くことができないという高学歴失業の問題がしばしばみられる。とはいえ、高等教育の公的収益率と私的収益率を比較すると、低所得国においては私的収益率が非常に高いことが特徴であり、一般的には高等教育修了者が経済的に非常に恵まれた状況にあることは明らかである（Psacharopoulos and Patrinos, 2004）。

35　SATREPSの詳細については、同プログラムのホームページ（http://www.jst.go.jp/global/）を参照のこと。

36　PEERの詳細については、USAIDのホームページ（http://www.usaid.gov/what-we-do/science-technolog-and-innovation/international-research-science-programs/partnerships）を参照のこと。

第4章　途上国における教育政策評価と教育指標の活用

はじめに

　教育政策をはじめとする公共政策の決定や形成の過程において、従来の政策に対する評価を踏まえることが欠かせない。これは当たり前のように思われることだが、多くの国ではこうした「評価」にもとづく政策形成が十分に行われてきたとは言い難い。とくに、公共セクターの能力(capacity)[37]がいまだに脆弱な途上国にとっては、教育政策の策定過程における政策評価の活用は困難な課題である。

　また、途上国の教育セクターにおける政策形成の過程をみるにあたっては、教育政策の実施状況や生徒たちの学習到達度についての評価といった途上国の教育セクターそのものに関する分析と、そうした途上国の教育セクターに対する先進諸国(ドナー諸国)や国際機関による教育開発援助に関する分析を行うことが必要である。すなわち、「途上国における教育政策の実効性」と「途上国に対する教育開発援助の効果」を評価することが求められている。いずれの観点からの分析においても、国際的に比較可能な教育指標にもとづく評価が重要であると広く認識されているが、実際の評価では必ずしも十分に教育指標が活用されているわけではない。

　こうした問題意識を踏まえ、本章では、途上国の教育政策の策定過程を評価するにあたり、いかなる教育指標が開発され、それらがどのように活用されているのかについて検討を加える。

1. 途上国の教育政策と評価

　基本的に教育改革の目的は、アクセス (access)、公正さ (equity)、質 (quality)、適切性 (relevance)、効率性 (efficiency)、費用・財政 (cost/finance) などの諸領域において、教育制度、教育行財政、教育内容、教育方法などの状況を改善することにある (Buchert, 1998; Williams and Cummings, 2005; 廣里・北村、2007b)。とりわけ多くの途上国では、これらの領域のいずれにおいても深刻な問題を抱えており、そのなかから優先的に取り組むべき課題を抽出し、それらを政策に落とし込み、教育現場での実践へと結びつけていく作業は容易ではない。

　多くの途上国では教育改革の目的を政策に反映させるにあたって、①人権、②経済成長、③社会統合のいずれかを重視する、3つの異なる立場（あるいは関心）にもとづき政策目標を設定することが一般的である[38]。まず、人権重視の立場は、本書の「はじめに」でも触れたように、性別、年齢、人種、出自などに囚われず、公平な教育機会へのアクセスをすべての人に保障するという理想を掲げた「世界人権宣言」(1946年)や「子どもの権利条約」(1989年)などの国際的な合意に基礎を置いている。この立場からは、就学状況や男女格差の改善などが優先課題として挙げられる。

　それに対して人的資本論に代表される経済成長重視の立場は、質の高い教育を効率的に普及させることで優れた人材を育成し、国家や社会の経済開発を進めるという考え方が基盤となる。ここでは、教育への投資効率が重要であり、教育セクターの内部効率性や外部効率性などが評価の対象となる。こうした評価においては、教育（とくに学校教育）へのインプットとそこからのアウトプットとの関係を分析することによって、教育生産性の高低が判断される。

　さらに、社会統合重視の立場とは、教育を通して国民としてのアイデンティティを涵養したり、市民性を陶冶したりすることを重視する考え方であり、多文化・多民族・多言語な社会形態をしばしば有する途上国においては教育の普及を通した社会統合の促進が期待される。なお、こうした立場では、教育機会へのアクセスや公平性の問題とともに、教育内容の適切性に対する

関心が必然的に高くなる。

　とはいえ、経済的な停滞に苦しむ多くの途上国では、とくに経済成長の担い手となる人材の育成を重視し、基礎教育よりも中等・中等後教育での職業訓練や高等教育といったポスト基礎教育に対する投資が大きくなる傾向は否めない (Carnoy and Samoff, 1990)[39]。また、教育政策を含めた公共政策一般の策定・実施にあたり、仮に資源の最適編成を実現したとしても効率性と公平性の間にトレードオフの関係があるため (Stiglitz, 1998)、教育セクターにおける優先的な投資領域を決定する際にも、社会の平等化と効率的な経済成長との間で矛盾や葛藤が生じやすく、それが教育政策をめぐる対立を引き起こす一因となりうる。さらには、民族や宗教などにもとづく紛争を抱える地域では、基本的に人権や社会統合の問題に目を向けることが重要であるが、その根底には貧困をはじめとする経済問題が往々にして横たわっていることも忘れてはならない。このように複雑な要因が絡み合っているため、途上国の教育改革の目的と実際の政策を分析するには、複眼的な思考と視点を確立することが欠かせない (Riddell, 1999a)。

　したがって、ここで挙げた3つの立場はそのいずれかのみが適用されるということではなく、国家としての教育政策を形成する過程で、それぞれの立場・関心を当該国の政治的、経済的、社会的、文化的な文脈に沿って考慮することが必要とされる。たとえば、1990年の「万人のための教育世界会議」で合意された「万人のための教育 (EFA)」の理念は、これらの異なる関心を包括的に捉えたものであり、途上国における基礎教育の普及が国際社会全体にとっての大きな課題であることを確認した[40]。こうした合意を踏まえたうえで、途上国において教育改革を推進するにあたっては、基礎教育とポスト基礎教育の間でより適切な投資のバランスを見出すことが必要になる。加えて、近年の途上国では効果的学校 (school effectiveness) や学校改善 (school improvement) に対する関心が高まっており、学校やコミュニティといったミクロ・レベルでの改革が重視されている。また、新自由主義的な改革思潮の影響を受け、多くの途上国で地方分権化が進むなか、教育行財政の地方行政府への権限移譲も顕著になっている (廣里・北村, 2007b)。

それでは、こうしたマクロ・レベルからミクロ・レベルに至るまでの多様な関心を包括的にカバーする教育政策は、いかにして形成されるべきであろうか。教育政策を形成する過程は「重要性と目標の分析」、「データ分析と概算」、「予測」という3つの作業から構成されており、政策が有する重要性や目標を明確化するとともに、過去から現在までの状況やデータを分析することが欠かせない(Davis, 1990; Ross and Mählck, 1990)。そうした分析にもとづき、「実行可能性(feasibility)」、「(経済面などにおける)負担可能性(affordability)」、「要望の度合い・妥当性(desirability)」といった観点から複数の政策オプションを導き出し、それらを比較分析し、最終的な政策決定を行うことが必要である(Haddad and Demsky, 1995)。そして、実施された政策に関するモニタリング・評価を行い、次の政策サイクルへの示唆を提示することが求められている。基本的にモニタリング・評価の結果は、教育行政の川上部門(upstream)と川下部門(downstream)の間を繋ぎ、包括的かつ現実的な教育政策をデザインするうえで活用されなければならないが、実際にはそれらの結果が教育政策の策定に対するインプットとして必ずしも適切に活用されていないとの批判も多い(Riddell, 1999b)。

　さらに、先述のように途上国の教育セクターを評価する際には、「途上国における教育政策の実効性」と「途上国に対する教育開発援助の効果」を評価することが求められている。そこでは、教育政策の形成に対して異なるレベルで関わっている複数の利害関係者(ステークホルダー)が「評価」を行うことになる。最もミクロなレベルには子どもや親といった教育の直接的な受益者がおり、学校レベルでは教師や学校の責任者(学校長)、さらに市・区・郡といったローカル・レベルの教育行政官、州・県レベルの教育行政官、そして最もマクロなレベルには教育省を中心とする国レベルでの教育行政官たちや国際機関・援助機関の教育担当官たちが、教育セクターの評価を行っている[41]。

　これらのステークホルダーたちは教育改革に対する立場や関心がそれぞれ異なるため、たとえ当該国の教育状況を改善するという目的は共有していても、実際に教育セクターを評価する際の基準は異なったものになる。したがって、すべてのステークホルダーを満足させる教育評価を行うことは現実

的には非常に困難であり、可能な限り最大公約数となるような評価のあり方を考えることが求められている。そのためには、基本的により客観的であるとみなすことのできる、各種の統計データにもとづく教育指標を活用することが欠かせない。そこで、次節以下では、途上国の教育状況を分析するために、いかなる教育指標が開発され、どのように活用されているのかを検討する。

2. 国際機関による教育指標の開発

　ある国の教育セクターを評価するにあたり、当該国の教育状況と他国の教育状況とを比較し、相対化することで、より客観的な評価の基準を確立することが可能になる。異なる国の教育状況を比較的に整理・分析するうえで、各国の教育情報(制度、目的、方法、内容等)を系統的に収集するための「比較分析表」を作成し、それにもとづき調査研究を進めるべきであると最初に主張したのは、比較教育学の始祖と言われるフランスのM. A. Jullienであることは言を俟たない。さらにJullienは、そうした調査研究にもとづき教育改革を各国で進めるための「教育特別委員会」の設立を訴えたが、それはまさに今日、国際機関を中心として世界の教育情報が収集・整理・分析されている状況を予見していた(二宮, 2003；馬越, 2007)。とくにJullienの「比較分析表」のアイデアの核であった教育指標は、今日行われている教育状況の国際比較において不可欠のツールとなっている。そこで本節では、とりわけ国際機関が中心となって開発してきた、教育の国際比較の際に用いられる各種の指標について概観する。

　国際的な教育統計の収集・分析は、主としてユネスコと経済協力開発機構(OECD)が、ときに連携をしつつ、それぞれ専門の組織・部門を立ち上げて行っている。ユネスコでは、世界各国の教育省の協力を得て、識字率、教育段階別在学者数、卒業者数、教員数、教育費の国内総生産(GDP)に対する比率などについて統計データを収集している[42]。とくに、政策分析に必要とされる信頼性の高い統計データをタイムリーに入手することへの需要が各国・

各機関で増大したことを受けて、1999年11月にユネスコの付属機関としてユネスコ統計研究所 (UNESCO Institute for Statistics: UIS) が設立された[43]。このことは、教育セクターをはじめとする多くの公共セクターで、データにもとづく政策形成の重要性に対する認識が広まったことを象徴している (UNESCO, 2002b)。一方、OECDでも、加盟国 (項目によっては非加盟国も含む) の教育状況に関する統計データを収集している。それらのデータには、学歴分布、教育支出、教育機会、生徒数・標準授業時間数・卒業後の進路等の在学・進学・就業の状況、学習到達度調査 (PISA) の結果、教員の給与・勤務時間などが含まれる[44]。

さらに、ユネスコならびにUISとOECDが協力して、政策形成のために活用されるべき教育指標として「世界教育指標 (World Education Indicator: WEI)」を開発している。この指標は、各国の教育状況に関する国際比較を可能にするためのものであり、世界各地の19の中所得国[45]から専門家が参加して共同開発されている。指標開発のプログラムが開始された1997年以来、参加国における教育政策の意思決定レベルや初等教育機関に対する財源の流れなどに関する調査をはじめ、数多くの調査研究が行われてきた[46]。

たとえば2002年に行われた調査 (UNESCO-UIS/OECD, 2003) では、教育の投資効果について明らかにしている。同調査では、教育の普及が各国の経済成長に貢献するのみならず、個人レベルにおいても経済的な恩恵をもたらすことが確認された。すなわち、高学歴者ほど就業率や職業への定着率が高く、有資格者ほど所得が高いという傾向が明らかにされた。具体的な例として、インドネシアでは高等教育を修了した男性の所得が中等教育を修了した男性よりも平均して82％高く、パラグアイにおいてはその差が300％にまでなっている。こうした調査結果を踏まえ、人的資本に対する効果的な投資と公平な分配の実現が、重要な経済資源である知識の増大をもたらし、結果として経済成長を促すことになると結論づけている。また、2007年の調査 (UNESCO-UIS, 2007) では、WEI参加国の子どもたちの平均就学年数が約14年であり、OECD加盟諸国の平均よりも4年近く短いことが明らかにされ、これらの中所得国ではいまだに後期中等教育・高等教育への就学機会が十分

第1部　国際教育開発研究の理論的検討　69

ではないと指摘している。

　これらの調査結果は、教育指標の国際比較を毎年行うことで、各国の政策課題がどこにあるのかを明らかにするとともに、教育状況の改善の目安となる指標を提示している。とくに、WEI参加国では基本的に初等教育が普及しているため、中等教育段階以降へのアクセスの拡大と、すべての教育段階における質の改善が重要課題として挙げられている。

　また、1990年のEFA目標の国際的な合意以降、とくに各国の基礎教育分野の状況を評価するため1990年代後半に「EFA2000年評価（EFA 2000 Assessment）」が実施された際、18のEFA指標（EFA Indicators）が設定された[47]。これらのEFA指標は、基礎教育の普及状況を各国がモニタリング・評価するための指針としての位置づけとともに、EFAの進捗に対する各国の取り組みを国際的に比較するためにも活用されている。ただし、18のEFA指標のうち13の指標が、ユネスコがすでに毎年収集している上述の教育統計データと重複しているように、EFAの進捗状況をモニタリング・評価するうえでは、WEIをはじめとするユネスコやOECDがこれまでに開発してきた各種の教育指標が活用されている。

　さらに、ユネスコが2002年より刊行している『EFAグローバル・モニタリング報告書（*EFA Global Monitoring Report*）』では、各国のEFA達成の度合いを測定するための基準としてEFA開発指数（EFA Development Index: EDI）を設定している。EFA開発指数は、EFA目標に掲げられている4領域（初等教育の完全普及、成人識字、教育の質、ジェンダー格差）の当該国における達成度合いを百分比として測定した後に0から1の間の指数に変換し、それらの平均値が1に近いほどEFAをより実現していると判断する[48]。このEFA開発指数の特徴は、平均値が1に近い国から順にリストすることによって、国家間の優劣を提示していることである。これは、UNDPが毎年刊行している『人間開発報告書（*Human Development Report*）』の人間開発指数（Human Development Index: HDI）にもとづくランキングを参考にしたものである。たとえば『EFAグローバル・モニタリング報告書2008年版』（UNESCO, 2008）では先進国を含めた129カ国が順位付けられ、EDI高位国（0.950以上の51カ国）、EDI中位国（0.800

以上0.950未満の53カ国)、EDI低位国(0.800未満の25カ国)に分類されている。経済状況などがあまりにも異なるため、1位のノルウェー(0.950)と129位のチャド(0.409)を比較することにそれほどの意義は見出せないが、EDI低位国として分類された国(サハラ以南アフリカ17カ国、南アジア4カ国、アラブ諸国3カ国、東南アジア1カ国)の大半がサハラ以南アフリカ諸国であり、貧困層の人口が多い南アジア諸国もこのカテゴリーに分類されていることは、現在の国際社会における基礎教育の普及状況を端的に表している。ただし、EFA指標とEDIのいずれも全国データであり、国内の地域別データといったよりミクロ・レベルのデータを反映する努力が、今後必要である。そのため、すでに各国で実施している学校調査の調査項目を、EFA指標やEDIと連動させるように再設計すべきであろう。

　国際機関が中心となって開発してきたこれらの教育指標は、途上国の教育改革における3つの立場(人権重視、経済成長重視、社会統合重視)に沿って活用することができる。教育の普及における公平や公正を重んじる人権重視の立場

表4-1　改革領域に関する教育指標の分類表

改革領域	教育指標
アクセス	入学率、就学率、出席率
公正さ	入学率、就学率、原級留置(留年)率、中途退学率、学力到達度(学力試験の得点)、学校におけるインプット・施設
質	学力到達度(学力試験の得点)、生徒一人あたりにかかる費用、教員資格、教材、教師一人あたりの生徒数、教室ごとの生徒数、教授・学習プロセスの質、教授内容の適切性
カリキュラムの適切性	卒業後の追跡調査(通常は職業教育や高等教育のみ)、大学卒業者の海外の大学院への入学状況、労働市場からのフィードバック(履修分野別の就業機会など)
内部効率性	進級率、原級留置(留年)率、中途退学率、残存率、修了率、卒業率、教師一人あたりの生徒数、教室ごとの生徒数
外部効率性	教育の収益率
費用・財政	生徒一人あたりにかかる費用、卒業者一人あたりにかかる費用、教育インプットの費用、社会的費用と私的費用の比率

出所：UNESCO Nairobi Cluster (2006) にもとづき筆者作成。

からは、就学や男女格差に関する指標が重要となる。それに対して、経済成長重視の立場では、労働市場に送り出す労働者の数や質が問われるため、修了や教育内容に関する指標がとくに重視される。そして、社会統合重視の立場においては、すべての国民（市民）に教育機会へのアクセスが保障されているかどうかに関する指標が基本となるが、それと同時に公正さの問題やカリキュラムの適切性についての指標にも目を配る必要がある。

表4-1は、これらの指標を先述の教育改革の目的に関する領域ごとに分類したものである。この表では、一般的に使用される指標を挙げたに過ぎないが、各国の教育改革を評価する際には、これらの指標を含む多様な角度からの検証が必要となる。

それぞれの国で、ここまで概観したようなユネスコやOECDなどによって開発された教育指標を中心にしつつ、各国が独自で開発している教育指標も加えて、教育統計データが収集・分析されている。とくに途上国では、教育改革を自ら進めるうえでも、またそのための支援を先進国の援助機関や国際機関から受けるにあたっても、これらの教育指標を活用した政策評価の結果を踏まえることが欠かせない。そこで次節では、2000年代に低所得国を中心に導入された「EFAファスト・トラック・イニシアティブ（EFA-FTI）」を具体例として取り上げ、途上国の教育改革に対して教育指標にもとづく評価がいかにして行われるべきであるかについて考察を加える。なお、このEFA-FTIは、その後、「教育のためのグローバル・パートナーシップ（Global Partnership for Education）」に改編され、2014年現在も途上国の基礎教育分野に対して継続的な支援を行っている[49]。

3．途上国支援における教育指標の活用
　　──EFAファスト・トラック・イニシアティブの事例

2000年に開催された「世界教育フォーラム」以降も途上国での基礎教育の普及が期待したようには進まない状況を踏まえ、ドナーである先進諸国や国際機関に対してさらなる支援の充実を求める声が、途上国自身や市民社会組

織（NGO、教員組合、各種財団、宗教団体等）から高まった。そうした国際社会の要望に応えるため、ドナーのなかでも世界銀行が中心となり、途上国の基礎教育分野に対する新たな資金供与の枠組みであるEFAファスト・トラック・イニシアティブ（Fast-Track Initiative: EFA-FTI）が立ち上げられ、事務局が世界銀行のなかに設置された。この国際的なイニシアティブは、特定の低所得国の教育セクターに対して集中的な財政的・技術的支援を行うことで、それらの国がEFA目標のなかでもとくに重視されている初等教育の完全普及へ向けた「速い軌道（fast-track）」に乗るための後押しをすることを意図している（World Bank, 2002a）。

　こうした動きの背景には、2000年以降に開催された一連の国際会議での議論を通して、主要な先進諸国や国際機関が、基本的にそれぞれの開発援助資金を増大させる方向性を明確にしたことがある[50]。とくに、2002年の開発資金国際会議（於・メキシコ連邦モンテレー市）では、途上国による適切な資金運用を条件に、米国や欧州連合（EU）をはじめとする主要ドナーが援助資金の増額を約束した。しかしながら、援助資金の増額が見込まれるとはいえ、すべての途上国に対して潤沢な資金提供を行えるわけではなく、限られた資源をより効果的・効率的に活用することが必要とされる。そのため、これまでに基礎教育を普及させるための積極的な政治的コミットメントを示している途上国に対して優先的かつ集中的な支援を行うことで、EFA-FTIは明確な成果を挙げることが期待されてきた[51]。

　このように開発援助資金を効果的かつ効率的に活用することを目指してきたEFA-FTIの特徴は、初等教育の普及に関する数値目標を基準（ベンチマーク）として掲げたインディカティブ・フレームワーク（Indicative Framework）の導入にある（**表4-2**）。ここで設定されたベンチマークは、初等教育の完全普及をはじめとする基礎教育分野のパフォーマンスが高い途上国の実績にもとづき算出された指標群である（World Bank, 2002a）。これらのベンチマークは、教育セクターの大幅な改善が必要とされる低所得国をとくに対象として設定されたものであり、途上国政府が教育サービスの提供や教育セクターの財政改革を行う際の指針となる「規範（norm）」として掲げられている（World Bank,

表4-2 EFA-FTIインディカティブ・フレームワーク

指標	EFAを実現している国々の数値	ベンチマーク（基準）
生徒のフロー（Student flow）		
初等教育段階の第1学年に入学する生徒数の学齢人口に対する割合（％）	100	100
初等教育段階の第6学年を修了する生徒数の学齢人口に対する割合（％）	70 − 103	100
原級留置率の平均（％）	2 − 20	10以下
教育サービスの提供（Service delivery）		
教員給与の平均（1人当たりGDPの何倍かで示す）	1.2 − 6.6	3.5
教員1人当たりの生徒数	20:1-55:1	40:1
教員給与以外の経費が教育分野の経常経費に占める割合（％）	19 − 45	33
年間の授業時間数		850 − 1000
私立（あるいは非公立）の初等学校に入学する生徒の割合（％）	0 − 15.7	10以下
初等学校の教室・施設の建設や備品の設置などに掛かる経費（米ドル）		8000
教育財政（System financing）		
国内資金によって賄われる政府歳入のGDPに対する割合（％）	11 − 35	14 − 18
教育分野の経常経費が国内資金によって賄われる政府歳入に占める割合（％）	10 − 30	20
教育分野の経常経費のGDPに対する割合（％）	1.9 − 8.0	2.8 − 3.6
初等教育に掛かる経費が教育分野の経常経費全体に占める割合（％）	40 − 59	42 − 64

出所：Rose（2005, p.388）にもとづき筆者作成。

2002b）。とはいえ、ここで示された指標の数値が絶対的な基準となるのではなく、それぞれの国の文脈に沿って柔軟に適用することが求められている。

近年の途上国の教育開発・改革においては、とりわけ教育の質的な改善に対する関心が高まっている。EFA-FTIにおいても、生徒の学習過程に対する関心が明確に意識されており、家庭やコミュニティといった多様なアクターとの連携にもとづく、生徒の学習到達度の向上や学校の質的改善が目指されている（World Bank, 2002b）。そのため、インディカティブ・フレームワークのなかでは、初等教育の普遍化（Universal Primary Education: UPE）の進捗状況を測る基本的な尺度として、それまで一般的に使用されてきた就学率（enrolment rate）ではなく、教育の質を測る指標のひとつでもある修了率（completion rate）を用いている。それに加えて、教師1人当たりの生徒数や原級留置（留年）率などの指標が挙げられている。

しかしながら、教育の質を測定するためには初等教育の修了率や原級留置（留年）率といった指標のみでは不十分であり、生徒の学習到達度を含めた包括的な検証が不可欠である。また、中途退学した子どもも含む学齢児童全体を測定の対象とすることが必要である。にもかかわらず、このインディカティブ・フレームワークではそうした調査の実施が求められてこなかった。さらに、初等教育の質的な向上はそれ以降の教育段階への進学を高める効果が期待されるため、前期中等教育への進学率などの指標もインディカティブ・フレームワークに含めることを検討すべきである。

インディカティブ・フレームワークは、このように途上国政府が自国の教育セクターを改善するための目安として活用される指標群であるが、それと同時に、先進国や国際機関が途上国への教育開発援助を行う際の指針としての役割もある。

遡ると1960年代から教育開発援助の効果や効率性に関するモニタリング・評価の重要性がしばしば指摘されてきたにもかかわらず、国際的に合意された評価基準の開発は十分に行われてこなかった。ユネスコやOECDによって開発された教育指標は、途上国の教育セクターの状況を理解するうえでは幅広く活用されてきたが、教育開発援助の評価においては限定的にしか活用されてこなかった。それに対してインディカティブ・フレームワークは、教育セクターにおける財政状況や政策的な成果などを数値化した指標にもとづ

き評価するための、「すべての国にとって共通の参照枠組み (common frame of reference for all countries)」(World Bank, 2002b, p.11) を提供しており、教育開発援助を実施する際の指針としての役割も有している。加えて、国際的に比較可能な指標によって構成されているインディカティブ・フレームワークは、適切な初等教育政策を策定するために途上国政府がどの程度の政治的リーダーシップを発揮しているかを判断するための基準ともなり、援助の実施を決める際の目安として活用することができる (Prouty, 2002)。

このように EFA-FTI は、インディカティブ・フレームワークをはじめとする各種の教育指標の積極的な活用を前提としてデザインされた国際的イニシアティブであるが、実際にこのイニシアティブを通して教育開発援助を行う過程において、果たして教育指標がどの程度活用されたのかについて以下で検証する。とくに本章では、EFA-FTIの支援対象国を選定する際に、どのように教育指標が活用されたのかについて検討を加える。

2008年の時点で、35カ国がFTI対象国としての承認を受けていたが、それらの国を先述のEFA開発指数 (EDI) にしたがって分類すると、EDI低位国が12カ国、EDI中位国が9カ国、EDI高位国が4カ国であった (UNESCO, 2008)。それ以外の10カ国は、教育統計データが十分に整備されていないためにEDIが算定できなかったものと推測できるが、EFA-FTI事務局に提出された各国の評価報告書のデータから推し量るに、そうした国の多くはEDI低位国あるいは中位国と同等の教育状況にあると思われる[52]。

とくにEDI高位国に分類されているFTI対象国のEDIをみると、グルジアが0.976（初等教育の純就学率：0.931、成人識字率：0.998、ジェンダー関連EFA指標：0.993、5年生までの残存率：0.982、以下の各国の指数についても同様の順序）、キルギスタンが0.974 (0.946、0.992、0.991、0.969)、タジキスタンが0.970 (0.974、0.996、0.930、0.980)、アルバニアが0.953 (0.940、0.989、0.982、0.899) と、各国ともかなり高い数値を示していた。これらのEDIを算出する際のベースとなる指数の内訳をみても、アルバニアの5年生までの残存率が0.9をわずかに下回っていた以外は、いずれの指数も0.9以上の高水準にあったことがわかる。もちろん、これらのEDI高位国も多くの問題を教育セクターに抱え

ているため、国際社会からの支援は必要であろう。しかし、EFA-FTIの基本理念と照らしたときに、国際社会のなかの限られた資源を集中的に投下する対象として、果たしてこれらの国を選定したことは適切であったと言えるのかについては疑問を拭えない。

さらに、FTI対象国35カ国のうち3分の1ほどの国は、初等教育の完全普及（初等教育修了率95％以上）をすでに達成していたか、着実に改善が進んでいた（On trackである）[53]。もちろん、そのなかの一部の国はEFA-FTIの支援によって状況が改善されたものと推測されるが、そうした国は**表4-3**が示すようにわずか3カ国（ギニア、ガーナ、ニジェール）に過ぎない。このように初等教育の完全普及へ向けて元々「軌道に乗って（On-track）」いたと判断できる国がFTI対象国に選ばれていたことは、合意された資金の8割以下しか支払われていなかったにもかかわらず教育状況を改善している国が複数みられたことからも明らかである（表4-3を参照）。これらの国は、とくにEFA-FTIによる追加資金がなくとも、国内資金の再配分と従来の援助資金の活用といった自国の努力によって、ある程度教育状況を改善することが可能であったと考えられる。

ただし、初等教育の完全普及を達成しても、教育の質そのものが低い場合には、外部からの支援を含めた必要な対策を講じることが不可欠であることは言うまでもない。たとえば、FTI対象国であるケニアは2003年に初等教育無償化政策を導入し、それ以来、初等教育の総就学率は110％以上を維持している（UNESCO, 2008）。しかしながら、就学者数の急激な増加は就学率を容易に向上させるが、予算的な措置が伴わないために教室数や教員数が不足し、都市部の低学年クラスでは教室に生徒が入りきれないといった状況を生み出し、初等教育の質を大幅に低下させることとなった（澤村、2008）。このような状況に対して、EFA-FTIのような国際的イニシアティブを通して初等教育分野への援助が充実することの意義は認められる。しかし、アフリカ諸国のなかにはウガンダ、ザンビア、タンザニア、マラウイなど、ケニアと同様に初等教育無償化政策を導入したことで質の低下を招いている国が他にもみられ、そのなかには教育の質という面でケニア以上に深刻な問題を抱

表4-3　FTI支援対象国のおける基礎教育の改善状況
（2005年時における2002年時との比較）

	On track → 達成済み	Off track → On track	深刻な Off track → On track	深刻な Off track → Off track
2002年より改善	キルギスタン（2006年）	ギニア（2002年） ベナン（2007年）	マダガスカル（2005年）	ニジェール（2002年） ガーナ（2004年） カメルーン（2006年）
	達成済み	On track	Off track	深刻な Off track
2002年から変化なし	ガイアナ（2002年） タジキスタン（2005年） モンゴル（2006年） アルバニア（2006年）	ニカラグア（2002年） モルドバ（2005年） カンボジア（2006年）	イエメン（2002年） モザンビーク（2003年） レソト（2005年） マリ（2006年） ルワンダ（2006年） セネガル（2006年）	ブルキナファソ（2002年） モーリタニア（2002年） ジブチ（2006年）
	達成済み → On track	達成済み → Off track	On track → Off track	
2002年より悪化	ベトナム（2003年）	グルジア（2007年）	エチオピア（2004年）	

改善状況が不明の国	教育指標の変化
ホンジュラス（2002年）	データなし（2002年）→ 初等教育修了率79％（2005年）
ガンビア（2003年）	データなし（2002年）→ 深刻な Off track（2005年）
ケニア（2005年）	データなし（2002年）→ 達成済み（2005年）
東チモール（2005年）	データなし（2002年）→ 初等教育修了率37％（2006年）
リベリア（2007年）	データなし（2002年）→ データなし（2005年）
シエラレオネ（2007年）	データなし（2002年）→ 初等教育修了率55％（2005年）
サントメ・プリンシペ（2007年）	初等教育修了率42.2％（2003年）→ 47.2％（2006年）
中央アフリカ（2008年）	初等教育純就学率49.93％（2004年）→ 55.52％（2005年）
ハイチ（2008年）	初等教育修了率68％（2003年）→ 68％（2006年）

注1：各分類の定義　達成済み：現在の初等教育修了率が95％以上、On track：現在の初等教育修了率は95％未満だが、2015年までには95％以上を達成することが見込まれる、Off track：現在の初等教育修了率が95％未満であり、2015年までには95％以上を達成することは困難だが、2040年までには95％以上を達成することが見込まれる、深刻な Off track：現在の初等教育修了率が95％未満であり、2040年までに95％以上を達成することも困難。
注2：国名の横の括弧内は EFA-FTI に承認された年。
出所：EFA-FTI Secretariat（2007）ならびに EFA-FTI 事務局のホームページ（http://education-fast-track.org/default.asp［2008年5月20日閲覧］）にもとづき筆者作成。

えているにもかかわらず、FTIの支援対象国に選ばれなかった国も多い[54]。

　こうしてFTI対象国の教育指標を概観すると、EFA-FTIの選定基準のなかには教育指標以外の要素がかなりの程度含まれていると判断せざるを得ない。もちろん、教育指標以外にも当該国の政治的、経済的、社会的な諸条件を含めて支援対象国を選定することは必要であるが、基本的には教育の普及がより困難な状況にある国に対する支援をまず優先すべきではないだろうか。また、2008年当時、EDI低位国25カ国のうち13カ国がEFA-FTIによる支援の対象とされていなかったなか、とくにEDI高位国に分類されるような国への支援を正当化することは難しい。これらのEDI低位国やその他の困難な状況にある低所得国に対する支援の増大なしには、国際社会全体におけるEFA目標（少なくとも初等教育の完全普及）の実現が非常に難しいことは明らかである。

　EFA-FTIのインディカティブ・フレームワークやEDIをはじめとする各種の教育指標は、「途上国における教育政策の実効性」の評価と「途上国に対する教育開発援助の効果」の評価との両面において活用されている。しかし、ここで注意すべきことは、実効性の高い教育政策を実施している国が、効果的な教育開発援助を行うことのできる国であると単純に判断しては、本来の援助の意義を見誤る可能性があるということである。すなわち、教育政策の実効性が低い国に対して援助を行うことで、当該国の教育政策の実効性が高まることこそが援助効果の高さとして評価されるべきであり、もともと教育政策の実効性が高い国への援助は必ずしも効果的な援助とは言えないということである。その意味で、EDIをはじめとする各種の教育指標が元々高い国をFTI対象国として選定したことは、少なくとも援助効果の観点からは不適切であったと結論づけることができる。

　本節ではEFA-FTIの支援対象国を選定する際の基準について検証したが、今後、途上国への基礎教育支援がさらに進展していくなかで、各国の基礎教育の状況がどのように変化していくのかを評価する必要があることを改めて指摘しておきたい。

結び――教育指標の柔軟な活用

　教育政策をはじめとする公共政策の形成過程において実証的なデータの重要性がますます高まっている昨今、教育指標にもとづく政策評価が多くの国で実践されている。本章では、とくに途上国の教育状況を理解するために活用されている各種の教育指標について概観するとともに、途上国に対する教育開発援助のなかでそれらの指標がどのように活用されるべきかについて考察を加えた。その結果、本章で取り上げたEFA-FTIの事例が示すように、国際社会による途上国支援という文脈において教育指標にもとづく評価の活用は必ずしも明確な基準にもとづいて行われているとは言えないことがみえてきた。

　ただし、途上国の教育セクターには各国の事情や文脈に応じて人権、経済成長、社会統合といった異なる問題関心が存在しているため、教育指標に関しても画一的な基準に縛られ過ぎるのではなく、当該国の政治的、経済的、社会的、文化的な諸側面を踏まえて柔軟に活用することが重要である。また、途上国への教育開発援助においては、社会的弱者に対するインクルーシブで公正な教育の実現や、紛争などのためにガバナンスや制度といった国家の能力(capacity)や政府機能に問題を抱える脆弱国家(Fragile States)に対する支援を、優先事項として焦点化していくことが必要である。こうした課題に対して、これまでユネスコやOECDといった国際機関が中心となって整備を進めてきた教育指標では、十分に現状を把握することができない面もあり、新たな指標の開発が必要とされている。さらに、近年、教育の質的な向上に対する関心が多くの途上国でも高まっているが、この点に関してはとくに先進国と途上国の間でさまざまな条件が異なるため、先進国で用いられている教育指標をそのままあてはめるのではなく、より途上国の実状に即した教育指標の活用方法を考えていくことが欠かせない。

　国際教育協力のインパクト評価を含めた多様なアプローチからの教育政策評価を行うなかで、途上国の教育セクターの状況をより適切に反映する教育指標のあり方を考えていくことが、今後の課題である。その際、本章でも指

摘したような複眼的な思考と視点を確立することが、途上国の教育状況の改善に資する教育政策評価には不可欠であることを指摘して、本章の結びとしたい。

注

37　教育セクターの「能力（capacity）」を分析するにあたっては、制度（法制度、教育システム、行政システムなど）、組織（教育省、地方自治体の教育局、学校など）、個人（教師、校長、教育行政官など）の3つの領域における能力を考えなければならない。それらに加えて、教育セクターの財政的な基盤や同セクターをとりまく社会的な環境（学校教育に対する受容や支援など）に関しても、考察する必要がある。それぞれの領域に求められる能力のあり方やその開発については、Williams and Cummings（2005）や廣里・北村（2007a）を参照のこと。

38　これらの3つの立場・関心は、黒田・横関（2005）や江原（2001）の各章で展開されている議論を踏まえたうえで、筆者が分類したものである。また、これらの分類は、Riddell（1999a）が提示した「教育的レンズ」、「政治的レンズ」、「経済的レンズ」を通して途上国の教育改革を分析するという考え方を参考にしている。

39　たとえばPsacharopoulos（2006）は、世界銀行の教育援助政策の変遷を5つのステージに分類している。1945年に設立された世界銀行が初めて教育分野への融資を行ったのは、1963年のことであった。したがって、1945－1963年は教育援助政策というものが基本的には存在しなかった。1963年から1987年の間、教育セクターは「ソフト・セクター」であり世界銀行の事業領域ではないとみなされ、（産業育成やインフラ整備など）「ハード・セクター」に関連する職業教育（中等教育・中等後教育段階）への支援のみが行われていた。その後、1987年から1990年にかけて世界銀行内で混乱を伴いながらも議論が積み重ねられ、1990年の「万人のための教育世界会議」開催を契機に、基礎教育分野への支援を拡充するようになった。

40　EFA理念の詳細については、北村（2005b）を参照のこと。

41　これらの利害関係者（ステークホルダー）たちが教育政策に対してどのような要望をもち、いかなる形で政策の形成や実施の過程に関わるのかについての詳細な分析は、Ross and Postlethwaite（1988）や西村（2007）を参照のこと。

42　ユネスコが収集したデータは、1952年から1962年の間は『基礎的事実・数値（*Basic Facts and Figures*）』、1963年から1999年までは『ユネスコ統計年鑑（*UNESCO Statistical Yearbook*）』の刊行を通して、毎年、公表してきた。また、『世界教育調査（*World Survey of Education*）』（1955年－1972年の間に5回刊行）、『世界教育報告書（*World Education Report*）』（1991年－2000年の間、隔年で5回刊行）『EFAグローバル・モニタリング報告書（*EFA Global Monitoring Report*）』（2001年の準備号を経て、2002年以降、毎年刊行）などの報告書を通して、教育統計データの分析結果にもとづき国際的な教育課題の傾向や教育政策の実施状況などについて論じている。なお、『ユネスコ統計年鑑』の邦訳は『ユネスコ文化統計年鑑』（原書房）と題され、1980年版か

ら1999年版まで刊行されている。同年鑑は、1999年に冊子体の刊行が中止されたが、ユネスコによる最新の主要教育統計は、UISのホームページにある「教育統計（Education Statistics）」[http://www.uis.unesco.org/ev.php?URL_ID=5187&URL_DO=DO_TOPIC&URL_SECTION=201（2014年3月20日閲覧）]より入手可能である。

43　UISは、当初、パリのユネスコ本部に設置されたが、2001年9月に現在の所在地であるカナダのモントリオール大学のキャンパス内に移転した。モントリオールの研究所に加えて、ハラレ（ジンバブエ）、ダカール（セネガル）、バンコク（タイ）、サンチャゴ（チリ）のユネスコ事務所にUISの統計専門家が常駐し、各地域のユネスコ加盟諸国に対して統計データの収集・分析に関する技術支援や助言を行っている。なお、UISは、教育分野に加えて、科学、文化、コミュニケーションといったユネスコの各事業領域に関する統計データの収集・分析を行っている。

44　それらのデータは、OECDのホームページから閲覧可能な「OECD教育統計データベース（OECD Directorate for Education statistics database）」に収録されている。また、これらのデータは、『図表で見る教育（Education at a Glance）』と題された報告書として、1992年以来ほぼ毎年刊行されている。同報告書の邦訳は『図表でみる教育OECDインディケータ』（明石書店）と題され、2002年版から毎年刊行されている。

45　指標開発に参加した国は、アルゼンチン、インド、インドネシア、ウルグアイ、エジプト、ジャマイカ、ジンバブエ、スリランカ、タイ、中国、チュニジア、チリ、ヨルダン、パラグアイ、ペルー、フィリピン、ブラジル、マレーシア、ロシアである。これらの国だけで世界人口の70％以上の人口を抱えている

46　それらの成果は、19カ国の教育セクターにおけるシステム、財政、教員養成、就学率などに関する国際比較のための報告書や、教育投資や教員の地位といった特定の課題に関わる報告書として刊行されている（UNESCO/OECD, 1999; OECD/UNESCO-UIS, 2001; UNESCO-UIS/OECD, 2003; 2005; UNESCO-UIS, 2006; 2007）。なお、事務局の運営などに関して世界銀行が財政的な支援を行っているが、データ収集・分析などの調査に関わる経費はすべて参加国が自ら負担している。なお、UISは、教育分野に加えて、科学、文化、コミュニケーションといったユネスコの各事業領域に関する統計データの収集・分析を行っている。

47　「EFA2000年評価」の概要は、ジョムティエン会議後に設立されたEFA国際諮問フォーラム（The International Consultative Forum on Education for All）によって決められ、同会議の共催機関（ユネスコ、ユニセフ、UNDP、世界銀行）から選ばれたスタッフで構成される専門家グループ（Technical Advisory Group: TAG）が具体的な評価の方法や手順を考案した。18のEFA指標は、このTAGによって選定された。こうした国際的なメカニズムの支援を受けて、各国の国内で結成されたEFA評価グループ（EFA Assessment Group）が実際のデータ収集・分析や報告書の作成を行った。各国の『EFA2000年評価報告書』は、ユネスコのホームページ[http://www.unesco.org/education/efa/efa_2000_assess/（2014年3月20日閲覧）]から入手可能である。

48　各領域を測定するために用いられる指標は、初等教育の純就学率、成人識字率、5

年生までの残存率、ジェンダー関連のEFA指数（初等教育、中等教育、成人識字率におけるジェンダー平等指数（gender parity index: GPI）の平均）である。

49　教育のためのグローバル・パートナーシップの詳細については、事務局である世界銀行のホームページ（http://web.worldbank.org/WBSITE/EXTERNAL/TOPICS/EXTEDUCATION/0,,contentMDK:20278663~menuPK:617564~pagePK:148956~piPK:216618~theSitePK:282386,00.html#Overview［2013年12月25日］）を参照のこと。

50　2000年9月の「国連ミレニアム・サミット」、2002年3月の「開発資金国際会議」、2002年8-9月に開かれた「持続可能な開発に関する世界サミット」、2003年2月に開催された「調和化に関するハイレベル・フォーラム」、2005年2-3月に開かれた「援助効果向上に関するハイレベル・フォーラム」などの国際会議に加えて、毎年開かれるG8サミットにおいても、途上国の開発支援に対する資源動員の問題が国際社会にとって重要な課題であることが合意されてきた。

51　FTI対象国として選ばれるための条件は、貧困削減戦略文書（PRSP）と教育セクター戦略・計画を作成していることである。これらの政策文書の作成には多くの労力が必要とされるため、途上国政府の政治的コミットメントを測る目安のひとつとみなされている。FTI対諸国の選定に関する詳細は、北村（2004b）を参照のこと。

52　FTI対象国の教育セクターに関する評価報告書は、EFA-FTI事務局のホームページ（http://education-fast-track.org/default.asp［2008年5月20日閲覧］）から入手可能である。

53　The EFA-FTI Secretariat（2007）ならびにEFA-FTI事務局のホームページ（http://education-fast-track.org/default.asp［2008年5月20日閲覧］）のデータにもとづく。

54　たとえば、マラウイでは生徒の読解力が非常に低いことが、「教育の質測定のための南東部アフリカ連合（SACMEQ）」の調査によって明らかにされている。SACMEQの調査結果については、SACMEQのホームページ（http://www.sacmeq.org/［2008年5月20日閲覧］）に掲載されている報告書を参照のこと。

ダッカ大学（バングラデシュ）

第5章　途上国の教育開発とジェンダー

はじめに

　2000年に採択された国連ミレニアム宣言は、すべての人が等しく生きることのできる社会の実現を目指しており、とくに教育分野における性別による格差の存在を重大な問題として捉えている。そのため、2005年までに初等・中等教育における男女間の格差を解消し、それによって男女の平等と女性のエンパワーメントを図ることと、2015年までにすべての子どもたちが初等教育を受けることができるようにすることが、ミレニアム開発目標（Millennium Development Goals: MDGs）として掲げられた。また、これらの目標は、主として途上国における基礎教育の普及を目指す国際目標である「万人のための教育（Education for All: EFA）」のなかでも重要な位置を占めている。

　しかしながら、すでに2005年までの達成を目指していた目標（初等・中等教育における男女格差の解消）は2010年現在になってもいまだに実現されておらず、2015年までの目標（教育におけるジェンダー平等の実現）もその達成は非常に困難な状況にあることが広く認識されている。こうした状況のなか、改めて途上国の教育分野におけるジェンダーの問題を捉え直し、より公平かつ公正な教育の普及のあり方を検討することによって、MDGsをはじめとする教育の国際目標の実現に一歩ずつ近づいていくことができるはずである。

　また、途上国における教育実践のなかで両性の関係をより平等なものとするために、ジェンダー・バイアスを是正していくことが欠かせない。そのために、教育におけるジェンダー格差がどのように論じられてきたのか、歴史的な変遷を振り返ることも必要である。

このような問題認識にもとづき、本章では、途上国の教育分野におけるジェンダー格差の現状について概観するとともに、教育とジェンダーをとらえる新しい視点のあり方についても考えることを目指している。

1. 教育におけるジェンダー格差の現状

(1) 教育におけるジェンダー格差の地域別の現状

今日の国際社会を概観すると、多くの国で教育におけるジェンダーの問題がいまだに大きな課題となっていることがわかる。とりわけ途上国では、政治的、経済的、社会文化的な理由から、主に女子・女性の教育機会へのアクセスが妨げられている。

たとえば、男女間で平等に初等・中等教育の機会を享受することが実現されている国は、世界中で4割にも満たないと推定されている。そして、いまだにそのような基礎教育段階における男女平等を実現していない国のなかで、2015年までに初等・中等教育段階における男女間での平等なアクセスの実現が見込まれる国は85カ国に過ぎない。したがって、残りの72カ国では、このような目標を達成することが困難であるとみられており、さらにそのなかの63カ国に関しては、とくに中等教育段階での男女平等を2015年までに実現することが絶望視されている (UIS, 2010)。

次に、世界の地域ごとの状況を較べてみると、とくにサハラ以南アフリカと南西アジアにおいて男女間格差が著しいことに気づく。以下の数値は各地域の平均値であるが、たとえば初等教育段階に関しては、小学校に入学する子どもたちの比率がサハラ以南アフリカでは男子100人に対して女子93人、南西アジアでは男子100人に対して女子87人に過ぎない。初等教育の就学率に関しても、南アジアで男子の純就学率が83%、女子が79%、サハラ以南アフリカに至っては男子が67%、女子が64%となっている。そして、中等教育になると状況はさらに厳しくなり、サハラ以南アフリカにおける男子の純就学率は30%、女子は27%、南アジアで男子が53%、女子が45%、中東・北アフリカでは男子が57%、女子が54%である (UNESCO, 2010a)。もち

ろん、これらの地域では、男子の教育機会へのアクセスも決して十分であるとはいえないが、女子がより不利な状況に置かれていることが理解できるであろう。

さらに、高等教育では男女間格差がさらに広がり、すべての地域で女性の就学率が男性の就学率を下回っている。とくに、エチオピア、エリトリア、ギニア、ニジェールといった低所得国では、高等教育機関に入学する人数の比率が男子100人に対して女子は35人以下に過ぎない。ただし一方で、より経済レベルの高い国のなかには女子学生の数が男子学生の数よりも多いといった国もみられる（UIS, 2010）。

ちなみに、中南米では男女間の格差が他地域とは異なる形で表れており、とくに中等教育段階では純就学率が男子の67％に対して女子は72％を示している。東アジアなどでも似たような現象がみられるが、とくに中南米では教育のジェンダー問題を考える際に、女子よりも男子の方が多くの困難を抱えていることに気づく。このような現象がなぜ起こっているのかについて明確な説明をすることは難しいのだが、社会文化的な理由や教育的な理由を挙げることは可能である。すなわち、中南米諸国に広くみられる「マチスモ（男性優位主義）」の文化の影響によって、10代半ばに達した男子のなかには教室で授業を受け続けるよりも大人の男たちと一緒に労働に従事する方が「男らしい」という感覚を抱く者が増え、結果として中等教育段階での不就学や退学がしばしばみられるようになるという（「マチスモ」については、林（2005）や中村（2008）を参照のこと）。また、教育的な理由としては、女子の学習到達度（＝成績）の方が一般的に男子よりも高い傾向にあり、学校教育に対する態度や姿勢においても教室文化に抵抗しようとする傾向が少ないため、一度学校に定着すると就学を継続する可能性が男子よりも高いといった説明がなされることもある。

(2) 女子・女性の教育へのアクセスを妨げる要因

このように、一般的には多くの国・地域で女子・女性の教育機会に対するアクセスが妨げられる傾向にある。その要因としては、さまざまな理由を挙

げることができるが、なかでも経済的な要因、社会文化的な要因、学校の要因という3つの要因が相互に作用しながら、家庭の意思決定におけるジェンダー格差をもたらしている(結城, 2005)。

　まず、経済的な要因としては、男性と比べて女性には市場労働の機会が少なく、報酬も低くなる可能性が高いことから、将来の所得水準の高さや安定性を見込んで、家庭のなかで男子の就学を女子よりも優先する傾向にある。また、男子よりも女子の方が幼少時より家事労働や家庭内・コミュニティでの生産活動に従事する時間が長い傾向が、多くの国でみられる。そのため、女子を学校に通わせることはこうした労働力を失うことを意味しており、家庭にとってはその分の機会費用(就学を選択することで失われる、女子が労働に従事していれば得られたであろう利益)がかかることになってしまう。このような理由から、とくに学費など就学にかかる直接費用が高い場合には、女子の就学は家庭のなかで男子よりも後回しにされることがしばしばみられる。

　次に、社会文化的な要因は、宗教的な理由から慣習的な理由まで多岐にわたる。たとえば、ある一定の年齢に達した女子が学校教育を受けることに対して、否定的な見解や態度をとる社会がある。それは、宗教的な理由にもとづくこともあるが、慣習として低年齢の女子の結婚が一般化している場合などにもみられる現象である。また、家父長制の伝統が根強い社会では、将来、家族を支えていくのは基本的に男子(とくに長男)であるため、女子よりも男子に対して優先的に就学機会を与えようとする傾向が強い。

　しかしながら、途上国を含めた多くの社会において、最終的に両親の面倒を最も身近でみるのは主として娘であることも往々にしてみられる。とはいえ、それだから娘に優先的に教育を受けさせるようになるかというと、必ずしもそういうわけではないことの方が一般的であろう。ただし、この10数年にわたって継続的に筆者が調査を行っているカンボジアの農村部では、徐々に娘の教育を重視する親が増えてきているように感じる。それは、同国の目覚ましい経済成長の影響もあるかもしれないし、ここで指摘したような将来的に親を支える存在として娘を捉えるようになった認識の変化なども要因として考えられる。この点については、あまり明確に要因を指摘した先行

研究がないため、筆者自身が現在取り組んでいる研究のなかでデータを収集しているところである。いまだ十分な分析を行うまでに至っていないが、何とか実証的に論じたいと考えている。

　最後に、女子の就学を妨げる学校要因として、家から学校までの距離の遠さ、女性教師の不足、女子用トイレの不備などを挙げることができる。通学に関しては、学校への距離が遠いことによって生じる通学費用が家計の負担になることもあるが、それ以上に長い時間をかけて女子を学校に通わせることに対して抵抗感をもつ親が多く、女子の就学を躊躇わせる原因となっている。とくに、小学校までは徒歩圏内に学校があることも多く、それほど大きな影響を及ぼさないが、中学校、高校と教育段階が上がっていくにつれて学校の所在地が家から遠くなってしまうということがしばしば起こる。また、宗教上の理由や社会慣習の面から女性教師のもとでしか授業を受けられないケースもみられたり、男性教師による性的ハラスメントや暴力といった問題もある。さらに、月経が始まった女子にとっては、女子トイレの不備が大きな障壁となってしまうこともある。

　また、学校要因の一部として、教育的な要因についても理解することが必要である。すなわち、教科書・教材の内容や教授法がジェンダーの観点から公平・公正なものになっていない場合、生徒のなかには授業などで居心地の悪さを感じてしまう状況が生じる。加えて、学校には公的なカリキュラムの他に、暗黙のうちに共有されたある種の「隠れたカリキュラム（hidden curriculum）」が存在しており、学校現場において教師が無意識・無自覚にとっている態度や行為が、子どもたちの価値観の形成に対して大きな影響を及ぼすことも指摘されている。これらの問題は、途上国のみならず多くの先進国でもみられる（苅谷他，2010）。

　とくに「女の子らしさ」や「男の子らしさ」といったジェンダーに関する価値観は、教師自身が気づかずに教室のなかなどで生徒たちに押しつけてしまっていることがある。たとえば、学級活動や学校行事などにおける役割分担や、生徒に対する叱り方などを通して、伝統的なジェンダー秩序をメッセージとして生徒たちに伝えてしまっていることがある。そのため、途上国

の学校現場においても、公的なカリキュラムだけではなく隠れたカリキュラムに関しても、ジェンダー平等の視点から改めて見つめ直すことが求められている。

(3) 教育のジェンダー格差に関する指標

　教育における男女間の格差に関する状況を理解するには、統計的なデータを読み解くことが欠かせない。こうした男女間格差や女性の社会的地位などを測るための国際的な指標として、UNDPが設定した「ジェンダー開発指数(Gender-related Development Index: GDI)」と「ジェンダー・エンパワーメント測定(Gender Empowerment Measure: GEM)」がある。また、世界経済フォーラム(World Economic Forum)も「ジェンダー・ギャップ指数(Gender Gap Index)」(男女平等指数とも訳される)を設定して、「経済」「教育」「健康(保健)」「政治」という4つの分野について男女間格差の国際比較を行っている。とくに「ジェンダー・エンパワーメント指数」は女性の社会進出の達成度を示しているのに対して、「ジェンダー・ギャップ指数」は男女間の格差に焦点をあてている。さらに、教育分野では、たとえば初等・中等教育段階における男子の粗就学率に対する女子の粗就学率の比率を表す「ジェンダー均衡指数(Gender Parity Index: GPI)」にもとづき、教育機会の男女間格差の状況について知ることができる。

　ただし、こうした男女間格差を測るための指標は、異なる国・社会の状況を国際比較するうえで有効なものではあるが、注意しなければならない面もある。たとえばGEMに関して、国レベルやフォーマルな分野(政府や企業)における個人の女性たちの状況を指標の対象としているが、トランスナショナルあるいはローカル(地方)といった異なる地理的レベルやインフォーマルな分野(女性団体やNGOなど)での個人の女性ならびに組織での女性の活動にも目を向けなければ、実際の女性たちのエンパワーメントの状況を理解するには不十分であるという指摘がある(冨田, 2010)。こうした指摘はGEMのみならず、他の指標をみる際にも気をつけなければならない。

(4) 教育のジェンダー平等による効能

　それでは、教育におけるジェンダー平等が実現することは、なぜそれほどまでに重要なのであろうか。ここでは、とくに女子・女性による教育機会へのアクセスを向上させることによって得られる効能について、経済的な側面と社会的な側面からそれぞれ整理する。

　女子・女性に対する教育が普及することで、社会の経済開発が促進されるという考え方は広く受け入れられており、たとえば世界銀行の教育エコノミストであったGeorge Psacharopoulosは女子・女性に対する教育の社会的収益率の方が男性に対する教育よりも高い傾向にあると指摘している（Psacharopoulos and Woodhall, 1985; Psacharopoulos and Patrinos, 2004）。また、多くの途上国において、教育水準の低さが原因で女性のフォーマルな経済活動への参加が男性よりも低くなっていることが、生産性の面からみて大きな損失となっている（黒田，2008）。

　ただし、女子教育の経済効果に関する研究は、分析手法の方法論的な限界や女子教育推進のための政策的意図の影響を受けることによる客観性の不足など、さまざまな問題を抱えていることが明らかになっている。また、女性は主としてインフォーマル・セクターや家庭における非賃金労働に従事する傾向があるため、フォーマル経済をみているだけではその経済貢献を測ることはできない。とはいえ、「女性の教育が女性の労働参加を促進し、女性の賃金を向上させ、結果、労働市場における男女格差を是正する働きをもつのは疑いのない事実」（黒田，2008，115頁）であり、女性の労働力としての経済貢献を高めることは社会全体の経済活動を活性化させるうえでも重要である。

　それでは、教育を受けた女性が増えることによって、社会的にはどのようなインパクトがあるのだろうか。たとえば、とりわけ1990年代から急激な人口増加が起こっている多くの途上国では、人口増加の抑制が大きな社会的課題となっている。教育（とくに女性に対する教育）が、家族計画に関する知識を広めたり、妻と夫の関係性を変化させたりすることで、出生数を減少させることは広く知られている。また、教育を受けた親は、家庭内における子どもの数と子ども1人当たりにかけることのできる教育費とのバランスを考え

るようになり、結果的に子どもの数を自ら制限するような行動をとるようになる。実は、急激な人口増加は経済成長を鈍化させるリスクを孕んでいるため、人口問題という観点から女子・女性への教育を促進することは、その社会的なインパクトのみならず経済的な効果についても期待することができる（黒田，2008）。

2. 教育におけるジェンダー格差是正のための国際的取り組み

　ここまで概観してきたように、教育のジェンダー格差（とくに女子・女性が置かれた不利な状況）が多くの社会に存在しており、それを是正し、ジェンダー平等を実現することは今日の私たちにとって極めて重要な課題である。こうした認識が国際社会のなかで広く共有されるようになったのは、20世紀に世界各地で継続的に取り組まれた、さまざまな思想的・実践的な試みの集積があったからである。本節では、教育におけるジェンダーをめぐる議論の変遷と国際的な取り組みについて概観する。

(1) ジェンダーとエンパワーメント

　ジェンダー（gender）とは、生物学的な性（sex）とは異なり、社会的、文化的、歴史的、経済的、政治的に構築される性差のことであり、いわゆる「女らしさ」や「男らしさ」といった言葉で表現され、時代とともに変化するものである。こうした差異を理解するための「ジェンダー」という概念枠組みは、19世紀以降に産業革命が進展し、社会状況が変化したことに伴い、経済的にそれ以前よりも豊かになった層（中産階級）が生まれてくるなかで形成されてきた。こうしたジェンダー概念のなかには、とくに男性優位・女性劣位といった縦の関係性が組み込まれていることに注意を払う必要がある。今日の多くの途上国社会の状況をみるときにも、伝統的な価値観のなかで男性優位・女性劣位の関係性が強固に存在していることに気づく。また、とくに近年、ジェンダーに対する意識が高まってきたなか、多くの途上国では教育をはじめとするさまざまな分野で「ジェンダーの主流化（gender mainstreaming）」とい

うことが強調されている。

　こうした途上国におけるジェンダーに対する意識の高まりは、長年にわたる議論や実践の積み重ねを経て実現してきたことである。1960年代に「開発と女性(women in development: WID)」という概念が提唱され、途上国の女性が国や地域の開発に積極的かつ主体的に参加することで、開発からの利益や恩恵を女性も公平に受けられるようにすることの重要性が広く認識された。このような考え方のもとに多くの女性が開発プロジェクトに参加するようになり、女性の教育、雇用、健康の向上などの面で一定の成果をみることができた。

　そもそも、かつて多くの途上国では、開発が進めば自然と女性の状況も改善されるのではないかという楽観的な見方をしていた。しかし、1970年代から80年代を通じて、実際には開発が進んでも女性をめぐる状況が男性よりも良くなるわけではなかったり、逆に開発が進むことで社会のなかに差別や格差が生じて、その負の影響が女性に及ぶといったケースもしばしば出てきた。そこで1980年代になると、女性の状況を改善するためには男性が果たしている役割や責任なども問い直したうえで、「男性と女性の相対的な関係」や「女性に差別的な制度や社会システム」を変えていくことによって、男女の平等な関係の構築を目指す「ジェンダーと開発(gender and development: GAD)」という考え方が広く受け入れられるようになった(田中，2002)。

　このようなGADの視点から途上国のジェンダーと教育に関する問題を捉えるためには、「エンパワーメント(empowerment)」について考えることが欠かせない。エンパワーメントとは、「社会的に差別や搾取を受けたり、自らコントロールしていく力を奪われた人々が、そのコントロールを取り戻していくプロセス」(久木田，1998，12頁)のことを意味する。とくに、多くの社会で女性は意思決定過程から排除され、力を奪われた状態(disempowerment)にあるため、ジェンダーの問題(社会的・文化的に作られた性差の問題)に気づくことで意思決定過程に参加する機会を獲得し、力をつける(すなわちエンパワーされる)ことが必要である。それは、外部から力(power)が与えられるのではなく、自らのもっている力を引き出すことによって実現されるのであり、その

ために教育が果たす役割は極めて大きい。

　なお、エンパワーメントという言葉は主に1960年代から使われ始め、1980年代には途上国の開発における女性の問題として議論が深められた。そして、1995年の第4回世界女性会議（北京会議）において重要な概念として用いられたことで、広く一般に普及した（葛原、2006）。

(2) 教育とジェンダーをめぐる言説の変遷

　教育とジェンダーの問題を考えるにあたり、ここでは歴史的にどのような議論が行われてきたのかを簡単に振り返る。教育とジェンダーをめぐる言説の歴史的な変遷を理解することは、今日の問題を考えるうえでも不可欠なことである。

　近代社会の成立に伴い欧米を中心に、それまでの「家父長制度」にみられるような封建的な考え方が批判的に検証されるようになった。そして、個人をベースとする近代的な人権の概念が構築されるようになり、19世紀にはJohn Stuart Millによって女性の政治的権利が主張されるようになった。また、「人権の世紀」とも呼ばれる20世紀を迎える直前に『児童の世紀』（1900年刊）を著したEllen Keyは、子どもや女性には健やかな生活を送るために保護される権利があり、それを社会的に保障することの必要性を訴えた。その後、「ジュネーブ宣言」（1924年）、「世界人権宣言」（1948年）、「子どもの権利宣言」（1959年）、「子どもの権利条約」（1989年）などに象徴されるように、子どもや女性の権利を守るための合意が国際社会においても広く受け入れられてきた。

　さらに、1975年の「国際女性年」を契機に、「国連女性の10年」（1976年-1985年）の実施、5～10年ごとに開催された「世界女性会議」（1975年：メキシコシティ、1980年：コペンハーゲン、1985年：ナイロビ、1995年：北京）や国連特別総会「女性2000年会議」（2000年：ニューヨーク）などを通して、貧困、教育、健康、経済、人権、女性に対する暴力などの分野で、女性が全面的に参加するとともに、実質的な男女平等を進めていくことの重要性について幅広く議論を積み重ねてきた。また、これらの女性の権利に関する国際的な議論を通して、女性の経済的権利の重要性も広く認識されるようになり、1979年に

は女性の労働権や子の養育における男女平等などを明記した「女性差別撤廃条約」が締結された。

　ちなみに、女性にとっての教育を受ける権利を明確に訴えた最初の試みのひとつが、Mary Wollstonecraftによって書かれた『女性の権利の擁護』（1792年刊）であった。Wollstonecraftは同書のなかで「人類がもっと高い道徳性を身につけ、そしてもちろん、もっと幸福になるためには、男女は同じ原理に基づいて行動しなければならない」と指摘し、女性も男性と同じように教育を受けることが重要であると主張している。

　ここで簡単に振り返ったように、教育におけるジェンダーの問題を考えるうえで、このような「権利としての教育」を保障するという立場を理解することが、まず何よりも欠かせない。また、教育におけるジェンダー平等の重要性が国際社会で広く認識されるようになったのは、Ellen Keyをはじめとする思想家・実践家たちの粘り強い努力と、国際社会全体として「世界人権宣言」などの国際的な合意を積み上げてきたことを忘れてはならない。

　ただし、理念あるいは理想として教育のジェンダー平等を実現することの重要性が広く受け入れられるようになったとはいえ、実際にそれを実現していくためには具体的な取り組みの積み重ねが不可欠である。そこで次に、教育におけるジェンダー格差是正のために行われてきた国際的な取り組みについてみていくことにする。

(3) 教育におけるジェンダー格差是正のための国際的取り組み

　教育におけるジェンダー格差を是正するために行われてきた国際的な取り組みとして最も重要なものが、「万人のための教育（EFA）」目標のもとに行われている基礎教育普及の取り組みである。本書の「はじめに」で概説したように、「万人のための教育世界会議」（1990年）と「世界教育フォーラム」（2000年）の2つの国際会議で、世界のあらゆる国家・社会においてすべての人が等しく、基礎的な教育を受ける機会を保障されなければならないということが合意され、EFA目標が採択された。

　1990年と2000年にそれぞれ採択されたEFA目標は、基本的に初等教育の

完全普及や識字率の向上などを達成すべき課題として挙げており、こうした目標の実現のためにはとくに女子・女性の教育を普及させることが重要であると強調している。ただし、1990年の目標には「ジェンダー」という言葉は使われておらず、あくまでも女性の教育状況の改善が意識されていたのに対して、2000年の目標では「初等・中等教育段階におけるジェンダー格差の是正とジェンダー平等の実現」ということが明確に謳われており、10年間を経て国際社会のなかで教育とジェンダーの問題に対する意識が高まったことがうかがわれる。今日では、EFAやMDGsを推進するうえで教育とジェンダーの問題は重要課題のひとつとして認識されており、国際社会のステークホルダーたちが協力し合いながら取り組まなければならない領域である。

こうした国際目標は、各国政府をはじめとする多様なステークホルダーたちが問題意識を共有化するうえで重要な意味をもっている。しかし、目標を掲げただけでは、具体的な実践になかなか結びついていかない。とくに、途上国で基礎教育を普及させるためには、途上国政府だけでは対応できないことも多く、先進国の援助機関、国際機関、市民社会組織（NGOなど）の助けを得ることが欠かせない。とくに、国際機関には多様なリソース（知識、情報、専門家、財源など）が蓄積されているのだが、国際機関の間での協調関係が必ずしも十分に構築されているとはいえず、リソースの効率的・効果的な活用がなされていないという問題がかねてより指摘されてきた。そこで、2000年の世界教育フォーラムの後にEFAの枠組みのなかで、さまざまな国際機関が有する専門性を活かしながら、その他の関係機関の参加も得つつ、特定の分野に対する集中的な支援を提供するメカニズムとして「フラッグシップ・イニシアティブ（Flagship Initiatives）」が立ち上げられた（北村, 2008）。

このフラッグシップ・イニシアティブのひとつが「国連女子教育イニシアティブ（United Nations Girls' Education Initiative: UNGEI）」であり、ユニセフが主導機関を務めている。このUNGEIは、もともと2000年の世界教育フォーラムの場で当時のコフィー・アナン（Kofi Annan）国連事務総長によって発表されたイニシアティブであり、「女子教育のアクセス、質の向上を目的とし、参加国はトップレベル（大統領や首相など）のコミットメントが要求され、国主

導型の事業執行」（菅野，2002，82頁）を前提としている。このUNGEIには、国際機関だけでなく、二国間援助機関、African Women Educationalists (FAWE) をはじめとするNGOなども参加して、幅広いパートナーシップを構築している。

　UNGEIは、本章でも概観したようにとくにサハラ以南アフリカ、南アジア、中東・北アフリカにおいて教育の男女格差がいまだに是正されていない現状に対して、国際的なパートナーシップにもとづきながら女子・女性のための教育を普及させていこうという国際社会の姿勢を明確にした点で大きな意義をもっている。また、多くの途上国でみられるように女子が学校へ行くことができないという構造的な問題に対して本格的に取り組むことなしには、すべての人に基礎教育の機会を提供しようという目標を実現することは不可能である。そのためにも、「子どもの権利条約」や「女性差別撤廃条約」にもとづく「開発への人権アプローチ」を推進することが重要であり、UNGEIはこうしたアプローチを具体化するための枠組みであると言える。さらに、女子のニーズに焦点を絞った教育政策や教育プログラムであっても、男子の教育状況を改善するうえでもプラスの影響を及ぼすことが指摘されており、男女両方の子どもに対する教育普及の意義をもつことが期待される（勝間，2008）。

　UNGEIをはじめとする教育におけるジェンダー格差是正のための国際的なパートナーシップは、国際レベルや国レベルで多様なリソースを女子・女性の教育に対して動員するように働きかけるうえで非常に重要な役割を果たしている。しかしながら、それを学校やコミュニティのレベルでの教育実践として具体化していく際には、親や教師をはじめとする現場の人々との協調関係を構築していくことが欠かせない。その際、子ども（とくに女子）の視点に立って考えることを忘れてはならない。途上国の学校現場で女子教育を推進するにあたっては、本章ですでに述べた「隠れたカリキュラム」の問題を含め、教科書や補助教材、教授法などにおいて、ジェンダーの視点や男女の平等な参加といった概念が適切に反映された教育内容となっているのか、生徒たちの目線から改めて検証することが必要である。

3. 教育のジェンダー平等へ向けた途上国の取り組み
――バングラデシュの事例

　ここまで、教育のジェンダー格差をめぐる国際的な議論や取り組みについて概観してきた。本節では、これらの国際的な枠組みにもとづきながら、教育のジェンダー平等へ向けた取り組みが途上国の現場でどのように行われているのか、バングラデシュの事例を通して紹介したい。

　すでに本章で指摘してきたように、南アジアは教育における男女間格差が最も大きな地域のひとつであり、バングラデシュにおいても1990年代に入るまでは男女間の格差が顕著にみられた。たとえば、1990/91の初等教育の総就学率は男子が76.5％、女子が66.3％であり、ジェンダー均衡指数（GPI）は0.87という状況で、男子と較べて女子の就学が遅れていることは明らかであった。中等教育の総就学率に関しても、男子で25.1％、女子が12.7％で、GPIが0.51と、男女ともに低いレベルの就学にとどまっているが、そのなかでも女子の就学が大きく阻害されていた状況がみてとれる（UNESCO, 2002c）。

　しかし、それから20年近くが経った2007年のデータをみてみると、初等教育の総就学率が男子で88％、女子は95％となり、GPIが1.08ということで男子よりも女子の方が就学しており、男女間格差が逆転したことがわかる。中等教育の総就学率についても同様の現象がみられ、男子で42％、女子が45％、GPIは1.06と、就学状況が大幅に向上するとともに男女間格差がやはり逆転している（UNESCO, 2010a）。

　なぜバングラデシュは、女子教育の状況をここまで劇的に改善することができたのであろうか。その理由としては、政府の強い政治的な意思、幅広いパートナーの積極的な関与、国際社会からの手厚い支援などを挙げることができる。

　バングラデシュでは、独立直後の1972年に制定した憲法のなかで義務・無償制の初等教育を実現すると謳ったが、実際に義務制の初等教育が導入されたのは1990年の義務初等教育法の制定によってであった。同法の制定を

受けて、教育省では「普通教育プロジェクト（General Education Project）」（1991-96年）を立ち上げ、「義務初等教育プログラム（Compulsory Primary Education Programme）」（1992-93年）を導入した。また、1990年には、初等教育のみならず、6年生から8年生に所属する女子に限って、中等教育の授業料を免除するプログラムも導入している。その後も、第一期（1997-2002年）と第二期（2003-08年）にわたる「初等教育開発プログラム（Primary Education Development Programme: PEDP）」を、国際社会からの支援を受けながら積極的に展開した。なお、これらの政策展開は、EFAならびにMDGsを実現するための取り組みであると各種の政策文書においても明確に位置づけられている。

　こうした政策的な枠組みのなかでさまざまな取り組みが行われたが、女子の就学を促すうえでインパクトの大きかった具体的な施策としては、たとえば1994年に全国的なプログラムとして導入された「女子中等学校奨学金プログラム（The Female Stipend Program: FSP）」を挙げることができる。FSPは1982年から試行的に行われていたプログラムを全国規模に拡大したものであり、このプログラム導入以降、女子の中等教育への就学者数は急速に増え、1995年では250万人弱だった在籍者数が、2000年には約400万人にまで増加した。

　こうした奨学金プログラムの導入にあたっては、世界銀行をはじめとする援助機関からも財政支援を受けたことに加えて、コミュニティからの支援も幅広く得られたことが、成功の要因として挙げられる。また、奨学金の給付に際しては、母親名義の口座に振り込むことによって、確実に女子の就学向上に繋がるような工夫をしている。ただし、奨学金プログラムに対しては、政府による人気取りのためのばら撒き政策ではないかという批判も一方である。また、急激に就学者数が増えたことによって、教育の質が低下しているのではないかと心配する声もある（Raynor and Wesson, 2006）。

　このような奨学金プログラムに加えて、小・中学校における女性教師の人数を増やすための取り組みや、中等教育の修了試験に合格するための支援などを、援助機関等の支援を得ながら政府は推進している。また、政府の取り組みのみならず、バングラデシュではNGOによる教育普及活動が非常に熱

心に行われている。なかでもバングラデシュ農村振興委員会（BRAC）による初等教育プログラムはよく知られており、BRACが直接運営しているBRAC小学校（全国に約1,500校）は政府立小学校よりも教育の質が高いという評価をされることもしばしばである。また、このBRACのプログラムでは他のNGOとも協力しながら約5,500の小学校を支援しており、これらの小学校に通う生徒たち（約16万5,000人）のうち7割以上が女子である。これは、とくに教育面で不利な立場に置かれやすい、貧しい家庭の女子に対する支援を重視してきたためである（BRACの教育プログラムの詳細については、BRACホームページ[http://www.brac.net/]を参照のこと）。

こうしたバングラデシュにおける一連の取り組みからは、女子教育の普及を優先課題にするのだという強い政治的な意思を政府が明確化し、そのための政策的な枠組みを構築するとともに、国内外のさまざまなパートナーとの連携や協調を積極的に進めてきたことがわかる。このような包括的な取り組みが女子教育を促進するうえで何よりも欠かせないことを、バングラデシュの事例は示している。

結び——教育におけるジェンダー平等実現への道筋

本章で概観したように、教育におけるジェンダー格差の是正は多くの途上国でいまだに大きな課題となっている。そうしたなか、教育におけるジェンダー平等を実現するうえで、多くの国が女子・女性のための優先的な教育プログラムを導入している。しかしながら、とくにジェンダーを強調したプログラムではなくとも、基本的に教育の普及を目指したプログラムであれば男女それぞれに何らかのメリットをもたらすはずである。そうしたジェンダー中立的な教育プログラムとしては、授業料の廃止、制服をはじめとする学用品の支給、学校給食、就学者への食糧・物資の支給（たとえば国連世界食糧計画（WFP）の支援を受けながらさまざまな国で実施されているFood for Education Program）などを挙げることができる。これらは、特定のジェンダーを重点的に支援するわけではないが、こうしたプログラムの導入によって全体の就学状況が改

善されるということは、男女それぞれが何らかの形でその恩恵を受けることを意味する。したがって、ジェンダーを特定したプログラムを考える前に、何よりもまず一般的な教育改善プログラムとしてどのようなものが必要とされているのか、きちんと検証することが欠かせない。

とはいえ、こうしたジェンダー中立的な教育プログラムだけでは、やはり不利な立場に置かれている人々（とくに女子・女性）の教育機会を拡大することが必ずしも十分にはできないという現実もある。そうした場合に、ジェンダー格差を是正するための特別な教育プログラムが必要とされる。その際、すでに本章で概説したように、経済面、社会文化面、教育内容、学校環境などに関してジェンダー・フレンドリーな改善を行うことが求められている。

また、ジェンダーの視点やエンパワーメントの立場から女子・女性の教育をみることによって、女子・女性だけでなく男子・男性も対象にすることが可能になることを忘れてはならない。そのような視点・立場から教育におけるジェンダー平等を実現しようとすれば、「男性をふくめ社会全体の女性に対する態度、価値観、行為のすべてを見直す」とともに、「父親の子育てへの参加、女子が教育を受けることへの両親の考え方や態度、子どもたちの社会化のプロセス」などについて改めて検証することが求められている（菅野，2002，83頁）。

さらに、途上国の教育分野においてエンパワーメントの概念が広く共有されるなか、それにもとづく教育プログラムが導入されてきた。しかしながら、その一方で、当初目指していたジェンダーの視点からのエンパワーメントのあり方とは「ずれ」が生じてきたという懸念も、一部のフェミニストの間で表明されている。それは、「かつての正義（justice）と平等（equality）にもとづくジェンダー概念」に対して、「ソフトで、なだめるような『エンパワーメント・ライト（empowerment-lite）［引用者訳・軽めのエンパワーメント。もともとはサセックス大学のコーンウォルが提唱した用語（Cornwall, 2007）］』」が蔓延しているといった批判である（中村，2010）。つまり、こうした「ソフトなエンパワーメント」は、これまでにフェミニストたちが数十年にわたって活動し、要求してきたような「女性を組織化し、女性がより主体的に政治参加するための訓練、

資源、法律を提供し整備すること」と一見同義にみえるが、実際には開発援助機関などが実施するプロジェクトを通して女性たちが経済的に豊かになれば、「あたかも社会的な規範、組織、関係といったものも解決できるかのように」思い込まされてしまっているとの指摘である (中村，2010，111-112頁)。

　こうした批判の背景には、「貧困削減に資する経済成長 (Pro-poor economic growth)」を途上国で推し進めるために、ジェンダー平等それ自体の必要性ではなく、効率的な経済開発の手段や道具としてジェンダー課題を正当化した政策が導入される傾向がみられることが挙げられる。たとえば、「女性に投資することは、最もコストがかからず効率的な経済成長を促すことに繋がる」といった言説に、過度に依拠した政策である。こうした考え方自体を否定する必要はないが、経済的な有効性や効率性ばかりを強調したプログラムには、社会文化的な視点や教育的な視点が欠けてしまう危険性があることを忘れてはならない。

　本章で概説したように、教育におけるジェンダー格差の問題は、それぞれの社会の歴史的・政治的・経済的・社会文化的な文脈に沿って捉え直される必要がある。そして、その立脚点は常に基本的人権としての教育をいかにして保障するのかという視点でなければならない。また、1990年に採択されたEFA目標では、とくに女性の問題として捉えられていた男女間格差が、2000年のEFA目標においては単に性別の問題ではなく社会的な性役割に関わる問題であるとして、「ジェンダー」という言葉が使われるようになったことの意義は大きい。もちろん、本章で指摘したように、むしろ男子の就学促進に問題を抱えている国もあることを忘れてはならない。しかし、一般的にはとくに社会的に弱い立場に置かれていることの多い女子・女性に対するケアを充実させることが、多くの国において優先課題であることは言うまでもない。

　最後に、このような教育とジェンダーの問題を考えるなかで、男女間の格差について社会的な文脈から深く考察を加えることの重要性を改めて強調したい。さらには、本章で取り上げた教育とジェンダーの問題を考えることによって、途上国における教育のあり方に関して、ジェンダーの問題を考える

第1部　国際教育開発研究の理論的検討　101

ことが、他のさまざまな社会的な弱者たち（障がいをもった人々や人種的・民族的・宗教的なマイノリティなど）に対しても目を向けていく契機となることを期待したい。

カンボジアの小学校で教える女性教員

ラオスの山村で村の人から歓迎を受ける

カンボジアの小学生たち(撮影・山﨑瑛莉氏)

第2部
持続可能な社会を実現するための「市民性の教育」

第6章　持続可能な開発のための教育（ESD）における
　　　　「市民性の教育」

第7章　EFA と ESD の相互補完的な関係
　　　　――カンボジアにおける「市民性の教育」の事例

第8章　平和構築のための国際教育協力に関する概念的考察
　　　　――「権利としての教育」を考える

第9章　国際協力リテラシーとグローバルな情報ガバナンス
　　　　――東日本大震災の経験と防災教育のあり方

第10章　日本の教育改革と新自由主義
　　　　――教育格差の拡大と市民性教育の可能性

第6章　持続可能な開発のための教育 (ESD) における「市民性の教育」

はじめに

　世界の各地において、近代学校の成立が教育機会を大きく拡充し、より広範な知識の伝達を実現することにより、社会や国家の近代化を促す原動力となってきたことは疑いようがない。しかしながら、それと同時に、組織化された近代学校は教育を制度化し硬直化することとなり、現実の社会における急速な政治的・経済的・社会的な変化と学校における教育内容との間に矛盾や対立、相克などを生じさせてきた。こうしたなか、公共倫理の揺らぎなどが散見される今日の社会において学校教育を通した市民性の陶冶は喫緊の課題であり、国際社会においてもさまざまな議論や実践が積み重ねられている。それらの議論や実践は、これまで主に先進国で取り組まれてきたが、近年、多くの途上国でも同様の問題が広く認識されるようになってきた。

　このような問題意識にもとづき、グローバル化時代における学校教育のあり方を「持続可能な開発のための教育 (Education for Sustainable Development: ESD)」の視点から検討することには意義があると考える。とくに本章では、ESDを構成する多様な領域のなかでも「市民性の教育」に焦点をあて、その理論的な整理を行うことを目的としている。その際、「ライフ・スキル (Life-skills)」の概念や国際機関のアプローチについても検討を加えることにする。

　ただし、ESDという枠組みやライフ・スキルの概念は、1990年代以降の「万人のための教育 (Education for All: EFA)」をめぐる国際的な議論の潮流から生まれてきた新しい考え方であり、本章で取り上げるいくつかの国の実践においてもいまだ直接的にそれらの考え方が反映されているとは言い難い側面

がある。したがって、ここでの考察は、こうした枠組みや概念に共通してみられる問題意識と、さまざまな国で実際に取り組まれている「市民性の教育」のあり方との間に、いかなる共通点があるのかを探るものであり、あくまでも試論に過ぎないことを予め断っておく。

1. ESDにおける「市民性の教育」の概念枠組み

　これまでに合意されてきた教育に関する国際的な宣言・条約・目標（「世界人権宣言」・「子どもの権利条約」・「万人のための教育（Education for All: EFA）」など）の歴史的・政治的・社会的な背景には、将来の社会において公共的責任を担う倫理主体を形成するために「市民性の教育」が重要であることを、国際社会として広く認識してきたことをみてとることができる。とくにEFAの理念は、1990年代以降の教育普及に関する国際的な議論の中心を占める「基礎教育（basic education）」の概念を再構築したものである。すなわち、それまで初等教育を中心として理解されてきた基礎教育の概念を拡大し、学校教育（formal education）のみならず学校外教育（non-formal education）を含む、年齢・性別・人種・階層などによる差別のない包括的かつ柔軟な教育のあり方を提唱している。こうした考え方の根底には、教育を受ける機会が保障されることは、すべての人にとっての基本的権利であるという理念がある。

　こうしたEFAの理念を根底に置きつつ、1970年代以来の環境問題に対する意識の高まりを背景として展開されてきた「環境教育」と、それと並行して積み重ねられてきた「持続可能性」に関する教育実践の蓄積とを基盤に、「持続可能な開発のための教育（ESD）」という枠組みが構築された。2001年9月に南アフリカ共和国のヨハネスブルクで開かれた「持続可能な開発に関するサミット」において提唱されたESDは、「個人個人のレベルで地球上の資源の有限性を認識するとともに、自らの考えを持って、新しい社会秩序を作り上げていく、地球的な視野を持つ市民を育成するための教育」[55]と定義できる。そして、ESDを推進することによって「現在および将来世代を含む他者の尊重、相違と多様性の尊重、環境の尊重、資源の尊重といった、『尊重

の価値観(values with respect)』にもとづき、「その『価値観のセット(a set of values)』の理解を推進すること、行動・実践との関連性を高めること」（佐藤，2005，8頁）が期待されている。ここでの定義が示すような、持続可能な社会の担い手となる「市民」の育成を目指すESDにおける非常に重要な構成領域が「市民性の教育」である。

　このようなESDという枠組みの具現化を考えるためには、実際の教育活動が何を目的として行われるべきであるかを改めて検討する必要がある。EFA理念にもとづく基礎教育やESDにおける「市民性の教育」は、一般的な学校教育のみにおいて実践されるわけではない。ここで想定される教育のあり方は、人々が日常生活で生じるさまざまな問題や要求に対して、建設的かつ効果的に対処することができるようになることを促すものでなければならない。そのために必要とされる能力のことを、たとえばEFA理念のなかでは「ライフ・スキル」として規定している。ESDにおいても、「市民性の教育」を推進するなかで伝達しようとする知識・技能・価値（あるいは態度）を考えるうえで、ライフ・スキルの概念は貴重な示唆をもたらす。そこで本節では、このライフ・スキル概念に焦点をあてるとともに、「市民性の教育」に対するユネスコのアプローチについて整理することで、概念的な枠組みの提示を試みたい。

(1) ライフ・スキルの概念

　ライフ・スキルの概念には、人権に対する意識、健康・栄養などに関する知識、経済的・社会的生活を営むための知識・技能（職業技能など）、政治意識・公共倫理などを含む共同体の一員としての自覚、平和・共生への意識など、多岐にわたる価値（観）・知識・技能が含まれる。ライフ・スキルを捉える視点は、かつては保健衛生に関する知識の獲得が中心であったが、現在では平和教育や人権教育などにも拡げられ、平和の構築や民族和解のための教育も含むようになった。このように広範な領域にわたる「スキル」をカバーする概念であるため、依然としてその定義は確立されていない。ただし、いくつかの国際機関では、広く参照されるために定義づけを行い、ライフ・ス

キルという考え方の出発点を示している。その代表的なものを、以下に2つ提示する。

　まず、さまざまな国で最も実践的に活用されているといえる定義が、ユニセフによって示されたものである。すなわち、「人々が情報にもとづく意思決定を行い、効果的にコミュニケーションをとり、健康で生産的な生活を送るための自己管理ならびに他者との協働のスキルを身につけることを助ける、社会心理と対人関係における広範な領域のスキル」[56]がライフ・スキルであると定義している。このようなライフ・スキルを向上させるための教育の要素として、勝間（2003）は次の3点を挙げている。それらは、①従来の知識偏重の教育ではなく「知識、態度、ライフ・スキル」をバランスよく組み合わせた教育、②生徒と教師による、参加型の教育（つまり、座学だけではなく、歌や踊り、さらには多彩な補助教材の導入などによる、インタラクティブな教育実践）、③子どものニーズを満たすために開発されたカリキュラムにもとづく、生徒にとって必要な知識・技術の伝達、の3要素である。

　こうした教育は「ライフ・スキルにもとづく教育（Life Skills-Based Education: LSBE）」と呼ばれ、とくにユニセフでは、困難な状況にある若者たちが自らをエンパワー（empower）するための手段として重視している。ここでは、上述のように教師－生徒間のインタラクティブなLSBEを通して、生徒たちが健康的な行動（healthy behaviors）をとるための知識や態度を身につけることが目指されている。具体的には、エイズ予防、健康教育、人権ならびに社会問題、暴力に対する予防と平和構築、環境問題などの諸領域において主体的に行動できるようになることを意味しており、そのためにユニセフは多様な支援プログラムを実施している[57]。

　このようなユニセフの定義に対して、ユネスコではライフ・スキルを「社会心理的スキルと対人関係スキルとの相互関連的なスキル」であると定義している[58]。こうしたスキルと教育の関係について考えるうえで、ユネスコの「21世紀教育国際委員会（通称・ドロール委員会）」が提示したスキルの領域が参考となるであろう。ドロール委員会では、学習を通して学ぶべきスキルとして、批判的思考（critical thinking）、実践的スキル（practical skills）、対人関係スキ

ル (interpersonal skills)、個人的スキル (personal skills) を挙げた (UNESCO, 1996)。

そして、これら4つのスキルは、ドロール委員会が「学習の4つの柱 (The four pillars of education)」と名づけた4つの学びのあり方を通して獲得される (UNESCO, 1996)。すなわち、知るための学び (learning to know)、行動するための学び (learning to do)、共に生きるための学び (learning to live together)、人間として生きるための学び (learning to be) である (なお、2013年末現在、ユネスコを中心としてこの「学習の4つの柱」の見直しが進められており、そのなかで5つ目の柱として、自分自身と社会を変革するための学び (learning to transform oneself and society) という考え方が議論されたりしている)。

さらに、こうした4つの学びのあり方は、次の4つの権利に対する意識を高め、それらの権利を行使していくうえで上述の4つのスキルが活用される (UNESCO Institute for Education, 1999)。ここで指摘される4つの権利とは、自己同定と自己定義の権利 (The right of self-identification and self-definition)、自己認識の権利 (The right to self-knowledge)、自己開発の権利 (The right to self-development)、自己決定の権利 (The right to self-determination) である。これらのスキル、学び、権利の関係は、**図6-1**のように示すことができる。

このようにユニセフとユネスコによるライフ・スキルの定義を概観すると、健康分野を重視しつつ、人間らしい生活を営むためのスキルとしてライフ・スキルを位置づけるユニセフの視点に対して、ユネスコの特徴は識字やノンフォーマル教育といった分野も視野に入れつつ、教育の問題としてライフ・スキルの位置づけを考えている点にある。本章でライフ・スキルを論じるにあたっては、よりユネスコの定義に近い立場をとり、「学び」と「権利」を支えるものとしてライフ・スキルを捉えることにする。その際、本章の主題である「市民性の教育」とは、ライフ・スキルを獲得するための学びであると同時に、獲得されたライフ・スキルを活用するための学びでもあることを強調したい。

(2) 「市民性の教育」に対するユネスコのアプローチ

前項では、ESDにおける「市民性の教育」のあり方を考えるうえで、ライ

第2部 持続可能な社会を実現するための「市民性の教育」 109

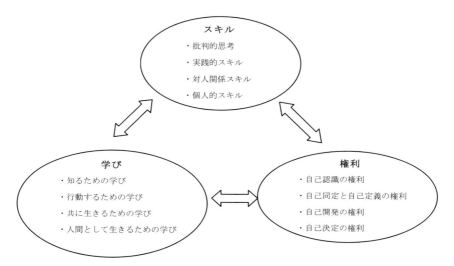

図6-1 「スキルー学びー権利」の関係図

フ・スキルの概念を理解することが重要であると論じた。本項では、ESDの国際的な主導機関であり、ライフ・スキル概念の構築において主要な役割を果たしているユネスコが、どのようなアプローチから「市民性の教育」を推進しているのかについて概説する。

すでに第2章で述べたように、ユネスコは国際社会における平和の実現をその使命として掲げている。そうした使命のもと、「市民性の教育(citizenship education)」の推進においても重要な役割を果たしている。とくに、教育分野と文化分野(社会・人文科学分野も含む)において、市民性や公共性の問題に対して積極的に取り組んでいる。

市民性の教育に対するユネスコのアプローチは、人権教育(human rights education)を中心に据えつつ、市民性や公共性の問題を検討している。ここで言う人権教育とは、基礎的な識字や計算の技能を獲得することにとどまらず、人々が社会生活に参加するうえで不可欠な価値観・知識・技能を身につけるなかで、批判的思考や権利に対する意識や責任、他者や差異を尊重する心などを育む、一連の営みを意味している[59]。そして、こうした人権教育を

実際の学校現場などで推進するためには、公民教育（civic education）などの時間が使われることを想定している。

　また、共同体における市民性や公共性の問題を考えるうえで、ユネスコは国際理解教育が果たすべき役割も重視してきた。ユネスコでは、生涯教育の一貫として国際理解教育を位置づけるとともに、道徳教育、価値教育、公民教育など「市民性の教育」に含まれる諸領域の根幹を成すものとして国際理解教育を捉えてきた。とくに、植民地主義や人種主義といった差別的・抑圧的な思想や政治的行動などに対抗し、健全な人格や人権思想の発達を促すような教育のあり方を社会全体として見つめ直すことの重要性を指摘してきた。そうしたなか、「国際理解、国際協力および国際平和のための教育ならびに人権および基本的自由についての教育に関する勧告（Recommendation concerning education for international understanding, co-operation and peace and education relating to human rights and fundamental freedoms）」（以下、1974年国際教育勧告）が、1974年のユネスコ第18回総会において採択された。この勧告では、基本的な人権や自由が尊重される平和な世界を実現するために、すべての国家、人種、宗教集団などの間で相互理解を図り、寛容や友愛の精神を育てるうえで、国際理解教育が果たす役割の重要性を指摘している。

　とくに、同勧告の第4条で示されている国際理解教育の諸原則は非常に包括的なものであり、実際の教育政策へと反映させるにあたっては、それぞれの国の状況や文脈に沿って適用することが求められる。そうした政策にもとづく教育は、「人権教育、平和教育、環境教育、異文化理解教育、開発教育、人口教育、国際問題の学習、問題解決学習、国際的文化交流」（千葉, 2004, 196頁）といった多様な活動領域を含むものであり、1974年の勧告以降、各国のカリキュラムや教材の開発においてさまざまな試みが行われてきた[60]。

　さらに、ユネスコの事業のもうひとつの柱である文化の領域においては、「平和の文化（Culture of Peace）」という概念を提唱している。1992年の国連総会において「平和のためのアジェンダ（Agenda for Peace）」に関する戦略が採択されたことに伴い、とくに紛争終結後の平和構築に対して貢献することを目指してユネスコは「平和の文化」の概念を提唱した。この「平和の文化」を形

成するための戦略は、①平和、人権、民主主義、国際理解、寛容のための教育の振興、②人権の確保と差別に対する戦い、③民主化の過程に対する支援、④文化的多元主義と文化間の対話の奨励、⑤紛争の防止と紛争後の平和構築への貢献、という5つの柱から構成されている（千葉，2004，202頁）。

「平和の文化」という概念は主に文化分野で提唱されたが、教育分野におけるユネスコの諸活動とも密接に連関している。たとえば、この概念を具現化するための試みとして、ユネスコは「平和・人権・民主主義のための教育に関する統合的行動枠組み (Integrated Framework of Action on Education for Peace, Human Rights and Democracy)」を1995年の第28回総会において採択した。この行動枠組みは、先述の1974年国際教育勧告を見直し、今日的な文脈に適合させることを目的として作成されたものである。

この行動枠組みでは、平和、人権、民主主義という今日の国際社会において一定の普遍性を有すると認められている価値観を尊重した教育の普及を目指して、フォーマルな学校教育のみならずノンフォーマルな教育活動も効果的に活用することが重要であると指摘している。その際、就学年齢にある子どもたちだけではなく、青年や成人も対象とした教育のあり方を考えることが欠かせない。また、人間の尊厳や異文化などに対する理解を深めることで、社会的弱者 (vulnerable groups) の声を十分に聴き、それらの声を自らの行動に反映できるようになることが期待されている。

こうした教育を実現するためには、カリキュラムや教材の開発とともに、教員や教育行政官の適切な養成のあり方についても考えていかなければならない。実際の教育内容としては、連帯感 (solidarity)、創造性 (creativity)、公共性 (civic responsibility) などを養うための歴史教育や人権教育、平和教育（紛争解決能力の育成を含む）、国際理解教育といった領域が、中心となることが想定されている。また、自らを取り巻く社会環境に対する理解を深めるとともに、自らの意見や考えを適切に表現できるようになるために、言語教育（あるいは国語教育）の重要性が指摘されている。さらには、他の文化・社会や他者に対する理解を深めるために、外国語教育の役割を改めて位置づけることが求められている（ただし、ここまで概説してきたなかで明らかなように、人権教育、平和教育、

国際理解教育などの諸領域は相互に関連・重複し合っているため、ユネスコにおいてもそれぞれの領域の違いを必ずしも明確に示し得ていないということを指摘しておく）。

その後、1999年には「平和の文化のための教育(Education for Culture of Peace)」をユネスコは提唱している。これは、①人権や民主主義を中心的な概念とする社会科学分野におけるユネスコの諸事業の展開、②冷戦崩壊後の民族紛争等に対する「平和の文化」のアプローチ、③国際理解教育の推進などを通して、平和な世界の実現へ貢献することのできる教育のあり方を追求するものであった（千葉, 2004, 198頁）。しかしながら、こうした理念は「かけ声に終わってしまい、世界的な広がりにはならず、世界の大国の恒久平和実現に向けた政治的決意(Political Will)はみられず、マスコミも関心を示さなかった」（千葉, 2004, 203頁）。

そうした現実的状況があったとはいえ、これらの概念的ならびに実践的な試みにもとづき、21世紀に入ってからもユネスコは、EFAのさらなる普及を通して平和な社会の実現を図ることの重要性を訴えつづけ、「国連識字の10年(UN Literacy Decade: 2003-2012年)」や「国連持続可能な開発のための10年(UN Decade of ESD: 2005-2014年)」を提案し、国連総会でそれぞれ採択された。ユネスコは、これらの国際的な枠組みのコーディネーター役を務めており、それぞれの枠組みを通して平和で安定した国際社会を支える人材の育成に寄与することを目指していると言えるだろう。

たとえば、そうした試みのひとつとして、欧州評議会とスロベニアのリュブリャナ大学教育政策研究センターとともに、*Tool for Quality Assurance of Education for Democratic Citizenship in Schools*(Bîrzea, et al., 2005)をユネスコは編纂している。これは、実際の学校現場で行われる市民性の教育に関するガイドラインであり、紛争などの影響がいまだに色濃く残る東欧諸国（とくにヨーロッパの南東部）を対象としている。それらの地域で民主的な価値観を身につけた市民を育成することにより、歴史的な対立関係などを乗り越えて、異なる民族が共生することを目指している。

本節では、ライフ・スキルの概念を整理するとともに、ユネスコによる

「市民性の教育」へのアプローチについて概観した。これらの理念的ならびに理論的な議論が積み重ねられてきたにもかかわらず、多くの国（とりわけ開発途上国と呼ばれるような社会）では教育の拡充を目指すにあたりその量的側面が重視され、いかなる内容の教育を受けているのかといった質的側面に対する関心が低くなりがちであったことを指摘しておきたい。また、教育の質的側面に目を向ける際にも、アカデミックな教科の達成度に対する過度な関心の高さに対して、市民性や道徳、価値といったものをいかに教えるかという問題への関心は必ずしも深まってこなかった。しかし、今日の世界では、経済のグローバル化、人の移動、環境破壊など多様な問題が湧き起こっている。そうしたなか、経済成長モデルの開発ではなく、人間中心の開発のあり方を考えることがより重要になっている。本節で紹介した諸議論は、そうした開発のあり方を教育分野から考えていくうえで多くの示唆をもたらすであろう。

　また、本節で論じたライフ・スキルの概念においても、ユネスコによる「市民性の教育」へのアプローチに関しても、教育という営みを通して「価値」・「知識」・「技能」をいかに伝えるかということが問題提起されている。ここでの「価値」とは、道徳や倫理についての見方から始まり、人権、民主主義、公共性といった問題について考えることを促す教育のあり方を指している。そして、それらの問題について考えるうえで基礎となる「知識」を蓄積し、実際に実践するための「技能」を獲得することで、社会的存在である「市民」として生きることが可能になる。

　そこで、次節ではさまざまな国における「市民性の教育」に関する諸実践を概観するなかで、これらの概念や理論的枠組みが重視する「価値」・「知識」・「技能」にもとづいた実践が、教育の場においてどのように行われているのかについて考える。

2.「市民性の教育」の試み

　政治・経済・社会などの急速な近代化を推進している多くの途上国や、多文化・多言語・多民族・多宗教といった多様性を包含する国や社会において、

今日、「市民性の教育」の重要性がますます強く認識されている。たとえば、多文化・多言語・多民族・多宗教の国家においては、国としての統一・統合を図るため、教育を通してナショナル・アイデンティティを形成することが目指されてきた。すなわち、教育の果たしてきた歴史的使命が、近代国家の成立過程を通して「国民国家」の概念を人々に浸透させ、国家統合を推し進めるうえでの求心力を醸成することにあったと、広く認識されている[61]。こうした状況を念頭に置きつつ、本節では具体的な教育実践（とくに学校教育）を踏まえたうえで、どのような「市民性の教育」を構想することが必要であるのかについて考察を加える。

(1) 民主的な学校の実現

市民性の教育をめぐる議論のなかでは、教育を通して子どもたちは自らの社会文化的な認識を身につけるようになることが自明のこととして語られがちである。しかし、そもそも子どもたち「自身」の社会や文化というものが所与の性質として彼ら・彼女らに備わっているのだろうか。こうした疑問を呈したAppiah (2003) は、外部のエージェント（両親、コミュニティ、国家など）からの働きかけによって彼ら・彼女らの文化は「与えられている」のであると指摘する。とくにコミュニティや国家など自らの所属する集団に対する忠誠 (allegiances) の心が形成される過程では、それらのエージェントのなかでもとりわけ「学校」の果たす役割が大きい。すなわち、それまで子どもたちの忠誠心は両親などが有する文化的コミュニティに対して向けられていたのに対して、学校教育を経験する過程でそうした忠誠心が地域社会や国家へと向かうように転換されるのである。

こうした学校がもつ機能について考えるとき、自らが帰属する集団（人種、民族、宗教などにもとづく集団や、「健常者」に対する「障がい者」というカテゴリーで括られる集団など）に対する精神的なアタッチメントや文化的権利の主張と、国民国家に対する忠誠心との間で、いかなるバランスをとりつつ公民教育や市民性の教育を推進すべきであるのかについて検討を加えなければならない。

しかし、市民性の教育に関してここまで論じてきて、次の質問を提起せざ

るを得ないことに気づく。すなわち、そもそも学校とは、その本性からして民主的な組織であると言えるのだろうか。一般的に「学校」は、市民性や公共性に関わる教育を推進するうえでの最も基本的な場として想定されている。それにもかかわらず、強固なハイアラーキーにもとづき構築されている近代学校という装置には権威主義的な統制機関としての側面があることは、さまざまな論者がこれまで指摘してきた通りである[62]。こうした疑問に対して、市民性の教育を推進するための環境として民主的な学校を実現するためには、「良いコミュニケーションを築くことのできる環境を整備すること」、「生徒たちが共生について積極的に学ぶことをサポートすること」、「道徳・倫理・社会性に関する教育を行うこと」、「多文化ならびにグローバルな視点をカリキュラムに取り入れること」などの条件を満たすことが求められていると、Poznyak (2003, pp.175-176) は指摘する。

　しかしながら、現実には多くの学校で、生徒のみならず教師たちもまた学校が有する統制装置としての性格による束縛を受けている。そのため、民主的な社会を実現するための教育を考えるうえで、そうした活動の担い手である教師たちの存在に対しても目を向ける必要がある。たとえば、学校社会における女性教員は男性教員と比較して、その地位が十分に保証されているとは言えない。かつてアフリカと東南アジアの女性教員の地位について調査を行ったDavies and Gunawardena (1992) は、学校経営において男性教員が有利な地位を占有する傾向にあり、意思決定のプロセスでより影響力を行使している現状を明らかにしている。ただし、その背景には、必ずしも明確なジェンダー役割の差が存在するわけではなく、競争的かつ階層的な言語にもとづき学校経営の言説 (discourse) が決定されていることが、男性教員に有利に働いていると推測される[63]。

　このような学校社会の問題を考えるうえで、Poznyak (2003) が指摘するように、市民性の教育を推進するにあたり、生徒たちに対するカリキュラムなどの学習内容を精査するとともに、教師に対する適切なトレーニングを行うことが欠かせない。そこで、Poznyakはウクライナでの試み (The Education for Democracy in Ukraine Project [EU-US Transatlantic Civil Society Initiative]) を例として

取り上げ、民主的な学校を実現するための教員研修がいかにして行われるべきかについて論じている。ウクライナにおいて実施されていた市民性の教育のための教員研修では、「民主的な市民性の教育(democratic citizenship education)」を考えるために、市民性・民主主義についての教育(Education about citizenship/democracy)、市民性・民主主義を通した教育(Education through citizenship/democracy)、市民性・民主主義のための教育(Education for citizenship/democracy)という3つの視点を提示していた(Kerr, 1999)。ここでの研修を通して、教師たちは単に「市民性の教育、社会科学、心理学、方法論などに関する一定の知識」を身につけるのではなく、「コミュニケーション、対話、批判的思考、教授・学習プロセスにおけるあらゆる形態の参加」といったものについて理解し、彼ら・彼女らの民主的な視野を広げ、責任をもってそれらを実践することができるようになる(Poznyak, 2003, p.185)。したがって、ここでは、生徒たちのみでなく、教師たちにとってのライフ・スキルと呼ぶべきものも問われている。

　こうした「民主的な市民性の教育」を実際の学校教育のなかにいかにして採り入れることが可能であるのかを検証するために、Parker(2004)はパレスチナ、イスラエル、ブラジル、アメリカ、南アフリカの5カ国のカリキュラムにおける民主的教育の位置づけを概観している。そして、それらの国の事例にもとづき、多様性と民主主義を理解するためのカリキュラムを初等・中等教育において構築するために、次の5つのコア領域を提案している。すなわち、修史論(Historiography)、比較憲法研究(Comparative constitutional studies)、比較エスニック研究(Comparative ethnic studies)、比較貧困研究(Comparative poverty studies)、討論(Deliberation)の各領域であり、最初の4領域は知識の蓄積を主な目的とし、最後の領域である「討論」は知識とともに参加型の関係性を構築することを目指している(Parker, 2004, p.442)。Parkerは、これらの各領域で可能な限りの事例(アメリカの公民権運動や南アフリカの反アパルトヘイト運動、チベットの人権キャンペーンなど)を紹介することが重要であると指摘するとともに、さまざまな国の文学に関する比較研究なども取り入れていくことを勧めている。これらの領域によって構成されるカリキュラムを、「多様な社

会における民主主義のためのコスモポリタンかつマルチナショナルなカリキュラム (a cosmopolitan and multinational curriculum for democracy in diverse societies)」と呼んでいる (Parker, 2004, p.454)。こうしたカリキュラムを、多文化・多言語・多民族・多宗教といった要素をもつ多くの国や社会においても構築していくことが、今後さらに必要とされていることは言うまでもない。その際、先述のESDの中心的な理念とも言える「尊重の価値観」にもとづきカリキュラムを開発することが不可欠になってくるはずである[64]。

　また、民主的な教育のあり方を考えるためには、民主主義とジェンダーの関係を分析することも欠かせない。たとえば、UNDPが設定している「人間開発指標 (Human Development Index: HDI)」において、民主主義のレベルを測る指標のひとつとして公的領域における意思決定への参加が挙げられているのに対して、ジェンダーに関する指標は考慮されていないことをDavies (2000) は指摘している。民主主義の実現にはジェンダー平等 (gender equality) の達成が欠かせないが、そのためには教育の場が現実社会に対する批判的意識を高める実践の場 (praxis) となることが必要であり、この点についてDaviesは次のような問題を提起している。「教育における市民性のフェミニスト理論は (中略) ミクロ政治的組織としての『学校』の概念から始め、いかにして生徒たち (ならびに教師たち) が学習と生活のために組織化されているのかを検討しなければならない」 (Davies, 2000, p.282)。そのためにも、声 (voice)、選択 (vote)、表象 (representation)、積極的な責任 (active responsibility)、集団性がいかに機能するかについての完全な理解 (a full understanding of how the collectivity works) に関する諸問題について、批判的な眼差しを向けることが欠かせない。こうした批判的意識を高める実践の場としての学校は、「公民学校 (civil school)」と呼ばれるべきであるとDaviesは提唱している。

　本項では、いくつかの国の実践や理論的な議論を通して、民主的な教育を実現するための「市民性の教育」のあり方について考えてみた。そこで次項では、地理的な視点を少し上げてみて、たとえば「アジア」という地域レベルから俯瞰したときに、「市民性の教育」のアジア的な特徴といったものを考えることが可能であるのかどうか検討してみたい。

(2)「市民」像の地域性

　ヨーロッパには「欧州人権条約（人権及び基本的自由の保護のための条約）」(1950年署名、1953年発効)、アフリカには「人及び人民の権利に関するアフリカ憲章（バンジュール憲章）」(1981年採択、1986年発効)、南北アメリカには「米州人権条約」(1969年作成、1978年発効)がそれぞれあるのに対して、アジアには地域的な人権憲章がいまだに策定されていない。ただし、樋口 (2000) が指摘するように、たとえばバンジュール憲章は「アフリカ文化の価値を掲げ、アフリカの一体性の促進のための個人の義務をも含めて」(樋口, 2000, 117頁)いるため、個人の尊厳を中心とする近代憲法の人権概念とは必ずしも一致しない。また、中南米ではこうした人権条約が締結されているにもかかわらず、独裁政権などによる人権侵害が行われている。したがって、ヨーロッパでは人権条約にもとづき人権裁判所が設置され、ときには国家の行為を違法であると判断するといった制度化を行っているのに較べて、アフリカや中南米においては民主主義が実現しているとは言い難い状況にある。しかし、いずれにしてもこうした条約や憲章を有することは各国政府に一定の規制を促すこととなり、意味のあることであろう。

　こうした各地域の状況を踏まえ、近い将来、アジアにおいても地域的な人権憲章が制定されることが望まれる。しかしながら、他の地域以上に域内の多様性が著しいアジアにおいては、一定の合意にもとづく人権憲章を制定することは極めて困難な作業になることが容易に想像される。そのため、そもそも「人権」というものをいかに捉えるのか、人々が幸福に生活するときの拠りどころは何であるべきか、といった基本的な問題から検討することが欠かせない。すなわち、西欧で発達した人権概念をそのまま流用するのか、あるいはアジア・モデルと呼びうるような人権のあり方を構築するのか、といった課題に直面している。そうしたなか、ここではとくに教育分野に焦点を当て、アジアにおける「市民性」のあり方を考えることによって、アジアの民主主義や人権（換言すると、民主的な社会のあり方）について考察を加える手がかりを探ってみることにする。本章では十分に論じることはできないが、こうした問題をアジアの文脈に沿って検討することが、ひいては他の地域で

も応用可能な議論をもたらすことにも繋がるであろう。

　こういった問題関心にもとづき、アジアにおける「市民性の教育」のあり方について考えてみたい。その際にまず指摘しておくべきことは、アジアにおいても欧米諸国と同様に、国民国家の形成過程のなかで近代学校教育が重要な役割を果たしてきたということである。アジアの各国でも、基本的には学校教育がリベラル・デモクラシーを担う市民の育成に大きく貢献し、その結果、社会の安定がもたらされると考えられている。ここでのリベラル・デモクラシーは、単に平等主義（egalitarianism）の理念を反映しているのみならず、経済発展においても不可欠な要素として機能している。なぜなら、「自由な市場には、自由な政治制度が欠かせない」（Kennedy, 2004, p.10）ためである。

　しかしながら、こうした政治、経済、社会、文化などの多様な領域にわたるリベラル・デモクラシーの理念が、今日では脅威にさらされていると言わざるを得ない状況がある。それは、経済資本、労働力、情報技術、コミュニケーションなどのグローバル化の進展と、冷戦構造の終焉以降にみられる民族や宗教などにもとづく衝突とそれに伴う政治的な不安定状況が、国民国家としての伝統や価値観、ナショナル・アイデンティティといったものに疑問を突きつけていることに起因する。そのため、欧米諸国と同様にアジア諸国においても、近年の教育改革の潮流のなかで公民教育や市民性の教育が重視される傾向が明らかにみられる[65]。

　ただし、アジア諸国における市民性の教育が目指す「市民」の像（image）は、必ずしも欧米諸国における西洋的な「市民」像とは一致しない。この点についてKennedy（2004）は、「アジア的価値観（Asian Values）」に関する議論を概観し、ポストモダニズムの議論における近代西洋的な価値観の普遍性への懐疑的な視点をも踏まえたうえで、西洋的な近代性（modernity）とは異なるアジア的な近代性の可能性を提示している[66]。これら2つの近代性の特徴を端的に表すと、すでに使い古された表現ではあるが、前者が「個人主義（indivisualism）」にもとづくのに対し、後者は「集団主義（collectivism）」にもとづくということが言えよう。Cummings, Tatto and Hawkins（2001）による価値教育（values education）の現状に関する国際比較研究は、こうしたそれぞれの近代性にも

とづく価値観が各国の価値教育の内容に色濃く反映されていることを示している。

しかし、そうした基本的な性格の異なりとともに、東アジア諸国(この場合は北東ならびに東南アジア)においては個人主義的な価値観が、欧米諸国においては集団主義的な価値観が、近年それぞれ重視されるようになってきている傾向も Cummings, Tatto and Hawkins (2001) は指摘しており、価値観のグローバル化あるいは均質化が進む今日の社会文化的現状を垣間みるようで興味深い[67]。

このような「個人」対「集団」という一般的な問いの立て方に対して、たとえば Lee (2004) は中国社会における自己(self)の位置づけを考察するなかで、個人主義でも集団主義でもない「関係主義(relationalism)」という立場を強調し、このような社会関係のあり方はとくに東アジア諸国で根強くみられると論じている。つまり、人間とは関係性のなかで生きる存在であるという儒教の思想に依拠しつつ、個人と集団とが相互に依存し合う関係が構築されてきたと指摘している。それは、かつての日本の自民党体制や台湾の中国国民党体制、またシンガポールの政治体制などに象徴される、「ソフト」な権威主義にもとづく「一党支配的民主主義(one-party dominant democracy)」を支えてきた社会関係のあり方とも言えるだろう。こうした関係主義にもとづく社会では、ある意味においては柔軟で多様な民主主義のあり方が許容されていると言える[68]。そして、そのような民主主義を受け入れ、適応するための協調性(harmony)を重んじる「市民性の教育」が推進されている傾向にあると、Lee は分析している。

結び——民主主義の理想へ

本章では、持続可能な開発のための教育(ESD)の重要な構成領域である「市民性の教育」について、ライフ・スキルの概念を参照しながら考えてみることを試みた。そして、ユネスコによるアプローチやいくつかの国における教育実践や理論的な議論を概観することで、倫理・道徳に関わるカリキュ

ラムや平和教育プログラムが、ESDにおいて考えるべき「価値」・「知識」・「技能」という3つの要素と関連をもちながら構築されていることを確認した。しかしながら、本章では、いまだ新しい取り組みであるといえるESDが、具体的に「市民性の教育」の実践にいかなる影響を及ぼしているのかを明らかにするというところまでには至っていない。この点については、今後の課題としたい。

このように、甚だ不十分ではあるが「市民性の教育」のあり方を通してESDについて考えるなかで、John Deweyの次のような言葉が想起される。「すべての若者たちが自分自身の経済的および社会的生活を自主的に営むのに必要な知識や技能を身につけるようになるまで、彼らを教育の影響下に引きとめておくようにすることも必要なのである。この理想はとても実行できそうにないようにみえるかもしれない。けれども、この理想がわれわれの公教育制度をますます支配するようになるのでなければ、教育の民主的理想は、滑稽で、しかも悲劇的な妄想にすぎないことになるのである」(デューイ, 1975, 159頁)。

こうしたDeweyの言葉を引くまでもなく、民主主義の理想を継承・発展する場としての学校教育の役割は非常に重要である。Deweyは『民主主義と教育』のなかで、学校教育の果たす機能として「社会的統合の推進」、「(社会的・経済的)不平等の是正」、「(個々人の)人格的発達の促進」を挙げている。こうしたリベラリズム教育思想の源流であるデューイの主張は、今日のESDに対しても大きな影響を及ぼしている。教育へのアクセスを基本的人権として捉え、「市民性の教育」をめぐる国際的な議論や実践を分析し、各国の学校教育への応用可能性について検討するなかで、民主主義の担い手となる主体を形成する教育とはいかなるものであるのかという問題を、今後さらに考えていくことが欠かせない。

また、本章で指摘したように、市民性、人権、民主主義などに対する見方がアジア各国と他地域の国々との間ではしばしば異なる。そうしたなか、1997年から開催されていた「ヨーロッパ・アジアの人権のためのインフォーマル・セミナー」での議論は、地域間の相違という現実と向き合い、アジア

とヨーロッパにおける価値観や考え方の違いを検討することによって、重要な論点を浮かび上がらせている。たとえば第3回会合での主題は、①表現の自由とその限界、②人権・人道のための介入と国家主権、③環境への権利があるか否か、という3点であった。この会議に出席した樋口（2000）によれば、これらの問題はいずれも、ヨーロッパを源流とする人権に関するオーソドックスな考え方とアジア的生き方（Asian way of life）との間に簡単な妥協点を見出せないものばかりであった。こうしたことを踏まえると、アジアのみならず多くの国や社会における文化多元主義のなかでの「人権」の扱いを検討していくことも、今後の重要な課題として挙げておきたい。

さらに、平和を推進することを使命とする国連機関であるユネスコにおいて、市民性の教育がどのように位置づけられているのかについても概観した。そのなかで、市民性や公共性の問題に対する関心が、ESDの概念の根底にあることを指摘した。

本章では、「市民性の教育」に関して、国際的な概念的フレームワークを検討し、いくつかの国における実践の試みなどに言及した。翻って日本の現状をみると、「市民性の教育」を具現化するための概念的フレームワークや実践的プログラムの指針などは日本の教育（とくに学校教育）の現場でも必ずしも整備されているとは言えないことに気づく。そうしたフレームワークや指針などを、ESDの枠組みを参照しながら開発することが、今後さらに求められているのではないだろうか。その際、本章で取り上げたような議論や事例が、何らかの示唆をもたらすことを期待したい。こうした国際的な議論の動向や各国での応用例を踏まえつつ、ESDの日本型モデルを新たに構築することが重要であることを指摘して、本章の結びとしたい。

注

55 「持続可能な開発のための教育（ESD）とは？」文部科学省ホームページ（www.mext.go.jp/a_menu/kokusai/jizoku/kyouiku.htm［2012年1月25日閲覧］）より引用。

56 ユニセフ・ホームページ（www.unicef.org/lifeskills/index_7308.html［2012年1月25日閲覧］）より引用。

57 たとえば、南スーダンでのLSBEのために、エイズ予防、健康、平和教育、環境の諸領域における教育を推進するためのモジュールをユニセフは開発している。このモ

ジュールは、中・長期的な視野のもとでジェンダー平等を実現することを目指している。このプログラムの詳細については、ユニセフ・ホームページ（www.unicef.org/lifeskills/index_8400.html［2012年1月25日閲覧］）を参照のこと。
58　ユネスコのライフ・スキルに関する定義については、ユネスコ・ホームページ（http://portal.unesco.org/education/en/ev.php-URL_ID=41127&URL_DO=DO_TOPIC&URL_SECTION=201.html［2012年1月25日閲覧］）を参照のこと。
59　このような「人権教育」に関する基本的な理解は、ユネスコ教育局ウェブサイト「Human Rights Education: What is it?」（http://portal.unesco.org/education/en/ev.php-URL_ID=42077&URL_DO=DO_TOPIC&URL_SECTION=201.html［2012年2月15日閲覧］）で説明されている。
60　1974年勧告・第4条で示された原則は、以下の7つである。①すべての教育段階や教育形態における国際的・グローバルな視点、②異なる人々、文化、文明、価値、生活様式に対する理解と尊重、③人々や国家の間のグローバルな相互依存関係に対する自覚、④他者とのコミュニケーション能力、⑤個人、社会集団、国家などの間で相互に有する権利と義務に対する自覚、⑥国際的な連帯や協調の必要性に対する理解、⑦コミュニティ、国、世界における諸問題の解決に個人として参加するための準備。
61　欧米ならびにアジア諸国における近代国家の成立過程で、教育を通して人々の間に「市民」意識が広まっていった様子については、Kennedy（1997）所収の諸論考を参照のこと。
62　Paulo Freireの論考やMichel Foucaultの『監獄の誕生』などで提起された諸問題を踏まえつつ、批判的教育学やポストモダニズムの論者たちは、統制装置としての近代学校の機能に対して批判的な議論を展開している。代表的な論者としては、Henry A. GirouxやMichael W. Appleなどを挙げることができる。
63　市民性の教育におけるジェンダーの問題を考えるうえで、アルゼンチンの女性研究センター（Centro de Estudios de la Mujer: CEM）が主に10代後半の女性たちに対して実施した「市民性（citizenship）」に関する意識調査の結果は示唆的である。調査の詳細については、Bonder（2000）を参照のこと。
64　多文化主義の視点から、西洋文化の伝統や慣習を無批判に追従するような教育のあり方を批判してきた哲学者・倫理学者がMartha C. Nussbaumである。Nussbaumは、異なる文化や伝統を学ぶことを通して、それぞれの文化の限界や多様な文化の共通点を理解できる世界市民を育成するための「コスモポリタン教育（cosmopolitan education）」を提唱している（ヌスバウム、2005）。その理論的基盤は、経済学者Amartya Senとの共同研究を通して構築してきた「潜在能力アプローチ（capability approach）」であり、「人間開発（human development）」の概念構築にも大きな影響を与えている。なお、Senは、人間開発をアジア的価値観にもとづき考えることの重要性も指摘している。
65　Kennedy（2004）は、近年の欧米ならびにアジア諸国における教育改革のなかで公民教育や市民性の教育が重視されている様子を、多様な先行研究をレビューするなかで詳述している。また、アジアにおける国際理解教育や価値教育を推進するための

「国際教育・価値教育のためのアジア太平洋ネットワーク (Asia-Pacific Network for International Education and Values Education: APNIEVE)」が、ユネスコ・バンコク事務所を中心に形成されており、情報の共有や研修機会の提供、指導マニュアルの作成などを行っている。

66 しばしば単一的な価値観として捉えられがちな「アジア的なるもの」の実体について、そのダイナミックな多様性に対して注意を払う必要があることは言うまでもない。したがって本章では、多様な文化的背景を包含するアジアのなかでも、とくに断りがない限りは北東ならびに東南アジア諸国を想定して議論を行っている。

67 ここでも論じたような「アジア的価値観」を反映させた学校教育とは、決して単一のモデルがあるわけではなく、各国の歴史的・政治的・経済的・社会的・文化的な状況に応じて多様なあり方を示している。そうした多様な「アジア」的学校モデルを象徴するものとして、Mendes (1995) は、次の3つのモデルを挙げている。(1) シンガポール学校 (The Singapore School)、(2) マハティール・モデル (The Mahathir Model)、(3) ポスト「天安門・儒教・ナショナリスト」・中国モデル (The China Post Tiananmen-Confucianism-Nationalist Model) である。

68 たとえば、公民教育に関する調査を東アジア諸国で行ったときに Lee (2004) は、「政府が良い政府である限りは、その政府は民主的なのだ」というようなコメントを多くの関係者から聞き、欧米のように一つの確定した民主主義の概念といったものが共有されているわけではないことに気づいたという。

成人女性のための職業訓練（カンボジア農村のコミュニティ学習センターにて）

第7章　EFAとESDの相互補完的な関係
―― カンボジアにおける「市民性の教育」の事例

はじめに

　前章ではESD概念について、とくに「市民性の教育」に焦点をあてながら論じた。それでは、このESDを途上国で実践するには、どのようなアプローチがありうるのだろうか。こうした問題関心にもとづき、本章ではカンボジアを事例として考えてみたい。なお、カンボジアを事例として取り上げるのは、この10数年間にわたり筆者が継続して調査研究や国際協力の実務に関わってきたことが主な理由である。また、カンボジアの歴史的・社会的な文脈が、途上国におけるESDのあり方を考えるうえで示唆的であることも理由として挙げられる。

　カンボジアは、とくに1970年代から90年代にかけて継続的に起こった内戦やポル・ポト政権による大量虐殺などによって、社会的に混乱した状況が続いていた。しかし、1990年代後半から徐々に政治状況や社会環境が安定し始め、現在では順調な経済成長を遂げつつある。こうしたなか、1人当たりGNPも1998年の290米ドルから2008年には600米ドルにまで向上している（UNESCO, 2011）。

　こうした社会状況の変化に伴い、教育をめぐる環境も着実に改善している。たとえば初等教育の純就学率は、1999年には83％（男子：87％、女子：79％）であったが2008年には89％（男子：90％、女子：87％）に向上している。しかしながら、初等教育の修了率（2007年）は48％（男子：46％、女子：51％）と半数弱に過ぎない。また、教員1人当たりの生徒数が49名（2008年）と多く、教員の養成や研修が十分に行われていない傾向と併せて、学校教育の質が低い

ことが広く認識されている (UNESCO, 2011)。これらは、カンボジアが初等教育へのアクセスという量的な拡大は実現してきたが、教育の質に関してはいまだに多くの課題を抱えていることを示している。また、教育の質に対する関心においても、学習達成度の向上というアカデミックな側面への関心が高く、将来のカンボジア社会を支える「市民」を育成するための教育のあり方について、十分な議論が行われているとは言い難い。

　こうした教育（とくに基礎教育）をめぐる状況を改善するために、カンボジアは基礎教育普及のための国際的な合意である「万人のための教育（Education for All: EFA）」目標にもとづき、とくに2000年以降、積極的に国内の教育改革を進めてきた。その成果は徐々に表れてきているが、上述のように教育の質に関する問題をはじめとした、多くの課題が山積している。そのような状況のなか、「持続可能な開発のための教育（Education for Sustainable Development: ESD）」を推進することがEFAを実現するうえで不可欠であるとともに、ひいてはカンボジアの教育全体の状況を改善することにも繋がっていくと期待される。カンボジアをはじめとする多くの途上国では、EFAとESDを切り離して考えることはできず、相互補完的な関係をいかに構築しているのか（あるいは構築しようとしているのか）という点について検証することが重要である。

　そこで、本章ではまず、途上国の教育分野において、教育改革や教育改善を試みるにあたり、EFAとESDの概念がそれぞれ有する意義について考えるとともに、そこにみられる問題点についても論じることにしたい。そのなかで、なぜEFAの推進に加えてESDの実践を積み重ねることが重要であるのか、とくに民主的な社会を実現するうえで教育が果たす役割の重要性に触れながら、検討したい。その際、ESDを推進するうえで重要な鍵を握ると考える「市民性の教育（citizenship education）」のあり方についても考えることにする。

　次に、こうした概念的な検証を踏まえたうえで、カンボジアの歴史的・社会的・文化的な文脈において、1) ライフ・スキルの獲得・向上、(2) 環境教育の充実、(3) 平和・人権教育の推進、といった3つの観点から、今日のカンボジアにおいてEFAの実現を目指すなかでどのようにESDが推進されて

いるのかについて概観したい。なお、カンボジアでは、これらの教育活動を必ずしもESDという呼称で表しているわけではないが、そこで営まれている教育はまさにESDの理念を具現化しようとするものであることを、予めお断りしておく。

1. 途上国における教育改革とEFAの推進

　本書でもすでに論じた通り、1990年にEFAの理念にもとづき国際的な基礎教育拡充の目標が設定された。しかしながら、1990年代以来、多くの国では政府による公共サービスを縮小しようとする動きが進んでおり、基礎教育分野における学校教育の拡充は、資金の増加や教員の確保といった財政支出の増大を伴う施策が必要になるため、政府にとっては難しい判断を迫られることになっている。こうした状況に対して、世界銀行をはじめとする国際機関や先進国の援助機関は、教育援助への資金額を増やすなどの対応をとったが[69]、その総額にしても、資金の拠出方法にしても、多くの途上国にとっては決して満足のいくものでなかったことは、「EFA 2000年評価（EFA 2000 Assessment）」の総評や『EFAグローバル・モニタリング報告書（*EFA Global Monitoring Report*）』の指摘などからも明らかである（UNESCO, 2000b; 2002d）[70]。

　また、EFAは教育が普及すれば社会の発展に繋がるという機能主義的な教育観にもとづくものであり、基本的には教育の社会的機能を積極的に評価し、教育を通した国民統合や体制の維持・再生産を促進しようとする立場に立っている。しかしながら実際の学校現場においては、EFAの旗印のもとに基礎教育の拡充が性急に試みられ、公立学校における教育の質が低下し、結果として地域間・階層間の教育格差の拡大を招いてしまっている例もみられる。さらには、初等教育の無償化政策や地方分権化が、必ずしも地域の人々の積極的な学校運営への参加を促すわけではなく、かえって親の関与が消極的になってしまうケースすらあることも、実証的な研究のなかで示されている（Nishimura et al., 2008）。

　このような状況を踏まえると、EFAの推進に関して象徴的にみられるよ

うに、国際機関や援助機関が主導して中・長期的な教育計画を立て続けることが、各国の教育状況を改善するうえで必要不可欠なことなのだろうかという疑問が湧いてくる。Mundy（2007）が指摘するように、1960年代の地域的な教育計画に始まり、1970年代のOECD/DACによるOECD諸国の教育部門のコーディネーション、1980年代の世界銀行によるサハラ以南アフリカ諸国に対するイニシアティブ、そして1990年代のEFA目標に関して、いずれも計画を立てながら目標を達成することができずにきた。さらに、2015年までの実現を目指している現行のEFA目標もジェンダー格差の解消に関して未達成であり、その他の項目についても状況が改善している面はあるが基本的に達成は困難な様相を呈している[71]。

とりわけ、EFAの推進過程でみられる問題としては、マクロ・レベルの指標目標の達成に重点が置かれ、国内の地域間格差の是正や学校における学習成果の向上などの課題に対して、具体的な取り組みを提示しきれていないことが指摘できる。その原因として、政策レベルでは2015年までに国際目標を達成したいという援助側の強い要望と政府側の政権の持続と安定という動機が結びつき、教育に多額の資金が投入されるのにもかかわらず、政策対話の過程に一般の人々が参加する機会が保障されることはなく、ときには教育がポピュリズムによって政治の手段化してしまうといった状況が起こっているからだと考えられる。

基本的に、市場原理の経済思想にもとづく新自由主義は、公共部門に対する国家の関与・介入を限定的なものにすることを求めている。しかしながら、実際の教育政策の策定過程や実施現場においては、EFA実現へ向けた教育改革が結果として政府を中心とする「上からの改革」となってしまっている。そのため、政府主導の教育改革が多くの国で推進されており、そうした傾向を結果として国際機関や援助機関の支援も助長している。

その一方で、資金、財、労働力、技術などが自由に移動するグローバル資本主義においては、経済や文化が国際化し、移民などが増加するといった現象が起こることに伴い、多文化共生の教育の必要性が高まり、民主主義の発展と公共モラルの育成を求めて「市民性の教育」が多くの国で推進されるよ

うになっている。また、新自由主義の台頭に伴い再分配機能が国家から市場に譲渡されつつあるなか、国家の相対化が進み、国家と国民個人の関係性が変質し、「自立・自律した市民」が「自己責任」をもって競争社会を生き抜いていくことが期待されるようになってきた。さらに、社会制度や政治体制がいまだに脆弱な多くの途上国においては、多文化・多民族・多言語な状況をしばしば有するということもあり、教育を通した国民統合やナショナル・アイデンティティの涵養が不可欠になっている。このことは、新自由主義のイデオロギーにもとづく教育改革が、しばしば国家主義的な思潮と相互補完的な関係を保ちながら推進されるという現実を示している。

このように、一見、相矛盾しているかとも思われる、個人と国家をともに成り立たせるための教育のあり方が多くの国で模索されているなか、改めて教育改革の担い手が誰であるべきかを考えることが必要である。その問いかけに対する答えは、まず何といっても「市民」であり、政府や国際機関といった公的なアクターは、あくまでも「市民」の自立的・自律的な改革を支援する役割を果たすべきである。そこで、この問題を考えるためには、個人やコミュニティといったローカルなレベルからの自立的・自律的な教育改善を目指す「下からの改革」の試みであるESDに注目することが必要である。なぜなら、このESDは、EFAの推進過程にみられる「上からの改革」への対抗的あるいは補完的な議論を提起する可能性を秘めているからである。

2. ESDを通した民主主義と市民性の教育

多くの国では、国民国家の形成過程のなかで近代学校教育が重要な役割を果たしてきた。それは、学校教育がリベラル・デモクラシーを担う市民の育成に大きく貢献し、その結果、社会の安定がもたらされるという考え方が広く共有されているからである。ここで意味するリベラル・デモクラシーは、第6章で指摘したように平等主義 (egalitarianism) の理念を反映するのみならず、「自由な市場には自由な政治制度が欠かせない」(Kennedy, 2004, p.10) という理解のもとに、経済発展においても不可欠な要素として機能する。

このような背景を踏まえつつ「市民性の教育」を推進するための枠組みのひとつが、前章で論じたESDである。改めてその特徴を整理すると、ESDは、個人個人のレベルで地球上の資源の有限性を認識するとともに、自らの考えをもって、新しい社会秩序を作り上げていく、地球的な視野をもつ市民を育成するための教育であり、「社会・文化」、「環境」、「経済」の3つの領域を主たる対象としている。ESDの概念的基盤は、1970年代から深刻化してきた環境問題に対して教育の場からその改善を目指そうとする「環境教育」と、そうした問題意識の高まりを受けて80年代から理論面ならびに実践面において多様な成果を挙げてきた「持続可能性」に関する考え方とから構築されている。

　このESDの理論的基盤のひとつが、「人間開発」の概念である。UNDPによって提唱された人間開発の概念は、人間が生きるうえでのニーズを満たす民主的な社会の実現を考える際の基礎となり、その根底には「開発の基本的な目的は人々の選択の幅を広げることである」という認識がある。この概念は、経済成長モデルにもとづく経済中心の開発を志向するのみでは十分な社会変革を期待することが難しく、既得権益をもつ人々は豊かな生活を送るようになるかもしれないが、その社会に生きる多くの人々はそうした豊かさから取り残されてしまうであろうことに対する危機意識から生まれてきた。そのため、「教育、健康、所得、雇用に対する人々の機会を拡大し、安全な物理的環境から経済的・政治的な自由に至るまでのすべての範囲において、人々の選択の幅を広げる過程」(UNDP, 1992, p.2)として定義される人間開発を推進することによって民主的な社会の実現を目指している。この人間開発の概念は、公平さ(equity)、持続可能性(sustainability)、生産性(productivity)、エンパワーメント(empowerment)の4つの要素から構成されており、こうした要素が人間開発の概念を伝統的な経済成長モデルとは異なるものにしている(Haq, 1995)。

　このような人間開発のあり方を考えるにあたり、文化の自由が不可欠な要素である(UNDP, 2004)。ここで言う文化とは、宗教的な儀式から生活様式までの幅広い領域を包含しており、個々人のアイデンティティと深く関係して

いる。グローバル化の進展とそれに伴う社会の変容が進むなか、一人ひとりの人間にとって自らが選択した文化的よりどころを失うことなく、社会に参加する自由が保障されることが欠かせない。たとえば、紛争の予防においても文化的自由は重要な要素となる。すなわち、紛争とは文化的に異なるもの同士が存在するから起こるのではなく、異なるもの同士の間に差別や排除、不公平、権力争いなどが存在することによって起こる。これは、国家間や民族間における紛争に関してのみならず、個人間における葛藤や対立についても同様のことが言える。こうした状況において文化的自由を保障し、紛争を予防したり解決したりするうえでの根底にあるものが民主主義の考え方である。

また、本書でもすでに概説したように、人間開発の概念を考えるうえで民主主義とジェンダーの関係を分析することが欠かせないとDavies(2000)は強調している。民主主義の実現にはジェンダー平等(gender equality)の達成が欠かせないが、そのためには教育の場が現実社会に対する批判的意識を高める実践の場(praxis)となることをDaviesは求めている。そして、ミクロな政治的組織としての「学校」の概念を踏まえ、いかにして生徒たち(ならびに教師たち)が学習と生活のために組織化されているのかを検討することが必要になる[72]。

ただし、人間開発の概念は、機会の拡大を通じた公平な進歩、すなわち成長下における衡平の確保に光をあてた上昇志向の考え方であり、人間の生存と日々の生活、さらにはその尊厳を脅かしうる要因を考慮に入れ、状況が悪化する危険性をきめ細かく取り込むことを強調する「人間の安全保障(human security)」の概念で補完することが欠かせない(Commission on Human Security, 2003)。

さらに、ESDの実践において、知識として民主主義の手続きを教えることは比較的容易であるが、それが当該国の制度や政治文化に裏打ちされていない場合には、市民性や民主主義の知識は文脈から切り離され、実態的な意味をあまりもたないものになってしまう恐れがあることを忘れてはならない。そのため、そうした価値形成に関わる教育においては「何を教えるのかとい

う判断を誰がするのか」という問題にも注意を払わなければならない。とくに民主主義や市民性、ナショナル・アイデンティティなどに関わるような教育内容の選別に関する正統性を政府や国際機関といった公的なアクターが独占するのではなく、そうした選別の過程に個人やコミュニティの立場からも主体的に参加していく機会が保障されることが欠かせない。

　このように多様な領域をカバーするESDの概念は、もともと本章の冒頭で指摘したように、「教育の質」に対する問題関心から生まれてきたものである。その背景には、EFAは幅広い領域をカバーする基礎教育の概念を提唱したにもかかわらず、現実には「教育の質」と言っても学校教育を中心としたアカデミックな学習達成に対する関心が多くの国で高まるなかで、持続可能な社会の実現を可能にする「市民」の育成という、教育が本来的に有する役割についての自覚が希薄化しているという状況がある。それに対して、民主的な社会・コミュニティの一員となる「市民」を育て、またそういった「市民」に支えられるESDは、「教育の質」について考察すべき対象をより幅広いものへと転換するための概念装置であると言える。

　このことは、ESDの概念が提唱された時期である2002年の前後に、ユネスコ本部の教育局では「良質な教育の推進」局（Division for the Promotion of Quality Education）のなかにESD課（Section for Education for Sustainable Development）を設置し、教育の質的な向上を図るうえでESDの果たすべき役割が重要であると、ユネスコ内で位置づけられたことからも理解できる[73]。そこで、現在、ESDをどのような教育実践として位置づけるのかについて、国際的にも幅広い合意が必ずしも得られていない状況があるが、もう一度、教育の質的な向上を目指すという原点に立ち返ることで、ESDを推進することの意義が明確化できるのではないかと、筆者は考える。

　ここまで述べたような幅広い領域にまたがる諸課題をESDの概念は視野に入れているが、どのような課題に対しても一人ひとりの人間を出発点としていることがその特徴である。これまでの途上国に関する議論では、教育の普及に関してその量的側面が重視され、いかなる内容の教育を受けているのかといった質的側面に対する関心が低かったことは否めない。また、教育の

質に関しても、アカデミックな教科の達成度に対する過度な関心の高さに較べて、市民性や道徳、価値といった一人ひとりの人間のあり方に対する関心は必ずしも深まってこなかった。しかし、今日の世界では経済のグローバル化、人の移動、環境破壊など多様な問題が湧き起こっており、そうしたなか、経済成長モデルの開発ではなく、人間中心の開発のあり方を考えることがより重要になっている。ここで概観したESDは、そうした開発のあり方を教育分野から考えていくうえで多くの示唆をもたらす。また、ESDにおいて国際機関や政府といった公的アクターは「市民」による自立的・自律的な「下からの改革」を支援することが期待されており、それこそが今日の途上国における教育政策の策定・実施のあり方ではないだろうか。

ただし、理念としては学校やコミュニティといったローカル・レベルからの自立的・自律的な教育活動が目指されているESDであるが、実際には行政側からの働きかけが大きな役割を担っていることも指摘しておかなければならない。国際機関であるユネスコやUNUを中心に、各国政府が音頭をとってESDを推進しようとしていることは、そもそものESDの理念と矛盾してしまう可能性を孕んでいることも指摘しておきたい[74]。そういった問題を認識しつつも、主に政府主導型であるEFA支援に加えて、市民主導型のESD的な支援の要素をバランスよく採り入れていくことが欠かせない。

また、民主主義の理想を継承・発展する場として、基本的に学校教育の役割が非常に重要であることは、今後も変わらないであろう。Dewey(1916)は『民主主義と教育』のなかで、学校教育の果たす機能として「社会的統合の推進」、「(社会的・経済的な)不平等の是正」、「(個々人の)人格的発達の促進」を挙げている。その背景には、今日の途上国と非常によく似た当時の社会状況（社会的権利に対する意識の高まり、工業化社会の到来、児童労働の蔓延、女性の社会進出、等）のなかから起こってきた自由主義教育運動の理念をみることができる。こうしたリベラリズム教育思想の源流であるDeweyの主張は、今日のEFA理念に対しても大きな影響を及ぼしている。そのため、教育へのアクセスを基本的人権として捉えるEFAの理念を軸にしつつ、ESDをめぐる国際的な議論や実践の応用可能性を検討するなかで、民主主義の担い手となる主体を

形成する教育とはいかなるものであるのかという問題を考えていくことが欠かせない。

3. ライフ・スキルの獲得・向上

　ここまでEFAとESDの概念的な枠組みについて論じてきたが、こうした議論を踏まえたうえで、カンボジアの教育においてこれら2つの概念がどのように実践されているのかについて検証していきたい。

　カンボジアの教育セクターにおける基本的戦略は、「教育戦略計画 (Education Strategic Plan: ESP)」と呼ばれる5カ年計画であり、2000年以降では、①2001-2005年、②2004-2008年、③2006-2010年、④2009-2013年という4つの5カ年計画が策定されてきた。そして、このESPを具体化するための実行計画として「教育セクター支援プログラム (Education Sector Support Program: ESSP)」と呼ばれる5カ年プログラム（5年間の時期はESPと同じ）が作成されている。また、教育セクターのなかでもとくに基礎教育分野での取り組みに関しては、「EFA国内行動計画2003-2015年 (EFA National Action Plan 2003-2015)」が策定された。いずれの政策文書のなかでも、基礎教育段階における「公平なアクセスと質の高い教育」を実現することが最優先課題として位置づけられている。

　しかしながら、こうした教育政策の整備が進められてきたにもかかわらず、教科書・教材、カリキュラム、教授法、教員養成、学校施設など教育の質に関する諸側面について、いまだ十分な改善が行われているとは言い難い (Hirosato and Kitamura, 2009)。ESDの推進を考えるうえでも、社会における教育の最も基本的な土台である学校教育（とくに初等教育と前期中等教育）の充実が何よりも望まれるが、カンボジアの現状では基礎教育段階の学校教育の質に関して大きな問題を抱えている。なかでも、学校教育において中心的な役割を担っている教員の質を高めることが欠かせない。そうした観点から、カンボジアの教員養成を主導する国立教育大学 (National Institute of Education: NIE) では、とくに高校の教員を養成するプログラムのなかで、担当教科を教える

際にESDを取り入れるための研修を行い、ESDの推進と同時に、通常の教科に関する教育の質を向上させることも目指している(UNESCO, 2010b)。

このように、持続可能な開発を支えるための教育のあり方も、まずは基礎的な教育の質を高めるために役立つことが、カンボジアでは求められている。とくに、教育の質を考える際には、しばしばアカデミックな教科の達成度(いわゆる学力向上)に対してばかり目を向けがちであるが、先述のように、市民性や道徳、価値といった一人ひとりの人間のあり方、さらには社会における公共性の問題などを考えるうえで教育が果たす役割は大きく、ESDのように幅広い視野をもった取り組みを推進していくことが欠かせない。

そこで、とくに基礎的な学校教育だけではカバーしきれない多様な領域において、ESDを推進するための取り組みが行われている。その最も代表的な取り組みのひとつが、「ライフ・スキル(Life Skills)」の獲得・向上のための教育である。2004年に発表された「カリキュラム開発(2005-2009年)のための政策(Policy for Curriculum Development 2005-2009)」では、第1学年から第10学年までに、ローカル・ライフ・スキル・プログラム(Local Life Skill Program: LLSP)という新しい教科を導入して、健全かつ生産的な社会の実現に寄与する市民を育てることを目指している。この政策のなかでライフ・スキルは、「情報にもとづく意思決定、効果的なコミュニケーション、他者との協調などを可能にする知的・個人的・対人的・職業的なスキルと、健康で生産的な生活を送るうえで欠かせない自己管理スキル」(MoEYS, 2004, p.8)であると定義されている。こうしたライフ・スキルに関する新しいプログラムの導入は、公共性を備えた市民の育成や社会生活で役立つ能力の開発といった側面が重視されていることを反映している。

ライフ・スキルの獲得や向上は、学校教育のなかではとくに職業教育、保健衛生に関する教育、HIV/エイズ教育、人権教育などを通して図られている。しかし、アカデミックな教科に関する知識・技能の伝達を中心に据えている学校教育では、ライフ・スキルという広範な領域をカバーする知識・技能を伝達することが十分には行えない。また、ライフ・スキルは、年齢や性別を問わず誰もが必要とするスキルであるため、特定の年齢層のみを対象と

する学校教育では、カンボジア社会に住む多くの人々に対してライフ・スキルの獲得を促すことができない。そのため、ノンフォーマル教育の果たす役割が非常に大きなものとなっている。

今日のカンボジアのノンフォーマル教育については、「ノンフォーマル教育に関する国家政策(National Policy on Non-Formal Education 2004-2015)」のなかで7つの優先課題が提示されている。それらの課題は、以下のように、特定の集団に焦点をあてた5つの優先課題とすべてのノンフォーマル教育プログラムに共通した2つの優先課題とに分けられる(項目6と項目7が共通課題)。

1) 青年・成人のための機能的識字
2) 不就学の児童・青年・(比較的年齢の若い)成人のための初等・中等教育
3) 青年・成人のための所得向上スキルの短期訓練
4) 識字レベルの維持・向上のためのポスト識字教育プログラム
5) 幼児の健康な発達のための家庭教育
6) コミュニティに根ざした複合的な学習アプローチ
7) (ノンフォーマル教育の)効果的な管理運営のための能力開発

これらの課題のなかでも、とくに項目6の「コミュニティに根ざした複合的な学習」を支援することは、ESDを実践する際にも重要なアプローチである。こうした学習を実践するために、多くの農村にはコミュニティ学習センター(Community Learning Center: CLC)やそれに類似した教育組織が開設されている。このCLCでは、村のなかにある寺院や村役場、村長の家など、既存の施設をできるだけ活用しながら、場合によっては新しい施設を建設し、ノンフォーマル教育を提供している。1994年にユネスコが日本ユネスコ協会連盟と共同でカンボジア政府に支援を提供し、シェムリアップ州、バッタンバン州、カンダール州に最初のCLCが設立された。その後、他の援助機関やNGOなども支援を行うようになり、現在では多くの州の農村部でCLC(あるいはそれに類似した教育組織)が開設され、識字教育を中心に所得向上のための職業訓練や幼児ケアのための家庭教育などを実践し、人々がライフ・ス

キルを獲得・向上するうえで大きな役割を果たしている。CLCの重要な特徴のひとつが、行政の支援を受けながらも基本的に村人たちが中心となって管理運営を行っていることである。こうしたコミュニティに根ざした管理運営のスタイルは、ESDの理念を具現化するうえでも欠かせない。なお、ノンフォーマル教育を実践するうえでCLCを活用することの重要性は、先に触れた「EFA国内行動計画」のなかでも指摘されている[75]。

4. 環境教育の充実

カンボジアの教育セクターにおいて、必ずしもESDという用語は一般化していないが、そのなかでより積極的にESDの理念のもとに教育活動を推進しているのが、環境教育の分野である。

2009年に、カンボジアの環境省は「環境教育に関する5カ年戦略計画 (2009-2013年) (5 Year Strategic Plan on Environmental Education for 2009-2013)」(以下、「戦略計画」) を策定したが、この政策文書の冒頭で「持続可能な開発のための環境教育 (Environmental education for sustainable development: EESD)」の重要性を強調している (Department of Environmental Education and Communication, 2009)。この「戦略計画」のなかで、とくにESDへの観点から「持続可能な開発のための環境教育に関する戦略目標と行動計画 (2009-2013年) (Strategic Goal and Action Plan on EESD for 2009-2013)」(以下、「戦略目標と行動計画」) が定められている。この「戦略目標と行動計画」の骨子として、持続可能な開発のための環境教育 (EESD) を推進するために、次のような5つの主要な取り組みが挙げられている。

1) EESDの実施における調整と協調
2) EESDのための人材開発
3) 環境意識向上と情報交換のためのプログラム推進
4) 環境教育教材の研究開発
5) 環境教育のための計画立案・モニタリング・評価

これらの取り組みをみると、基本的には環境教育のさらなる充実を目指した計画であり、必ずしもESDを焦点化しているわけではないことがわかる。とはいえ、人材開発の取り組みでは「環境問題とESDに関する研修」を行うことで、ESDについて理解を深めた人材が環境教育に携わることを目指している。また、環境問題に関する情報を広めることで人々の意識向上を図るために、本や雑誌といった紙媒体からインターネットのような電子媒体まで幅広いメディアを活用することが謳われている。とくに、近年、携帯電話の保有率が上がり、インターネット・カフェなどが普及してきたとはいえ、いまだに地方都市や農村部では電子メディアへのアクセスが限定的であるカンボジアでは、紙媒体の活用も重要な意味をもつ。

　また、トンレ・サップ湖流域の環境保護と生物多様性に関する学習プログラムを構築するために、教育・青年・スポーツ省、観光省、文化芸術省などが基本計画を策定するための協議を行っている[76]。こうした学習プログラムは「実習室 (learning laboratory)」と名づけられ、実際の自然環境と身近に接するなかで持続可能な開発について学ぶことが意図されている。そこでは、たとえば生物圏保護に関する科学的・経験的・土着的な知識の体系が、持続可能な開発を実現していくうえでどのように活用できるのかといったことについて理解を深めることが期待されている。また、環境（生物多様性など）、人々の暮らしや生計（貧困削減など）、経済的便益（観光産業の発展に伴う所得の増大など）といった諸側面において、それぞれが同時により良い状態になるための方策について考えることが求められている。こうした「実習室」を構築する動きは、カンボジア以外にもベトナムなどで起こっており、それらの取り組みに対してユネスコが支援を提供している (Nguyen et al., 2010)。

5. 平和・人権教育

　カンボジアは、ベトナム戦争の余波を受けて1960年代後半から戦争状態に陥り、1970年のクーデターを皮切りに内戦が続いた。そして、1970年代には過激な共産主義思想を掲げるクメール・ルージュのポル・ポト政権によ

る独裁体制を経て、1980年代に入るとベトナムの介入などを受けながら政治的に不安定な状況が続き、1990年代後半までカンボジア社会は混乱の極みにあった。しかし、それと同時に、1991年の「カンボジア和平パリ協定」の締結後、さまざまな問題を抱えつつも社会状況は徐々に安定し始め、2000年代に入ると経済も著しい成長をみせるようになってきた。

　こうした歴史的背景を有するカンボジアにおいて、苦しい時期を経てようやく手に入れた平和な社会を持続させることは、人々が何よりも求めていることである。そういった思いを実現するために、平和や人権といった安定した社会を支える基盤となる諸問題について教育の面からも考えることが必要である。そこで、ESDの重要な領域である平和教育や人権教育が、カンボジアにおいてどのように実践されているのか、ここで紹介したい。

　まず、カンボジアにおける平和教育であるが、実は学校における平和教育の実践は近年まで限定的な形でしか行われてこなかった。たとえば、1970年代にポル・ポト政権が何を行ったのかといった問題について、近年になるまで歴史教育のなかで十分に教えられてはこなかった。その背景には、子どもたちがカンボジアの明るい未来像を描くことができるように、負の歴史を教えるべきではないといった考えや、実際にクメール・ルージュの側にいた人々が現在も数多く生きており、コミュニティのなかで生活しているなかで、人々の間の対立を煽ることになりかねないようなことを子どもたちに教える必要はないといった見方などがある。しかし、ポル・ポト政権による大量虐殺を裁くための特別法廷の設置がカンボジア政府と国連の間で2003年に合意され、2006年から捜査が始められた。この特別法廷で現在も審理が行われているなか、こうした負の歴史についても子どもたちにきちんと教えることの重要性が認識されるようになってきた。そして、歴史教科書の改訂や副教材『民主カンプチアの歴史』の刊行[77]などが進められ、学校における平和教育への取り組みが徐々に活発化している。

　こうしたなか、公共的な組織・団体やNGOなどが、ときに海外からの支援を受けながら、これまで積極的に平和教育を実践してきた。そのひとつの例として、ポル・ポト時代の強制収容所であったトゥール・スレン博物館に

よる平和教育の実践を挙げることができる。この実践を支援するために、日本の国際協力機構（JICA）が草の根技術協力事業「沖縄・カンボジア『平和博物館』協力」を2009年に実施し、実施団体である沖縄県平和祈念資料館が「平和博物館」のコンセプトやその運営に必要な資料収集・保存の方法、平和教育活動に関するノウハウなどをトゥール・スレン博物館の館長や館員たちに伝えた。両博物館は、それぞれの平和教育活動を充実させるために、現在も交流を継続している[78]。

さらには、先述のNIEの教員養成プログラムでは、ESD研修の一環として世界遺産教育（World Heritage Education）についての研修を実施しているが、この研修のなかでも世界遺産を通して平和の問題について考えることが促されている。

カンボジアにおける人権教育も、政府が中心となって進めるプログラムとともに、学校以外の場での教育実践が活発に行われている。とくに、2004年に国連人権委員会で採択された「人権教育のための世界計画」（United Nations World Programme for Human Rights Education）にもとづき、2005年から人権教育を促進するためのさまざまな事業が、学校、公的機関、NGOなどによって展開されている[79]。

そうした事業の一環として、東南アジア地域における人権をめぐる状況や人権問題について教えるための「東南アジアの学校のための人権教育レッスンプラン」のクメール語版が出版されたり、人権教育に関するワークショップなどが開かれている。また、国連人権センター・カンボジア事務所と人権NGO「カンボジアの仏教社会」が中心となって「仏教僧と公務員のための人権と仏教のトレーニング・カリキュラム」を作成し、カンボジアの伝統的な文化資源である仏教を活用した人権教育を推進するといった取り組みも行われている[80]。

結び——ESDの実践とEFAの拡充

　本章では、カンボジアにおけるESD推進の取り組みについて、EFAとの

関連を踏まえて概観した。本章の冒頭で指摘したように、カンボジアの教育を考える際にはEFAとESDを切り離して考えることはできず、それらがどのように相互補完的な関係にあるのかということを常に意識しなければならない。

とくに、EFAは学校ならびに学校外での多様な教育のあり方を視野に入れつつも、その中心的な関心は学校教育の量的ならびに質的な充実にある。また、EFAを推進するなかで、基本的には国際合意にもとづき政府をはじめとする公的機関が最も大きな責任を担い、他のさまざまなステークホルダーとともに基礎教育の拡充を図ることが目指されている。こうしたいわばトップダウン的ともいえるEFAの特徴に対して、ESDは主体的な市民による自発的な教育活動を中心とするまさにボトムアップの営みであり、対象とする領域も日常生活や社会形態、自然環境などに関する幅広い問題を含んでいる。また、持続可能な社会を実現するうえで欠かせない生涯学習の一環として、EFAとESDを位置づけることが重要である[81]。

したがって、本章でも、カンボジアの教育におけるESDを紹介するにあたり、常にEFAとの関連性（たとえば学校教育のなかでの位置づけなど）について意識しながら概観した。たとえば、アカデミックな教科の達成度を高めるだけではなく、ライフ・スキルを獲得・向上するうえで重要な知識・技能を伝達するためにも、教育の質を改善することが不可欠であり、そういった観点から学校教育におけるESDの重要性は非常に高い。また、ESDの概念にもとづくことによって、学校教育とノンフォーマル教育を有機的に連関させることが可能になる。これらの点については、本章で概観したように、さまざまな政策枠組みが策定され、積極的に実践されてはいるが、いまだに多くの取り組みが量的にも質的にも不十分なものであることも否めない。

こうした状況を改善するために、先述のようにESDの実践は基本的に市民が主体となって推進されるべきではあるが、同時に政府をはじめとする公的機関の積極的な関与も欠かすことができない。その意味で、カンボジア王立アカデミー（Royal Academy of Cambodia）のなかにESDフォーカル・ポイント（National ESD Focal Point）が置かれているが、これまで十分に機能を果たして

きたとは言い難いことは、残念な状況である。こうした状況を改善するために、国家ESD運営委員会（National ESD Steering Committee）が立ち上げられる予定である。国連ESDの10年は2014年には終了するが、ESDを推進するための取り組みは長期的に継続されるべきであり、国家レベルでESD推進のための包括的な組織を立ち上げることには一定の意義があると考える。

　今後、カンボジアの教育のさらなる充実のために、これまで以上に活発なESDの取り組みが積み重ねられていき、それがひいてはEFAの拡充にも貢献していくことを切に期待したい。そして、民主主義や公共的なモラルについて深く考えることのできる「市民」を育てるなかで、持続可能なカンボジア社会が実現されていくことを、心から願っている。

注

69　たとえば世界銀行は、1990年から2000年の間に教育分野に対する援助資金を約3倍に増大した。

70　『EFA2000年評価』の総評ならびに各国の報告書は、ユネスコのホームページ（http://www.unesco.org/education/efa/efa_2000_assess/index.shtml［2011年3月30日閲覧］）からダウンロードすることができる。

71　現行のEFA目標の進捗状況に関しては、UNESCO (2007) による中間評価を参照のこと。

72　こうした批判的意識を高める実践の場としての学校は、「公民学校（civil school）」と呼ばれるべきであるとDavies (2000) は提唱している。

73　その後、ユネスコのなかでは組織改編が繰り返され、教育の質的な向上を図るためのESDという位置づけは曖昧なものとなり、気候変動や価値（value）といった個別的なイシューに関する教育実践として、ある意味で矮小化して捉えられるようになってきたと考えられる。

74　たとえば日本のケースでは、学習指導要領にESDの取り組みが明記されたことによって、現場の教師たちからはESDに取り組むことがしやすくなったという感想が聞かれる。

75　カンボジアのCLCについては、ユネスコ・バンコク事務所のホームページ（http://www.unescobkk.org/education/literacy-and-continuing-education/activities/community-learning-centres-clcs/clc-country-profiles/cambodia/［2011年3月25日閲覧］）やGSID/ACCU (2005) を参照のこと。

76　Master Plan for Sustainable Tourism Development in Peri-Tonle Sap Lake and Establishment of a Learning Laboratory for Sustainabilityというこの基本計画については、観光省のホームページ（http://www.mot.gov.kh/ministry-activity.php?id=15［2011年3月25

第2部　持続可能な社会を実現するための「市民性の教育」　143

日閲覧］）を参照のこと。
77　政府が正式に認定した副教材であり、2007年にカンボジア資料センター（Documentation Center of Cambodia）によって刊行された。
78　この事業の詳細については、JICAのホームページ（http://www.jica.go.jp/topics/2009/20091026_01.html［2011年3月30日閲覧］）を参照のこと。
79　国連「人権教育のための世界計画」の詳細については、国連人権高等弁務官事務所（Office of the United Nations High Commissioner for Human Rights）のホームページ（http://www2.ohchr.org/english/issues/education/training/programme.htm［2011年3月30日閲覧］）を参照のこと。
80　カンボジアにおける人権教育の現状については、木村（2000; 2007; 2008）を参照のこと。
81　ESDとEFAの関係性については、Wade and Parker（2008）を参照のこと。

新しい副読本を読む子どもたち
（カンボジア、撮影・山﨑瑛莉氏）

第8章　平和構築のための国際教育協力に関する概念的考察──「権利としての教育」を考える

「戦争は人の心のなかで生まれるものであるから、人の心のなかに平和のとりでを築かなければならない」（ユネスコ憲章・前文）

はじめに

　いつの時代のどこの社会においても教育は常に私たち人間にとって欠かせない営みである、という主張に反対する人はいないだろう。しかしながら、いつの時代のどこの社会においてもすべての人々が平等に教育の機会を享受してきた、という言い方に賛同を得ることはできないであろう。たとえば多くの途上国においては、社会的弱者（子ども、女性、マイノリティ、障がい者など）を中心に、教育を受ける機会を十分に享受することができない人々がいまだに大勢いる。そして、こうした問題は、とりわけ紛争や政治的・社会的動乱などが起こっている地域において、より深刻な様相を呈している。

　20世紀の二度にわたる世界大戦を経験した国際社会は、ユネスコの憲章の前文に謳われているように、人類の知的・道徳的な連帯による世界平和の実現をさまざまな領域において目指してきた。教育分野においては、教育を受ける機会を得ることはすべての人にとっての基本的な権利であるという共通認識のもと、国際教育協力が幅広く展開されてきた。なかでも、緊急時ならびに紛争後の地域における教育復興では通常の国際教育協力と較べて、歴史、政治、経済、文化など多様な社会的背景をより慎重に踏まえたうえで支援を行う必要がある。また、緊急時や紛争後の社会では教育システムが不安定になり、総合的な支援を必要とするため、対人関係レベルから共同体レベ

ル、国家レベル、国際レベルなど、さまざまなレベルにおける紛争や暴力に対する予防や解決に取り組まなければならない。とくに1990年代以降、ボスニア、ルワンダ、ソマリア、スーダン、東ティモールなど世界各地の危機的状況が広く認識され、人道主義的な立場から教育の果たす役割を考えるべきであるという考え方が強調されるようになってきた。そして、緊急時や紛争後の教育を支えることは国際社会の責務であるという視点から、さまざまな議論が行われている (Sinclair, 2002)。

このような背景を踏まえ、本章では、平和構築を担う重要な分野のひとつである教育復興や国際教育協力に関する理念的な議論や実践での試みなどを整理し、異なる背景をもつ人々が共生することのできる社会を築くうえで教育が果たすべき役割について考えることを目指す。

「権利としての教育」をすべての人に保障することは、持続可能な社会を構築するうえでも大前提となることであり、そうした社会の実現こそが平和な世界の実現へと繋がっていく。本章において教育と平和の問題を取り上げる理由はこの点にある。

1. 教育と平和に関する概念枠組み

(1) 権利としての教育

およそ人々にとって当たり前の行為であると思われる教育という営みも、すべての人にとって基本的な権利のひとつであると広く国際社会において確認されたのは第二次世界大戦以降のことである。とりわけ、1948年10月10日、国際連合（以下、国連）の総会において採択された「世界人権宣言 (The Universal Declaration of Human Rights)」は、重要な意義をもつ。世界人権宣言の第26条は「すべて人は、教育を受ける権利を有する」という原則を示しており、同条第1項で「教育は、少なくとも初等のおよび基礎的な段階 (the elementary and fundamental stages) においては、無償でなければならない。初等教育は義務的でなければならない」という初等教育の義務制ならびに無償制を謳っている。さらに同条第2項は、「教育は、人格の完全な発展ならびに

人権および基本的自由の尊重の強化を目的としなければならない」という、教育の果たすべき役割に言及している。ここに、基本的人権としての教育という概念が国際的な合意として広く認知された。なお、この世界人権宣言の内容を基礎としながら、国際的な法的枠組みとして整備されたのが「国際人権規約」(1966年採択、1976年発効)である。また、「子どもの権利宣言(ジュネーブ宣言)」(1924年採択)、「子どもの権利に関する宣言」(1959年採択)、「子どもの権利に関する条約」(1989年採択、1990年発効)などを通して、とくに社会的弱者である子どもに対して十分な教育の機会を保障することの重要性が繰り返し合意されてきた。

こうした「権利としての教育」という考え方が国際的に浸透してくるとともに、とくに途上国の開発政策に占める人的資源開発の重要性が、広く認識されるようになってきた。そうしたなか、途上国における基礎教育の普及に対する関心が高まり、国際機関やドナー国による基礎教育普及のための重点的な開発援助が1980年代後半から幅広く実施されるようになってきた。そして、すでに本書で繰り返し触れてきたように、「万人のための教育世界会議」(1990年)と「世界教育フォーラム」(2000年)という2つの大きな国際会議を通して、「教育(とりわけ基礎教育)」の普及こそが開発の基盤になるという理解が広く共有され、途上国での基礎教育普及が国際社会全体の課題であることが確認された。なかでも、1990年のジョムティエン会議で合意された「万人のための教育(EFA)」の理念は、基礎的な学習のニーズ(basic learning needs)を満たすための教育(すなわち「基礎教育」)の機会が、年齢、性別、人種、民族、階層などにもとづく差別を受けることなく、すべての子ども、青年、成人に対して保障されなければならないと強調しており、今日の教育を考える視点の基礎となっている。

このEFAの理念にもとづき、世界のいかなる場所においても人々が教育を受ける権利は侵されてはならないという国際的な合意が結ばれ、とくに紛争や自然災害などによって教育へのアクセスを妨げられている人々に対する配慮が必要であるという考え方が、国際社会において広く受け入れられている。たとえば、2000年のダカール・フォーラムで採択された「ダカール行動

枠組み（Dakar Framework for Action）」のなかで、「紛争、自然災害、（社会・政情の）不安などによって影響を受ける教育制度のニーズを充たすこと、ならびに、相互理解や平和、寛容さなどを促進し、暴力と紛争を防ぐことに役立つ教育プログラムを実施する」（UNESCO, 2000a, Para. 8）ことが合意されている。しかしながら、こうしたEFA目標にもとづく国際社会の合意にもかかわらず、実際の紛争地や被災地では十分な教育機会が提供されているとは言い難い。とくに紛争や自然災害などの影響を受けている子どもたちには、必要とされる学習機会を提供することにより、社会的、精神的、認知的、肉体的な発達を支援することが欠かせない。内海（2005a）が指摘するように、「緊急時および長期的な危機や復興の初期段階における教育活動は、生命を助けることと生命を維持することの両方を含んでいる」（16頁）。すなわち、地雷を避ける教育や感染症の予防教育などを通して、さまざまな被害から人々を保護するとともに、適切な情報を伝達することによって生命を救うことが目指されている。

　このようなEFAの理念にもとづく基礎教育は、人々が日常生活で直面するさまざまな問題や要求に対して、建設的かつ効果的に対処するための能力を養うことを目指している。そのために必要とされる能力が、本書の第6章で取り上げた「ライフ・スキル（Life-skills）」である。第6章で概説したようにライフ・スキルには、人権に対する意識、健康・栄養などに関する知識、経済的・社会的生活を営むための知識・技能（職業技能など）、政治意識・公共倫理などを含む共同体の一員としての自覚、平和・共生への意識など、多岐にわたる価値観・知識・技能が含まれている。ライフ・スキルを捉える視点は、かつては保健衛生に対する知識の獲得が中心であったが、現在では平和教育や人権教育などにも広げられ、平和構築や民族和解のための教育も含むようになってきた[82]。

　また、平和構築プロセスにおける教育復興を考える際には、「権利としての教育」とは何であるのか、という根源的な問い掛けを忘れてはならない。つまり、教育機会を保障するといったときに、それを基本的なアクセスの問題として捉えるのか、あるいは教育を受けた結果の問題として捉えるのか、

という大きく異なる2つの視点（「量」と「質」の問題）がある。多くの途上国では、まず何よりもアクセスの問題（すなわち量の問題）として就学率を高めることが最も重要な課題として認識されてきたが、近年、教育の質に関わる議論に象徴されるように、いかなる教育を受け、それによっていかなるエンパワーメント（empowerment）が行われるのか、といった問題を考えることの重要性が指摘されている。

　このことは、本書の第3章で「能力開発」の重要性について論じた際にも強調した通りである。そのため、教育の普及について考える際には、就学率だけではなく留年率や修了率についても、いままで以上に検討されるようになってきた。とくに平和構築のプロセスにおいては、教育システムが大きくダメージを受けていることがしばしばであり、教育へのアクセスを向上させることがまず何よりも重要になってくるが、それと同時にいかなる教育を提供するのかという「質」の問題にも注意を払うことが欠かせない。

　たとえば、どのような教育を受けることが必要なのかという問題を考えるうえで、『EFAグローバル・モニタリング報告書2011年版（*EFA Global Monitoring Report 2011*）』（UNESCO, 2011）の指摘は示唆的である。同報告書は、教育が国を暴力的な方向へと動かす政治的な力の基盤になることが多いことを強調している。国内での武力紛争は多くの場合、アイデンティティや信仰、民族性、地域に関わる不満や不公平感と結びついている。教育は、これらの分野すべてにおいて、平和的な方向へ向かわせることもできるし、逆に、紛争へと仕向けることもできる。その背景としては、教育の不足と教育の質の低さが失業と貧困の原因となったり、教育に対するアクセスの不平等が不満や不公平感を生み出したりすることが挙げられる。また、学校教育が偏見と不寛容の助長のために利用されたり、カリキュラムの編成や内容が民族的・言語的・宗教的な乖離を強化することもあることを、看過してはならない。

　ただし、教育内容などを含めた「質」に関わる問題を考える際には、十分な注意や配慮が欠かせない。紛争を経験した社会においては、どのような教育を次世代の子どもたちに提供すべきであるのかという点に関して、必ずしも一定の合意が常に存在しているとは限らない。本来、学校教育に代表され

る公教育には中立性が求められるが、紛争後の混乱した社会では教育の場も政治的な影響から逃れることができないことがしばしばである。こうした状況下で、十分な議論を尽くすことなく安易に教育内容などを設定してしまうと、異なる価値観を有する集団(民族集団や宗教集団など)の間に新たな対立の火種を生むことにもなりかねない。そのため、教育の質的な側面について考える際には、一定レベルの社会的合意を形成するためのプロセスと配慮が不可欠である。

(2) 教育復興の概念

　紛争後の教育を復興していくことの重要性は、平和構築と人権擁護の観点から、国際社会において広く認識されている。その重要性に対する認識が高まった契機は、2000年の世界教育フォーラムで採択された「ダカール行動枠組み」の合意であったことは、先述の通りである。今日の国際社会は、EFAの合意などにもとづき、教育復興を効果的に支援するための体制づくりを進めている。ここでは、国内外の専門家たちによって行われてきた研究を踏まえつつ、そうした体制づくりを行ううえでの理論的基礎を提供している概念やアプローチについて概観する[83]。

　教育復興の概念について考えるうえで最も基本的な諸原則を、Sinclair (2002)は提示している。Sinclairの示した「緊急時の教育に関する諸原則 (Principles of emergency education)」は、①アクセス、②リソース、③活動・カリキュラム、④調整・能力構築、という4つの領域から構成されている。それぞれの領域において配慮すべき点は、以下の通りである。

①アクセス：すべての人が教育を受ける機会を保障されることは基本的な人権であるという理念にもとづき、緊急時あるいは紛争後には教育を提供する地域を速やかに拡大するとともに、すべてのグループ(子ども、女性、少数民族など)に配慮した質の高い教育プログラムを整備することが欠かせない。

②リソース：コミュニティの人材(とくに教員)や資源を活用することが欠

かせず、そのためにも参加型のアプローチを適用することが重要である。
③活動・カリキュラム：紛争の影響を受けた子どもや青年たちに対して、彼らの社会心理的なニーズ（トラウマに対する心のケアなど）を充たすような活動を、短期的ならびに長期的な視点から提供することが重要である。また、カリキュラムを定めるにあたり、とくに難民に対しては本国への帰還後も見据えて、個々人の長期的な成長・発達を支えるような教育内容を考えることが必要である。こうした教育活動やカリキュラムには、ライフ・スキル（保健衛生、安全、環境、平和・葛藤解決、人権、シティズンシップなどに関する知識、技能、態度・価値観）と職業的スキル（生計を立てるために不可欠な技術や技能）を身につけるためのプログラムが、バランスよく配されなければならない。
④調整（coordination）・能力構築：政府ならびに援助機関が、あらゆる利害関係者（ステークホルダー）の間の調整を十分に行うことが欠かせない。また、援助を実施する際には、現地のアクターたちに対する能力構築プログラムを含めることによって、良い統治（good governance）の機能を高めることが求められている。

このような教育復興が必要とされる局面としては、①自然災害（スマトラ沖地震による津波被害など）、②政治的・社会的な動乱（東欧諸国や「アラブの春」でみられる民主化プロセスなど）、③軍事的衝突（東ティモール、アフガニスタン、イラクなど）の3つに大別することができる（小松，2005a）。それぞれの状況に応じて、求められる教育支援のあり方や、教育復興が直面する課題などは異なってくる。また、時間軸による紛争のタイプと、それぞれの局面において必要とされる教育的イニシアティブのタイプについては、**表8-1**を参照のこと。

小松（2005a）によれば、紛争終結後に始まる教育復興における最初の課題は、紛争前の教育環境を「復元」することである。とくに紛争という非日常的な暴力を経験した子どもたちにとって教育を受ける機会を得ることは、「日常性」を取り戻すことであるとともに、将来の生活への投資を確保するための手段ともなる。次に、紛争前の教育を単に復元するだけにとどまらず、

表8-1　紛争のタイプと教育的イニシアティブのタイプ

紛争のタイプ	紛争がない；比較的「平和」	国内不和；社会的不和；紛争「前」	武力紛争	紛争終結への移行期；和平プロセス	「ポスト」コンフリクト
教育的イニシアティブのタイプ Type of educational initiative	紛争予防の教育（教育開発）Education for prevention (development)		緊急教育 Education in emergencies		社会復興の教育（教育開発）Education for social and civic reconstruction (development)

出所：Tawil and Harley (2004, p.11)［内海 (2005a, 20頁) が訳出した表を引用］.

持続的で安定した開発の基盤を形成するための教育セクターを「構築」することが重要になる。この教育「構築」は、教育政策・行政、制度構築、人材育成、カリキュラム開発などを含む。そして、教育の「復元」や「構築」を進めるなかで、紛争が起こった要因を分析し、教育セクターとしていかなる「改革」を行えば、紛争の再発を防止することができるかを考える必要がある。たとえば少数民族にとっては、教育機会の不公平や偏った教育内容などが、彼らの置かれている社会状況に対する不満を募らせる一因となっている。教育「改革」を通して、こうした紛争の芽となりうる要因を摘むとともに、民族融和を促すような教育環境の整備や教育内容の見直しを行わなければならない。

また、これらの教育復興プロセスにおいて、学校施設の修復など物理的な再構築のみならず、Sinclaire (2002) が指摘しているように、トラウマに対するカウンセリングなどを通して子どもたちの心のケアを行うことや、将来的な安定的平和の基礎となる平和教育の推進を行うことが欠かせない。このような観点から、平和構築のなかで教育が果たすべき主要な役割として、「まず、自己と同時に他への理解を促進させ、共存の必要性を認識させること、共存するための具体的な技術を習得させること、また、実践的にこれらの技術を適用する機会を提供すること」（水野, 2001, 11頁）が挙げられる。そして、これらの活動を支援するための国際教育協力のあり方を、水野 (2001) は次の3つのアプローチに類型化している。

①平和的環境の整備を推進するための「行政組織構造へのアプローチ」
②人々のエンパワーメントを目指す「社会経済構造へのアプローチ」
③人々の意識改革を促す「文化習慣的構造へのアプローチ」

　「行政組織構造へのアプローチ」とは、平和構築のプロセスにおいて、国家が主体となり安定した政治的・法的な環境や制度を確立していくことで、平和的な環境を整備するための取り組みである。教育分野においても、民主的な社会を実現するための教育政策・計画の策定から始まり、校舎の修復や教材の供給などを十分に行うための行政組織の整備、子どもたちの精神的・肉体的な打撃や障がいに対応するための現職教員研修、平和構築のための調査や教育的活動を担う人材・組織の育成・強化が欠かせない。
　「社会経済構造へのアプローチ」では、平和構築を草の根レベルで推進するために、一人ひとりの生活水準を向上させ、紛争や対立を誘発するような不均衡な社会経済構造を是正することが目指されている。その際、教育分野においてはEFA目標が掲げるように、基礎教育の普及を通して人々が基礎的な学習のニーズを充たし、有用な知識、技能、態度・価値観を身につける（すなわちライフ・スキルを獲得する）ことで、個々人のエンパワーメントを促進することが期待されている。
　「文化習慣的構造へのアプローチ」は、先述のエンパワーメントと密接な関係をもちつつ、教育的活動を通して人々の態度や意識を変革し、差別や偏見などを排除し、民族間や宗教間の平和的共存を深めようとする取り組みである。そのために、フォーマルな学校教育においては、教科書や副教材の内容の見直しや適正化と、人権の尊重や異文化の受容などに関する教員の理解を深めるための教員養成ならびに現職教員訓練の適正化と拡充が欠かせない。また、ノンフォーマル教育においても、学校教育の対象とならない成人や学校教育の機会を得ることができない人々に対して、平和のための共存や協調精神を根づかせるための働きかけをしていく必要がある。
　ここでは、教育復興に関する概念やアプローチを概観したが、これらの概念やアプローチは、基礎教育の理念やライフ・スキルの概念を踏まえたうえ

で提唱されていることがみてとれる。このように、平和構築と人権擁護のための教育のあり方を考えるうえで、EFAの理念に象徴される「基本的人権としての教育」という視点を欠かすことはできない。

(3) 紛争影響国における教育の状況

紛争影響国における教育の状況について、『EFAグローバル・モニタリング報告書 2011年版 (*EFA Global Monitoring Report 2011*)』は次のような問題を挙げている (UNESCO, 2011, pp.131-133)。

- 紛争影響国の乳幼児死亡率は他の途上国の2倍である。
- 紛争影響国では、初等教育学齢人口のうち約2,800万人が不就学状態にある。これらの国々の初等教育学齢人口は世界全体の18%であるが、不就学児童の数は世界全体の不就学児童数の42%を占めている。
- 紛争影響国の中等学校就学率は他の途上国よりも3分の1近く低く、女子の就学率はさらに低い。
- 青年識字率は他の途上国では93%であるのに対して、紛争影響国では79%である。
- 紛争は経済格差やジェンダー格差を拡大させ、教育格差も拡大する。
- 難民と国内避難民は、教育面で極めて大きな不利益を被っている。

こうした現状を踏まえたうえで同報告書は、今日の武力紛争は国家間よりも国内で起こっていることの方が圧倒的に多く、戦いが長期化する傾向にあることを指摘している。また、無差別な武力行使と意図的に民間人を狙った攻撃が、21世紀初頭の暴力的紛争の特徴であり、とくに子どもたちや学校が武力紛争の前線にさらされており、教室や教員、児童がそうした武力紛争の標的とみなされていることの問題を憂慮している。さらに、アフガニスタン、中央アフリカ共和国、チャド、コンゴ民主共和国、スーダンなどの多くの国々で、レイプやその他の性暴力が戦術として広く用いられているという事実を挙げている。こうした武力闘争によって、多くの国では経済成長が阻

害され、貧困も悪化し、貴重な資源が教育などに対する生産的な投資ではなく、非生産的な軍事費へと投じられている現状を問題視している[84]。

さらに、同報告書では、これらの問題が国際社会のなかで十分に認識されておらず、「隠された危機(hidden crisis)」となっていることを強調している。そして、こうした「危機」が引き起こされている原因として、次の4つの「失敗」を挙げている(UNESCO, 2011, pp.253-258)。

①保護の失敗：子ども・教員・学校に対する攻撃、戦争の武器としての大規模で組織的なレイプやその他の性暴力の行使といった人権侵害からの保護が十分に行われていない。
②教育の機会提供の失敗：教育は、資金不足で対応の遅い人道支援体制の中でも、依然として最も軽視されている分野である。
③早期復旧・復興の失敗：紛争後の国が人道支援と長期的な開発援助とのはざまで放置されているなど、国際援助の構造が破たんしている。
④平和構築の失敗：教育はおそらく他のどの分野よりも、和平合意の存続を左右しうる平和の配当を、早期に、はっきりと目に見える形で提供することができるにもかかわらず、それが十分に実施されていない。

同報告書は、これら4つの「失敗」を国際社会は直視したうえで、各国政府や国際機関、その他すべての関係者の努力を結集して、紛争状態において子どもたちの人権を守るための方策を強化することの重要性を説明している。そのためには、人道支援において教育を中心的課題に据えるとともに、紛争が起こった場合にはできるだけ早い時期からの介入と再建のための長期的な関与を教育分野においても取り組むべきであると指摘している。そして、何よりも教育を平和のための力として活用することが大切であると強調している。

2. 平和構築と国際教育協力

　国際レベルあるいは国内レベルのいずれのレベルであれ紛争が起こったときには、その解決ならびに復興のプロセスのなかで当事者同士による交渉が難しい場面においては、国際社会による介入が重要になってくる。教育分野においても、ここまで論じてきたような理念的・概念的な背景にもとづき、教育復興のなかで国際社会のさまざまなアクターたちが協調関係を築くことが求められている。そこで、本節では、教育復興における国際教育協力が実施される際に、どのような組織・機関が協調しているのかを概説する。

(1) 国際教育協力のアクターたち

　教育復興における国際教育協力を実施するために、国際機関、ドナー国の援助機関、非政府組織 (non-governmental organization: NGO) や財団などの市民社会組織 (civil society organization) といった多様なアクターたちが協調関係を構築している。そのなかでも最も主要なアクターと言えるのが、国連をはじめとする国際機関であろう。紛争後の教育支援を行っている主な国際機関としては、ユニセフ、ユネスコ、国連難民高等弁務官事務所 (Office of the United Nations High Commissioner for Refugees: UNHCR)、世界銀行などを挙げることができる。これらの国際機関はそれぞれのミッションや比較優位性を活かしつつ、教育復興プロセスの多様な場面で協調しながら事業を展開している[85]。

　たとえば難民の子どもたちに対する教育支援は、難民保護・支援において中心的な役割を担うUNHCRと、子どもの保護・支援を行っているユニセフとが協調して実施している。また、紛争直後の教育復興プロセスにおいてユネスコは、現地政府の教育省や計画省などに対して教育政策の策定や教育制度の再建を行うために必要な助言や技術支援を行っている。その他にも、世界食糧計画 (WFP) が学校給食をはじめとする食糧配給プログラムを推進したり、UNDPが貧困削減の観点からユニセフやユネスコと協調して、教育の普及を後押ししている。

　また、近年の教育復興支援においては、政治的・社会的に混乱した状況の

なかで最も必要とされている支援を迅速に行い得る、国際的なNGOの活動の重要性が高まっている。教育復興支援の分野において積極的な活動を展開しているNGOとしては、AED、CARE International、Creative Associates International、International Rescue Committee（IRC）、International Save the Children Alliance、Norwegian Refugee Council、Relief Internationalなどが挙げられる。その他にも、キリスト教、イスラム教、仏教などの宗教団体系の組織も、教育復興支援を熱心に行っている。これらの国際的なNGOは、国際機関やドナー国の援助機関、現地のNGOなどと協調しつつ、より現場に根ざした人道支援を実施している。

　紛争後の緊急教育支援に関しては、ドナー国の援助機関と較べて国際機関やNGOの方がスピーディーに動けるという特色がある。そのため、ドナー国の援助機関は、基本的には紛争がある程度収まりつつある開発支援プロセスのなかで、それぞれの教育支援事業を展開していくことが一般的である。また、かつての国際協力は、先進国が途上国に対して行う支援であるという位置づけがされていたのに対して、今日ではあらゆる国や機関にとっての共通した関心事であるとともに、支援を受ける地域の人々自身の参加が重要な課題となっている（内海，2005b）。すなわち、緊急時や紛争後には当事国政府の行政能力の低さや人材の不足などが問題となるが、教育復興支援を通して行政組織の能力構築や地域社会における人材育成などが促進され、より多くの現地の人々が復興・開発プロセスに参加できるようになることが期待される。

　それとともに、紛争後の教育支援に対する考え方として、2つの対照的な立場をみることができる。すなわち、紛争当事国の主体性（ownership）を重視する立場と、国際的なスタンダードを重視する立場である。たとえば内海（2004）によれば、2001年9月11日のアメリカでの同時多発テロを契機としたアフガニスタンでの軍事衝突ならびに新政府発足後の教育復興プロセスにおいて、アメリカやユニセフが教育省の最優先課題である学校施設の建設を中心とした支援を行ったのに対して、ユネスコは子どもの学習の向上のためには教師教育やカリキュラム開発を重視すべきだという国際的スタンダード

にもとづく立場をとった。そして、日本を含めた多くの援助機関は、この2つの立場の中間的なところで、それぞれの援助方針や支援スキームにもとづく援助を実施した。

このように、教育復興支援における国際教育協力の現場では、それぞれのアクターの援助理念や政策的制約などによって支援活動の内容が決定されている。そのため、どの国や地域でいかなる教育の課題があり、それに対して各アクターがどのような支援を行っているのかといった情報を共有し、お互いの活動を補完し合うことを促すような仕組みが必要になってくる。そこで、緊急時や紛争後の国や地域に対する国際的な教育支援に関する情報ネットワークについて、次に概説する。

(2) INEE（緊急時・紛争後の教育に関する国際的ネットワーク）

紛争や災害などの緊急時における国際的な教育援助を実施するにあたり、効果的な人道支援を行うためには、多様なアクターの間で適切な調整（coordination）が行われることが不可欠である。調整のプロセスには、戦略的計画の立案、情報収集、リソースの活用、機能的な役割分担、現地政府（あるいは受入れ側の政治当局（host political authorities））との交渉と合意可能な協調枠組みの設定、統率力の発揮などが含まれ、スムーズな調整を進めるために調整委員会やタスクフォースが国連機関の主導によって立ち上げられることも多い (Sommers, 2004) [86]。ただし、交渉相手である現地政府の資金面や人材面における能力不足により、こうした調整がドナー主導で行われ、現地政府の主体性に問題を抱えているケースもしばしばみられる [87]。

こうした調整メカニズムを構築するうえで、さまざまな立場にあるアクターたちがお互いの情報を共有することが欠かせない。そこで、緊急時ならびに紛争後の教育支援において多様な役割を担っているアクターたちによって、「緊急教育支援の情報ネットワーク（Inter-Agency Network for Education in Emergency: INEE）」が構築されている。2000年の立ち上げ以来、INEEには5,700名以上の専門家・実践家・行政官・研究者・教師・学生といった異なる立場の人々が参加してきており、紛争や災害などによって教育を受ける権

利を侵されている人々に関する情報や、そういった人々に対する支援活動に関する情報などを交換し合っている。INEEの運営は、この分野で豊富な経験をもつ組織の専門家たちで構成される運営グループ (Steering Group) が行っている (INEE, 2004)。2013年1月現在の運営グループのメンバーは、ChildFund International、International Rescue Committee、Open Society Institute、Refugee Education Trust、Save the Children Alliance、ユネスコ、UNHCR、ユニセフ、USAID、世界銀行の専門家たちである[88]。

　INEEでは、メーリング・リストなどを利用した情報交換を常に行っている。また、2004年には「緊急および長期にわたる危機と初期の復興過程における教育のためのミニマム・スタンダード（最低限の基準）」(Minimum Standards for Education in Emergencies, Chronic Crises and Early Reconstruction) を開発し、復興の初期段階において達成されるべき教育の機会と供給の最低水準を明確にした[89]。このミニマム・スタンダードは、内海 (2005a) が指摘するように、これまで国際機関やNGOによって開発されてきた実践的な緊急援助マニュアルやツールキットとは異なり、緊急教育支援を行ううえでの実施方法やプログラムの詳細などを提示しているわけではない。そうではなく、当事国政府やコミュニティの人々と一緒になって人道的活動を実施し、継続するために最低限必要とされる指標やガイダンスを、①すべてのカテゴリーにおいて共通するミニマム・スタンダード、②教育へのアクセスと学習環境、③教授と学習、④教師ならびにその他の教育職員、⑤教育政策と調整、の5つのカテゴリーについて示している。各カテゴリーにおいては、以下の項目に関するスタンダードが設定されている[90]。

①すべてのカテゴリーに共通するミニマム・スタンダード：コミュニティの参加（コミュニティ・メンバーの参加、ローカルなリソースの活用）、緊急時あるいは復興初期の教育状況に関するアセスメント（アセスメント、対応策、モニタリング、評価）
②教育へのアクセスと学習環境[91]：平等なアクセス、学習者の保護・安定、教育施設

③教授と学習：カリキュラム、教員研修、教授法、評価
④教師ならびにその他の教育職員：教職員の採用・選考、労働条件、管理・監督とサポート
⑤教育政策と調整 (coordination)：政策の立案・立法化、計画の作成・実施、調整

　こうしたミニマム・スタンダードは、これまで世界各地で行われてきた緊急時や紛争後の教育支援において蓄積されてきた、さまざまなアクターたちの経験にもとづき開発されており、緊急時から復興期まで幅広く応用することができる。ただし、ここで示されているミニマム・スタンダードは、あくまでも理念的な教育プログラムの立案、実施、評価を念頭に置いて開発されており、実際のプログラムはそれぞれ異なる条件のなかで実施されるものであるため、そうした個別性・特殊性に配慮しながら適用するということを忘れてはならない。

(3) ユネスコの役割

　ここまで概観してきたように、緊急時あるいは紛争後の教育支援は、国際機関、ドナー国の援助機関、NGOなどのさまざまなアクターたちが協調しながら実施されている。そうした多様なアクターのなかから、平和と教育の問題を考えるうえで重要な組織のひとつであるユネスコを取り上げ、教育を通した平和構築においてユネスコがいかなる役割を果たしているのかをみることにする。

　国連の専門機関であるユネスコは、本章の冒頭に引用したユネスコ憲章のなかで謳われているように、「平和の希求」をその使命としている。このことは、本書の第2章でもすでに指摘した通りである。ユネスコは、一人ひとりが平和を希求する心を大切にすることによって、人類の知的・道徳的な連帯が深まり、ひいては平和な世界を実現することが可能になるという理念を掲げている。そして、このような理念にもとづき、ユネスコの目的は「国際連合憲章が世界の諸人民に対して人種、性、言語または宗教の差別なく確認

している正義、法の支配、人権および基本的自由に対する普遍的な尊重を助長するために教育、科学および文化を通じて諸国民の間の協力を促進することによって、平和および安全に貢献することである」と、ユネスコ憲章第1条1項において定められている。すなわち、国際協力を通して戦争や紛争を防ぐために、人間の尊厳を守り、平等を重んじ、人々の心のなかから無知や偏見、差別などをなくすことを目指している（北村，2012）[92]。

とくに紛争や自然災害によって困難な状況に置かれた人々に対する支援を行うにあたり、他の国際機関と比較してユネスコが優位性を有する「教育」と「文化」の領域を重点化すべきであると、松浦晃一郎・ユネスコ第8代事務局長（1999年－2009年）は強調している（UNESCO, 2001c）。この2つの領域のなかでも教育分野における復興支援に関しては、ここまで論じてきたように、国際社会としてのスムーズな対応を実現するためのさまざまなメカニズムが構築されつつある。そのなかでユネスコは、教育分野においては既述の通り「万人のための教育（EFA）」を推進するためのコーディネーター役を務めている。

また、ユネスコ本部の教育局は、『緊急時、危機、復興期における教育—ユネスコの戦略—（*Education in Situations of Emergency, Crisis and Reconstruction: UNESCO Strategy*）』というワーキング・ペーパーを発表し、緊急時や復興期における教育支援に対するユネスコのアプローチを明示している（UNESCO, 2003）。このワーキング・ペーパーのなかで、教育復興支援においてユネスコが果たすべき主要な役割として、①EFA国内行動計画（EFA National Action Plan）などの策定を通した戦略的な基礎教育の普及、②教員養成や教育行政官研修などを通した能力開発、③INEEなどとの協調を通して行う、復興支援における規範や基準の設定、④紛争を防ぐ基盤を構築するための、平和教育や人権教育などの推進、が挙げられている。そして、EFAのコーディネーターとしてユネスコは、これらの役割を果たしていくことが重要であると強調されている[93]。これらに加えて、平和な社会を築くうえでの土台となる、共同体における市民性や公共性の問題を考えるうえで、ユネスコが「市民性の教育」を重視してきたことは第6章で概観した通りである。

結び——紛争後の国際教育協力の深化と拡充

　1980年代末にいわゆる冷戦構造が崩壊し、より安定的かつ平和な世界が実現できると多くの人々が考えた。しかしながら周知の通り、2つのイデオロギーの対立を支えてきたパワー・バランスが崩れ、より混沌とした状況のなかに今日の国際社会はあると言える。そのため、国民国家に象徴される従来の境界線が曖昧になるとともに、国家間や地域間、民族間などにおける貧富の差が非常に拡大している。そして、さまざまな地域で民族的・宗教的な衝突が起こり、それに伴い難民などが増加しているなか、こうした政治的な不安定要因のしわ寄せを最も受けているのが、子どもや女性たちである。そこで本章では、これらの国際社会の構造の変化を踏まえつつ、緊急時ならびに紛争後の地域における教育復興について、平和と教育に関する理念的な議論を整理するとともに、国際社会として推進している教育復興支援の現状について概説した。さらに、そうした平和構築と国際教育協力を支えているアクターたちが、どのように協調関係を構築しているのかについて概観した。そのうえで、とくにユネスコが提唱してきた考え方を紹介した。

　最後に、今後の教育復興支援のあり方を考えるうえで、内海（2005b）が指摘するような次の諸点に関して、さらなる向上や改善が求められていることを確認したい。すなわち、従来からのアクターである国際機関、ドナー国の援助機関、NGOのみならず、地元住民なども含めたアクターの多様化が進んでいるなか、これらのアクター間の効果的な協調や調整がこれまで以上に欠かせない。とくに、緊急復興支援における重要なアクターとして成長しているNGOが果たすべき役割は、今後ますます増大することが見込まれている。また、紛争後の不安定な社会における教育支援は、学校教育のみならず多様な教育活動を通して地域に根ざした人々のニーズを充たすために、さまざまなレベルでの総合的なアプローチを追求していくことが求められている。さらに、実務を支えることが期待される研究面に関しても、地域研究や平和構築研究などの多様な領域における研究成果を踏まえつつ、紛争後の国際教育協力に関する研究がさらに深化・拡大していくことが求められている。

これらの諸点を踏まえつつ、本章でも概観した「権利としての教育」という視点を軸に、緊急時や紛争後の教育のあり方を今後さらに検討していくことが重要である。そして、本章の冒頭に引用したユネスコの理念が提示するように、一人ひとりの人間が平和な世界を希求する心を育むとともに、国際教育協力を通して紛争の影響を受ける地域の人々が適切な教育を受けられる機会を保障していくことが、国際社会全体の重要な責務であることを改めて強調して、本章の結びとしたい。

注

82　たとえばスーダン南部での「ライフ・スキルにもとづく教育（Life Skills-Based Education: LSBE）」として、エイズ予防、健康、平和教育、環境の諸領域における教育を推進するためのモジュールを、ユニセフは開発している。このモジュールは、中・長期的な視野のもとでジェンダー平等を実現することを目指している。このプログラムの詳細については、ユニセフ・ホームページ（www.unicef.org/lifeskills/index_8400.html［2013年1月30日閲覧］）を参照のこと。

83　近年、教育復興に関する研究の進展が著しいが、主な成果として、海外の研究としてはDavies（2004）、Sinclair（2002）、Sommers（2004）、World Bank（2005b）、Kotite（2012）、国内では内海（2004; 2005a; 2005b）、小松（2005a; 2005b）、中川（2012）、水野（2001）などを挙げることができる。

84　ただし、これは紛争影響国だけの問題ではない。たとえば、先進国の年間軍事支出総額（1兆290億米ドル）のうちの6日分を基礎教育分野に振り分けることによって、EFA目標を達成するために必要とされる外部資金ギャップ（160億米ドル）を解消することができる（UNESCO, 2011, p.149）。

85　教育復興支援における国際機関、ドナー国の援助機関、NGOなどの協調関係の詳細は、Sommers（2004）のChapter 2を参照のこと。

86　ただし、国連以外の国際機関やドナー国の援助機関、NGOなどのなかには、こうした国連主導の調整プロセスに入ると取引費用（トランザクション・コスト）などが増大するため、敢えて独自に活動を進める場合もある。

87　たとえばカンボジアでは、1975-78年のクメール・ルージュ時代に虐殺されたり、海外亡命したりしたため、知識人や学生を中心に多くの人材を失った。そのため、近年は順調な経済成長を実現しつつあるとはいえ、各省庁においても管理職に就くべき人材が大幅に不足している。こうした人材不足に加え、長年にわたる内戦によって悪化した財政状況の建て直しに時間が掛かっており、海外からの援助に依存せざるを得ない状況がある。

88　INEE運営グループのメンバーに関しては、INEEホームページ（www.ineesite.org［2013年1月30日閲覧］）を参照のこと。

89　ミニマム・スタンダードの開発プロセスや内容については、中川（2012）が詳しく

解説している。
90　各カテゴリーの詳細については、INEE (2004) や内海 (2005a) を参照のこと。
91　教育へのアクセスを向上させ、適切な学習環境を確保するためには、さまざまなアクター間のパートナーシップの構築や領域横断的な連携（医療、保健衛生、安全な水の確保、食糧支援などとの連携）が欠かせない。
92　ユネスコの事業は、ユニセフやUNDPといった他の国連機関と較べてプロジェクト・レベルでの貢献は小規模なものがほとんどであるが、途上国政府に対して教育セクター戦略・政策・計画の策定プロセスなどにおける技術支援・助言を行ったり、カリキュラム開発や教材作成などを通したプログラム・レベルでの支援を行っている。
93　これらの役割を果たすためには、調査研究機能の充実が不可欠である。そうした面については、ユネスコ国際教育計画研究所（IIEP）が『緊急および復興時の教育 (Education in emergency and reconstruction)』というシリーズを刊行し、リベリア、カンボジア、アフガニスタン、ボスニア・ヘルツェゴビナ、ルワンダ、東ティモール、コソボなどにおける事例を紹介している。また、『緊急時および復興時の教育計画のためのガイドブック (Guidebook for planning education in emergencies and reconstruction)』 (2010年改訂版)（UNESCO-IIEP, 2010）を刊行し、教育行政官たちを中心に、教育復興計画を立案する際の注意点などについて詳細な解説をしている。これらの刊行物は、IIEPホームページ（www.iiep.unesco.org/information-services/publications/search-iiep-publications/education-in-emergencies.html［2013年1月30日閲覧］）から入手可能である。

フィリピン農村の子どもたち

第9章　国際協力リテラシーと
　　　　グローバルな情報ガバナンス
——東日本大震災の経験と防災教育のあり方

はじめに

　社会にはさまざまな情報が溢れている。それらの情報を幅広く収集し、「正しく」理解・解釈することは、個人、企業、自治体、国家、国際機関などにとって重要な意味をもっている。すなわち、地球規模であれ、国家あるいはコミュニティといった枠組みであれ、人々が相互に関連し合いながら成立している「社会」のなかで、適切な情報をより多く有したり、それらの情報をより正確に理解したりすることによって、私たちは何らかの不利益を被ることから免れている。これは、個人レベルの話だけでなく、組織や国家のレベルにおいても同様のことが言える。

　しかしながら、今日の国際社会を見渡してみると、そういった情報へのアクセスが難しかったり、何とか情報を入手したとしてもそれらを適切に解釈する能力を十分に有していなかったりする、個人、組織、国家の存在に気づく。また、情報にアクセスしたり、入手した情報を十分に解釈する能力を備えていても、自らが情報の発信者となったときには、適切な形で情報を提示することができないという場合もある。

　こうした状況について考えるために、本章では国際社会における情報の収集・解釈・発信に関わる能力を「国際協力リテラシー」のひとつの領域であると捉え、そうした情報に関する国際協力リテラシーを支える仕組みとしての「グローバルな情報ガバナンス」のあり方について考えたい。従来の国際教育開発研究では、こうした課題の重要性が十分に認識されてこなかった。しかし、貧困、紛争、災害などが頻出しながら、情報ガバナンスの仕組みが

未成熟であるために、必ずしも国家（state）が人々を守ることのできないケースが途上国のなかにはみられる。そうした実態を踏まえて「人間の安全保障（human security）」といった概念も提唱されるなど、これらの課題に取り組む意義はますます高まっている。

そこで、本章では、本書の主要テーマのひとつである「持続可能な開発のための教育（ESD）」概念の適用を通して、とくに災害に関する領域に焦点を絞りながら、こうした問題について考えてみたい。そのための具体的な事例として、2011年3月11日に起こった東日本大震災の後に、国内外で震災に関する情報がどのように発信され（あるいは発信されず）、またどのように理解されたのか（あるいは理解されなかったのか）、ということについてみていくことにする。

さらに、今回のような震災が起こると、国内外で被害の状況などについての情報が交錯し、適切な情報を得られる人や地域と、そうではない人や地域との間で「情報ギャップ」が生じる。とりわけ途上国のような社会環境では、「正しい知識・情報」の伝達や蓄積が普段から十分に行われているとは言い難いために、被害が必要以上に甚大なものになる危険性が高い。近年のスマトラ島沖やハイチにおける大地震とそれに伴う大災害にみられるように、途上国では人々が十分な知識をもたず、必要な訓練を受けていなかったがために、未曽有の被害が引き起こされた。そこで本章では、情報の収集や理解を向上させるうえで「教育」が果たす役割の重要性に焦点をあて、とくに防災教育のあり方について考えてみたい。

1. グローバルな情報ガバナンスの構築

本章の主たる目的は、東日本大震災の後の国内外の報道を通して、国際社会における情報発信のあり方について考えることにあり、個別の報道内容を精査することが目的ではないため、ここでは具体的なニュースの事例などを取り上げることはしない。ただし、震災後に報道された国内外のメディアによるニュースやコラムなどを概観すると、(1)震災とその被害についての情

報、(2)震災とその被害に対する被災者の態度や対応と国内外の人々の反応、(3)原子力発電所（以下、原発）の事故に関する情報、といった3種類の報道に大別することができる。これらの報道をみていると、相矛盾する報道や過剰に刺激的な報道も散見され、国内外で多くの人が、誰によって発表された、どの情報を信用すれば良いのかといった点で、不安を抱えている様子が浮かんでくる。今回の震災のように国際社会の注目度が非常に高い事態が起きたときは、こうした「情報」に対する信頼度の高低が、当該国の国際的な地位（政治的な発言力や経済的な優位性）にまで影響を及ぼす可能性を否定できない。そうした意味で、グローバルな情報ガバナンス（global information governanceあるいはglobal communication governance）のあり方について検討することは重要な意義をもっている。

　原発の問題が起こってから、国内外のメディアを通じて報道される日本政府の姿は、多くの人に不安や疑問を抱かせるものであったことは否めない。そのため、原発のような問題に関しては、一国の政府のみで対応するのではなく、他の原発保有国や国際原子力機関（IAEA）のような国際機関との間で国際的な連携体制を構築して対処することが必要であるという認識がより強まった。ただし、国際（international）あるいは国家間（interstate）の機構の役割については、「理想主義」と「現実主義」（あるいは「リベラリスト」と「リアリスト」）という2つの立場からしばしば説明される。すなわち、平和・人権・開発といった分野における国際的な理想を実現するための主体として国際機関を位置づける立場と、各国の外交政策上の単なる手段に過ぎないとみなす立場である（最上，1996）。こうした見方に対して星野（2001）は、「リアリストやリベラリストのように、国家間の権力構造や利益構造に注目する合理主義的アプローチに対し、コンストラクティビストは、国家の利益やアイデンティティは所与の前提ではなく、主体間でいわば『社会的に構成される』と考える」（172頁）と指摘し、構築主義（constructivism）［社会構築主義（social constructionism）と呼ばれることもある］の視点から国際的な規範の形成について理解することの重要性を指摘している。

　今日の国際社会におけるグローバルな情報ガバナンスの仕組みを理解する

うえでも、構築主義の視点が必要とされる。構築主義の立場からみると、「普遍」的なものや「本質」的なものと考えられている事象は、実際には人々の認識や活動を通して歴史的・社会的・文化的に「構築」されてきたものであり、決して固定的なものではなく、むしろ可変的なものである。こうした見方を国際関係の分析に適用すると、「軍事力や経済力のような数値によって表される指標よりも、理念、規範、アイデア、アイデンティティなどを重視し、国際社会の現実なるものが、社会的、間主観的に構築されることを強調する」（松井，2007，37-38頁）ことになる。そのため、国家間の関係や国家の行動は合理的な行為者の観点ばかりでなく、アイデンティティの観点からも理解することが欠かせない。すなわち、冷戦構造のなかでアメリカによる核の傘に守られた状況があったとはいえ、戦後の日本が「平和主義」や「非核三原則」といった外交の原則を一貫して保持し、経済活動を中心とした国づくりを進めてきたのも、平和に基礎を置く国家アイデンティティを構築したからだと言える。

　今回、震災後の日本人や日本社会のあり方に対して、各国で概ね好意的な報道がなされてきた。被災した人々が、給水を受けるための行列で、長時間にわたり待たされても忍耐強く待っている姿や、極度の混乱状態のなかにもかかわらず暴動や略奪が起きることなく、人々がお互いに助け合っている姿に、多くの国のメディアが賞賛を送った。こうした報道で伝えられた光景は多くの被災地でみられ、大多数の人々は秩序と規律を守ることに専心してきた。しかしながら、その一方で、一部の商店では無人となった店内から商品が大量に盗まれたり、長期間に及ぶ避難所生活のなかで人間関係などのトラブルが起きたりしているといった報道もみられる。おそらく、どちらも「事実」ではあるが、これまでに日本社会ならびに日本人がつくりあげてきた国際的な「日本」のイメージは、後者の姿をあくまでも例外的なこととして理解せしめるほどに浸透していると言えるであろう。

　また、「脱原発」や「卒原発」が現実的にどのような形で実現しうるのか、筆者はエネルギー問題を専門にするわけではないので科学的な根拠にもとづき判断することはできない。しかし、戦後の日本が軍事大国の道を選ばずに

経済大国として国際社会での一定程度のパワーを有するようになった背景には、平和を重視する国家アイデンティティが多くの国（とくにアジアの近隣諸国）に受け入れられてきたということがある。その点を踏まえると、これからの原子力エネルギーの利用に関して安易な答えを導き出してしまうと、戦後の国際社会で築き上げてきた「日本」のイメージを損ねる危険性が高い。したがって、原発問題への対応に関する国際的な情報発信に際しても、構築主義的な観点からの検討を重ねることが重要である。

　さらに、構築主義は、言語論的転回 (linguistic turn) を経て成立しており、「言語は世界を映し出す道具ではなく、そのまさしく反対に、世界を創り出すもの、『意味の産出をつうじて現実を構成する当の実践そのもの』なのである」（松井，2007，37頁）と考える。そのため、ある事象についての理解も、たとえばメディアという社会的な言説実践を通じて構築されることがしばしばである。具体例としては、「テレビの解説者が、『日本人も国際社会の現実をもっと直視しなければならない』といった言葉をはくが、そこでいう『現実』なるものは客観的に存在するものというよりも、社会的、間主観的な意味づけ」（松井，2007，38頁）を与えられたものに過ぎない。それでは、メディアに溢れる言説は、実態のない空疎なものばかりなのかという疑問が生じる。そうした疑問に対しては、多様な言説のなかから、より客観的かつ実証可能な知識にもとづく言説を選び出し、そうした知識を発信することの重要性を指摘したい。

　イギリスの社会学者 Anthony Giddens は、「社会的再帰性 (social reflexivity)」という概念を提示し、人々が自らの行為について、その行為の根拠を考えることが近代社会の特徴であると指摘している（ギデンズ，2002）。すなわち、その社会で長年にわたって行われてきたことを「これまで行われてきたから」といった理由で漠然と継承し続けるのではなく、なぜそうした行為を継承することが必要なのかを考えるような態度が広くみられる。それは、「一部の人びとのみが情報を握り社会を統治し、統制するのではなく、多くの人びとが、社会のあり様を認識し、変化に応じてさらなる変化を引き起こすような働きかけに関わり合っていく」（苅谷，2007，242頁）ことが、グローバル化や

情報化が進んでいる現代社会では可能になったからである。

　こうした態度が広まり、社会のあり方を人々が不断に議論し合うことで、より多くの人にとって暮らしやすい世界が実現すると想定されている。ただし、そのためには公開された情報や政策評価の結果を踏まえ、適切な政治的選択行動などに結びつけることができなければ、より多くの人が好ましいと思える「変化」を起こすことはできない点に留意する必要がある。したがって、そのような「変化」を起こすためには、社会の状態を何らかの学問的方法を通じて「事実」として捉え、それを示す「実証研究知」(実証研究の知見)にもとづき社会問題を構築することが必要である(苅谷、2007)。そして、「実証研究知」をより多くの人に伝えるうえで、メディアが果たす役割は極めて大きい。

　なお、今日の国際社会におけるグローバル・ガバナンスのあり方を考えると、さまざまな立場のアクターたちによって「合意された法規範や、民主主義あるいは人権などの価値によって産み出される一定の秩序が存在し、基本的には物理的力による強制なしである程度は遵守されている状況」(渡部、2004、66頁)が成立するとき、グローバルな統治(governance：「共治」と訳されることもある)のメカニズムが機能しうる。ここで想定されるアクターとは、伝統的な統治の担い手である国家(政府)のみならず、国際機関、市民社会組織(NGOなど)、多国籍企業などの非国家主体(non-state actors)も含んでおり、そのなかでメディアに携わる各種のアクターたちも重要な役割を担っている。

　ちなみに、こうしたアクターたちの役割を分析するグローバル・ガバナンスの諸理論は、国際機構論、国際法学、国際政治学など、それぞれ異なる立場から行われる研究を通して追究されている。そのため、地球規模の秩序を研究するという点においては一致していても、それらの研究の対象となる主体や分析の手法は多様である。ただし以下の諸点において、一連のグローバル・ガバナンス理論に共通する性格をみることができると庄司(2004)は指摘している。

①ガバメントではなくガバナンスという概念を用いることで国際政治と国内政治の壁を低くしている。

②秩序を形成・維持する主体として、国家以外のあらゆるアクターにも目を向けている。
③ルールの総体である秩序の静態的側面だけでなく、アクターが積極的に社会に働きかける活動や意思など、秩序の動態的側面にも目を向けている。

　こうした特徴を踏まえつつ、国際社会における情報の収集・分析・発信を担うアクターのあり方について検証することが求められている。そうしたアクターとしては、いわゆる国内外の報道機関に加えて、大学、研究所、政府機関、国際機関、企業、市民社会組織など多様な存在を挙げることができる。これらの異なる立場にある組織や人が、今回の震災のような緊急時にどのように情報を発信・受信し、共通認識を形成したのか（あるいは形成できなかったのか）を考えるためには、本節で概観したようなグローバルな情報ガバナンスのあり方についてさらに理解を深めなければならない。

　本節で論じた国際的な情報発信における最も重要な目的は、「情報」の共有を通して社会における公正や正義を実現することである。しかし、そのためには社会の構成員である諸個人が有する能力（capacity）を高めることが不可欠である。そういった観点から、次節では災害時に必要とされる能力の向上において教育が果たす役割に注目しながら、「情報」を次世代に伝えていくための防災教育のあり方について検討を加える。

2.「持続可能な開発のための教育（ESD）」を通した防災教育

　ここまで論じてきたように、国際社会において適切な情報発信を行うことは国家にとって重要であるばかりでなく、国際社会のグローバルな統治構造を形成していくうえでも不可欠である。しかしながら、これまでさまざまな国や地域で起こった災害をみると、異なる社会で起こった災害の経験を共有するための情報伝達のメカニズムが十分に構築されていないことに気づく。もちろん、国際的なレベルでの情報共有は進んでいるが、各国政府がもつ情

報の量や質と、その社会に生きる人々がアクセスできる情報の量や質との間には大きなかい離があり、とりわけ途上国ではこの問題が深刻である。

たとえば、2004年に起きたスマトラ島沖地震の影響で、インドネシアのアチェ州が津波による甚大な被害を受けたことは記憶に新しいが、当時、アチェの多くの人々は津波に関する十分な知識をもっていなかったために適切な行動をとることができず、被害が大きくなってしまったと考えられている。たとえば、「地球科学・地震学・地震工学・津波学などの研究が未熟であるが故に、災害を防げなかったのでは無い。（中略）現在までに集積された知識を応用して地震に対する備え、津波に対する備えをする努力が無かったために、大災害を引き起こしてしまった」（大矢, 2005, 2頁）という指摘もある。

こうした背景には、人的な能力の問題だけではなく、それぞれの社会が構造的に抱えている問題の影響もみてとることができる。つまり、インドネシアではアチェの独立運動による内戦状況があり、ハイチでは長年にわたり不安定な政情が続いたために政府が統治能力を欠いており、どちらの地域においても安全に対する備えが政府によって十分になされてはこなかったという事情がある。さらには、それぞれの土地で、地震や津波への対策を踏まえた建築工法が浸透していなかったり、建設業界での手抜き工事や行政との癒着などが蔓延していたりしたことも、建造物自体の強度が十分ではなく、甚大な被害を引き起こす要因となった。

自然災害(natural disaster)においては、地震や津波といった自然現象(natural hazard)の結果、社会の持続可能性が失われ、社会的・経済的な発展が阻害される。とりわけ、社会的に弱い立場にある人々や社会的な脆弱性をもった地域において被害がより大きくなるため、それらの人々や地域を守るための社会的なシステムの構築と社会的な能力の向上が必要である。ただし、とくに多くの途上国では、もともとの社会的な能力が脆弱であるため、十分に対応することが非常に難しい。そこで、国際社会全体でそうした途上国を支えていく仕組みが形成されており、その代表的なものとしては、国連によって設定された「国際防災戦略(International Strategy for Disaster Reduction（ISDR）」を挙げることができる。

国連総会の決議を経て2000年に設立されたISDRは、「自然災害やそれに関連する事故災害および環境上の現象から生じた人的・社会的・経済的・環境的損失を減少させるための活動にグローバルな枠組みを与えるという目的」をもっている。また、「持続可能な開発に不可欠な要素として、防災の重要性に対する認識を高めることで、災害からの回復力を十分に備えたコミュニティーを作ること」を目指した取り組みを推進している[94]。ちなみに、2001年の国連総会において国連事務総長から提出された報告書「国連ミレニアム宣言の実施へ向けた行程表」のなかでも、「自然・人的災害の数やその影響を軽減するために、私たちが一体となった取り組みを強化する」(United Nations, 2001, p.35)ことが目標のひとつとして掲げられている。

加えて、2005年1月に開かれた国連防災世界会議(於・兵庫県神戸市)において「兵庫行動枠組（2005-2015）（Hyogo Declaration 2005-2015）」が採択された[95]。この行動枠組では、「人々に十分な情報が伝達され、災害予防や災害に強い文化を構築することに意欲的である場合、災害は大幅に軽減できる」と指摘したうえで、最新の通信技術・情報公開技術を駆使して知識やデータを幅広く共有するとともに、災害リスク軽減に関する教育・訓練を促進することが優先事項として挙げられている。とくに「全てのレベルにおける学校カリキュラムの関連する部分に、災害リスク軽減に関する知識を含め、また青少年や子供たちに情報が到達し、災害リスクの軽減を『国連持続可能な開発のための教育の10年（2005–2015）』の本質的な要因として統合する」ことが重要であるとして、「持続可能な開発のための教育(Education for Sustainable Development: ESD)」のなかに防災教育を明確に位置づけるようにと提言している。

本書でもすでに指摘したように、「持続可能な開発(sustainable development)」とは、民主的で誰もが参加できる社会制度と、社会や環境への影響を考慮した経済制度を保障し、個々の文化の独自性を尊重しながら、人権の擁護、平和の構築、異文化理解の推進、健康の増進、自然資源の維持、災害の防止、貧困の軽減、企業責任の促進などを通じて、公正で豊かな未来を創る営みのことを意味する。こうした営みは、安全で安心な社会を実現するための礎で

もあり、防災教育を考える際にも、これらの視点を無視することはできない。

このような考え方にもとづくESDは、社会の課題と身近な暮らしを結びつけ、新たな価値観や行動を生み出すことで、子どもたちが「自立的対応力」を育むことを目指している[96]。そのためには、単なる知識習得ではなく、学習者自らが価値観を見つめ直し、よりよい社会づくりに参画するための力を育むとともに、持続可能な社会を実現するうえでのさまざまな課題と向き合い、問題解決型の「教育」や「地域の活動」から生まれる、参加体験型の「学び」を実現することが欠かせない[97]。また、こうしたESDは、学校のみならず、企業、行政、NPO/NGO、社会教育機関など、社会におけるさまざまな立場の人々や組織・機関によって推進される必要がある。

たとえば、震災のような非常事態に際して適切な行動をとることができるようになるためには、次の2つの方法があると京都大学地位研究統合情報センターの「災害対応の地域研究」プロジェクトで指摘されている。1つは、「起こりうる事態をあらかじめ想定して、対応のしかたを事前に身体化させておくこと」であり、2つ目は「想定外の事態を理解し、受け止め、具体的な行動につなげるために」、頭のなかにある『物語』を「新しい事態に対応した新しい『物語』」に書き換えることである[98]。ESDとは、まさにこれら2種類の力を育むことを目指した教育のあり方である。

2008年には、文部科学省・中央教育審議会が出した答申「幼稚園、小学校、中学校、高等学校及び特別支援学校の学習指導要領等の改善について」のなかで、子どもが安全に関する情報を正しく判断し、安全のための行動に結び付けることを可能にするために、身の回りの生活の安全、交通安全、災害に対する総合的な安全教育の充実が必要であると、強調されている。とくに、「子どもが安全に関する情報を正しく判断し、安全のための行動に結び付けることができるようにすること、すなわち、自他の危険予測・危険回避の能力を身に付けることができるようにする観点から、発達の段階を踏まえつつ、学校の教育活動全体で取り組むことが重要である」と説明したうえで、「安全を確保するためには、自己の心身の状態や行動の仕方に気を付けることを理解させる必要がある」と指摘している。

こうした考え方を踏まえ2008年・2009年に改定された学習指導要領のなかで、先述のような「持続可能な社会の構築」の重要性が強調され、そのためにも安心で安全な社会を実現することが欠かせないという認識が少しずつ広まり始めた。そして、2011年3月11日の東日本大震災と福島第一原発の事故が大きな社会的衝撃を与え、安全教育のさらなる充実が喫緊の課題として多くの関係者に意識されている。

　子どもの安全に対する社会的関心が高まった結果、2012年4月に文部科学省は「学校安全の推進に関する計画」を策定し、すべての学校に対して、危機管理マニュアルを策定することや、教員養成課程での安全教育の充実を求める計画案を作成することを求めた。この学校レベルでの計画については、定期的に成果を検証することが定められている。こうした安全教育の推進計画を策定するにあたり、とくに東日本大震災では、避難場所が危険であることを子ども自らが判断し、さらに安全な場所に避難した例があるとして、「主体的に行動する態度を育成する教育が必要」であると指摘している。そのためには、保健・体育の授業だけでは不十分で、他の教科やホームルーム、特別活動の時間を使うことも考えられる[99]。

結び――国際協力リテラシーの向上

　2011年3月11日に起こった東日本大震災とそれに伴う原発事故は、これまでの日本社会のあり方や日本人の生き方を大きく揺さぶるとともに、国際社会全体でこうした問題を考えることの重要性を改めて私たち一人ひとりに突きつけることになった。震災と原発事故がもたらした傷は非常に深く、いまだに多くの人が心と体の痛みと戦っている。その戦いは、これからも長く続くであろう。そのなかで、この問題に関する情報発信を事例として取り上げることに、正直なところ筆者としては迷いもあった。しかしながら、この状況から目をそむけることなく、不十分ではありながらも自らの考えをまとめることに、何らかの意義があるのではないかと信じている。

　そういった思いを込めて、本章では、今回の震災のような緊急時における

グローバルな情報ガバナンスのあり方について構築主義の観点から理論的検討を行うとともに、ESDを通した防災教育のあり方について考えることを試みた。その根底には、「持続可能な社会の実現」を目指すうえで、国際社会における情報の発信や共有のあり方を捉え直すことが不可欠であり、そのためにも情報に関する国際協力リテラシーを向上させることが重要であるという問題意識があった。

今回の震災で被災した「石巻日日新聞」(宮城県石巻市)が、困難な状況のなかにもかかわらず震災直後からフェルトペンで手書きの壁新聞を発行し、避難所などに張り出したことは、広く報道されている。これらの壁新聞は、米国ワシントンD.C.の報道博物館「ニュージアム(Newseum)」が譲り受け、展示に加えたという。新聞社自らが多大な被害を被ったにもかかわらず、そのなかで報道を続けたことに対して、ニュージアムの学芸員が「ジャーナリストたちは地域に欠かせない情報の提供に貢献した」(共同通信, 2011年4月15日)と展示の意義を語ったように、報道という観点から高く評価されている。それと同時に、ニュージアムの別な職員が「日本のジャーナリスト魂というか世界の人たちにひとつは模範として見てもらえればいいことだ」(NHK「海外ネットワーク」Week Archives, 2011年5月7日)と話しているように、日本社会や日本人の姿勢を象徴する事象を規範的に位置づけていることは興味深い。ここには、本章で論じた構築主義的な観点からみたときに、国際社会のなかで「日本」のイメージをどのように伝えていくべきかを考えるためのヒントが隠されているように思われる。

また、アジア諸国が次々に貧困削減と持続的成長を実現していくなかで、人と自然が「相利共生」することのできる持続可能な経済社会開発を進めることが求められている。そのためにも、アジアで逸早く近代化を実現し、経済成長を遂げてきた日本が、今回の震災を契機として21世紀の社会のあり方について改めて深く考え、それを国際社会に発信していくことには重要な意義がある。本書の読者の方々にも、そうした持続可能な社会の姿を構想し、積極的にそのアイデアを国内外に発信されていくことを期待したい。

176　第9章　国際協力リテラシーとグローバルな情報ガバナンス

注

94　国際防災戦略の詳細についてはISDRの事務局（http://www.unisdr.org/ ［2011年8月3日閲覧］）ならびに兵庫事務所（http://www.adrc.asia/ISDR/index.html ［2011年8月3日閲覧］）のホームページを参照のこと。

95　「兵庫行動枠組」の訳文は、外務省のホームページ（http://www.mofa.go.jp/mofaj/gaiko/kankyo/kikan/pdfs/wakugumi.pdf ［2011年8月3日閲覧］）に掲載されている。

96　認定NPO法人「持続可能な開発のための教育の10年」推進会議（ESD-J）ホームページ（http://www.esd-j.org/ ［2013年10月9日閲覧］）を参照のこと。

97　「持続可能な開発のための教育（ESD）とは？」文部科学省ホームページ（www.mext.go.jp/a_menu/kokusai/jizoku/kyouiku.htm ［2011年7月30日閲覧］）を参照のこと。

98　ここでの記述は、京都大学地位研究統合情報センター「災害対応の地域研究」プロジェクトのホームページ「記憶と忘却」セクション（http://areastudies.jp/bosai-sumatra/memory.html ［2011年8月4日閲覧］）を参照した。

99　主体的な行動を促すための安全教育の重要性は、東日本大震災の際に岩手県釜石市で多くの子どもたちの命が助かった、いわゆる「釜石の奇跡」の事例などにみることができる。釜石市では小中学生の99.8％が無事だったが、それは日ごろ自分たちで考えることを重視した防災教育の成果であった。主体的な安全教育のあり方については、Shaw and Takeuchi（2012）、寺本（2012）、矢守（2012）等を参照のこと。

ラオスの少数民族の村

第10章　日本の教育改革と新自由主義
——教育格差の拡大と市民性教育の可能性

はじめに

　教育は、基本的に極めて国内的（ドメスティック）な営みである。国民国家の枠組みのなかで、各国政府はそれぞれの歴史的・政治的・経済的・社会的・文化的な諸側面の独自性を反映しながら、教育改革を行っている。そこでは、各国の文脈に即した課題が提起され、その解決へ向けた方策が練られている。しかしながら、それと同時に、グローバル化する今日の国際社会のなかでは、多くの国が似たような教育課題に直面し、画一的な教育改革を推進しているという現状もある。とくに、新自由主義的なイデオロギーの影響を、さまざまな国の教育改革のなかにみることができる。そこでは、規制緩和や地方分権化、市場経済の競争原理などが教育部門にもち込まれ、学校や教師の自立・自律を促すとともに、教育格差の拡大や学歴競争の激化などの問題を引き起こしている。そして、それらの問題は、とりわけ「格差」という面で最も顕在化する。

　こうした状況は、途上国と先進国の別なく、多くの国でみることができる。そこで、本書の最終章となる本章では、ここまで本書で論じてきた途上国における教育改革に関する諸問題や、ESDを通して実現が目指されている「市民性の教育」をめぐる諸議論などを踏まえたうえで、私たちにとって最も身近な国である日本の教育について考えてみたい。

　本章では、日本の教育政策に新自由主義的なイデオロギーの影響がみられるようになった1980年代を起点として、その後の30年間余りに及ぶ一連の教育改革がどのような変遷を遂げてきたのかを概観する。とくに、それらの

教育改革を通じて教育分野における「格差」がいかにして拡大してきたのかを批判的に検討したい。そのうえで、ポスト・ネオリベラル時代の教育のあり方について「市民性の教育」の観点から考察を加えることを目指している。

1. 新自由主義思潮の台頭——1980年代〜2000年代へかけて

基本的に教育分野は、極めて国内的な領域であり、各国の政府（主に教育関連省）が中心となってそれぞれ主要な政策を策定している。とはいえ、グローバル化が進行する今日の各国の教育政策を横断的にみてみると、多くの国で非常に類似した取り組みを推進している状況が存在することにも気づく。その背景には、国際機関による分析や政策提言の影響もみてとることができる。

1960年代から70年代にかけて労働力予測にもとづくマンパワー開発を教育支援の主な目的としていた世界銀行は、70年代半ばから、経済成長と所得再分配を同時に促進するための「公正を伴った経済成長」アプローチと、貧困削減のための「ベーシック・ヒューマン・ニーズ」アプローチの統合を目指すなかで、費用便益分析や費用効果分析にもとづく教育政策を策定することの重要性を強調するようになった[100]。とくに1980年代に入ると、世界銀行は教育の投資効率についての調査研究を活発に行い、多くの国で教育政策の策定過程に対して及ぼした影響は非常に大きなものがあった[101]。さらに、1980年代後半から90年代にかけては、自由市場経済システムを重視しつつも、市場メカニズムを補完する形で国家が選択的な介入を行うことの必要性を指摘した。そして、教育分野においては基礎教育段階への政府による積極的な介入を認める一方、とくに後期中等教育段階以降では民間部門の活用を促した[102]。

また、経済開発協力機構（OECD）も1960年代に、教育についての国際的規模での長期計画を立案し、加盟国のために教育投資計画を提示した。その背景には、科学技術面で多様な成果を挙げていたソビエト連邦（当時）に対抗するためにも、自由主義諸国が社会経済発展のための教育の重要性を認識したことがある（文部調査局, 1962）。今日でも、OECDの教育委員会（EDC）、教

育研究革新センター（CERI）、開発援助委員会（DAC）などは、国際的な学力調査、教育指標の開発、教育の質的な向上、職業教育、高等教育などの諸分野において、さまざまな国の教育政策の形成に影響を与えている。

こうした国際機関による分析や政策提言の影響を受けつつ、各国政府は独自の政治的・経済的・社会的な状況を踏まえて、それぞれ独自の教育政策を立案してきた。日本においても例外ではなく、とくに1980年代に行われた教育改革は、その後の30年にわたる一連の教育改革の方向性を決めたものとして非常に大きな位置を占めている。

1980年代の日本の教育改革を象徴する動きが、臨時教育審議会（以下、臨教審）の設置であった。1984年に公布された臨時教育審議会設置法にもとづき、内閣総理大臣の諮問機関として設置された臨教審は、中曽根康弘首相（当時）の主導のもと、政府全体として長期的な視点から幅広く教育問題について議論を行った。審議会は、「二十一世紀を展望した教育の在り方」（第一部会）、「社会の教育諸機能の活性化」（第二部会）、「初等中等教育の改革」（第三部会）、「高等教育の改革」（第四部会）をそれぞれ議論する4つの部会から構成された。そして、各部会での議論をとりまとめながら、4次にわたって答申が出された[103]。これらの答申にもとづき、大学入学資格の弾力化、学習指導要領の大綱化・弾力化、秋期入学制、文部省（当時）の機構改革などの施策が導入された（渡部, 2006）。

この臨教審の内部では、「教育の自由化」を主張する第一部会と、それに強く反発する第三部会の対立がみられた。第一部会では学習塾を私立学校として認可すべきだといった主張なども提起されたが、それらの「教育の自由化」に関する議論に対しては文部省（当時）や政権与党であった自由民主党の文教族が反対し、規制緩和を進める中曽根首相と文部省・文教族との対立が顕在化した。結果として、いずれの答申にも「教育の自由化」が全面的に打ち出されることはなかったが、折衷案として「個性の重視・育成」を進めるべきだという考え方にもとづく、「教育の個性化」という概念が提起された。こうした「教育の自由化」や「教育の個性化」を求める議論は、その後、新自由主義的・市場主義的な教育改革の端緒を開くことになったと言われている

(藤田, 2005)。すなわち、新自由主義の影響を受けた公共政策は、どの国でも市場化(marketization)、私事化(privatization)、分権化(decentralization)、規制緩和(deregulation)といった一連の方策を積極的に導入することになるが、この1980年代半ば以降の日本の教育分野においても同様の傾向がみられた。

その後、1990年代に入ると、中央教育審議会(以下、中教審)から「21世紀を展望した我が国の教育の在り方について」と題された第1次答申(1996年)・第2次答申(1997年)が出された。この2つの答申のなかで、知育偏重になってしまっている学校教育の状況を反省し、過度の受験競争に対して歯止めをかけるための「ゆとり教育」が提唱された。「ゆとり教育」とは、自ら学び、自ら考える力を育成し、学習の基礎・基本を定着させるために学習指導要領の改訂(学習内容の一部削減を伴う)を行い、個性を生かす教育を推進することを目指すものであった。こうした教育を通して、子どもたちには「生きる力」を身につけていくことが期待された(文部省、1996、1997)。ここにも、「個」を重視する新自由主義的な思潮の影響をみることができる。

また、中央教育審議会による1998年の答申「今後の地方教育行政の在り方について」では、「地方分権・現場の自主性の尊重」が重視され、国の役割と地方公共団体の関係を見直すことの必要性が指摘された。答申のなかでは、「時代の変化に対応して、地方分権を推進し、より地域に根差した主体的かつ積極的な教育行政を展開できるようにする観点から、教育制度の一層の多様化、弾力化や基準の大綱化、弾力化を進めるとともに、都道府県や市町村の負担を軽減するため事務手続の簡素化を図るなど、その内容を見直すことが必要である」と明確に指摘されている(文部省, 1998)。そして、この答申を踏まえて、教育長の任命承認制度の廃止[104]、校長の任用資格の見直し[105]、学校評議員制度の導入といった施策が導入された。これらのいずれの施策も、地域や学校の状況・課題を的確に把握し、それらを学校教育の改善に繋げていくことが期待されており、それを答申のなかでは「地域の教育機能の向上」という観点から指摘している。

こうした政策を支える理念的な背景として、新自由主義的なイデオロギーの影響をみてとることができる。すなわち、分権化を推し進めることによっ

て、地域、さらには家庭の教育現場への参加を促すことで、効果的・効率的な学校運営の実現を目指すという考え方である。こうした考え方は、たとえば中教審の答申のなかにある次のような文章からも透けてみえてくる。答申では、地域住民の学校運営への参画を促すなかで、「学校が地域住民の信頼にこたえ、家庭や地域が連携協力して教育活動を展開するためには、学校を開かれたものとするとともに、学校の経営責任を明らかにするための取組が必要である。このような観点から、学校の教育目標とそれに基づく具体的教育計画、またその実施状況についての自己評価を、それぞれ、保護者や地域住民に説明することが必要である」と強調している（文部省, 1998）。こうした説明責任（accountability）を伴う教育目標ならびに教育計画の策定は、学校教育関係者たちの責任ある関与を促すとともに、それらの人々に過度なプレッシャーを与えることにも繋がりかねないことに留意する必要がある。

　また、「地域の教育力」と並んで、「家庭の教育力」の重要性が訴えられるようになったのも、1996年の中教審からである。96年の答申では、家庭や地域社会に役割分担を求め、学校の負担を軽減することを目指した「学校のスリム化」や、すべての教育の出発点は家庭であり、人格形成の最終責任を負うのも家庭であることが強調された。さらに、2000年の生涯学習審議会で「家庭の教育力の充実等のための社会教育行政の体制整備について」と題された答申が出されたり、2003年の中央教育審議会の答申でも、教育基本法改正の視点として「家庭教育」や「学校・家庭・地域社会の連携・協力」についての規定が盛り込まれたりした。

　こうした「家庭の教育力」を重視する姿勢は、新保守主義の影響を色濃く受けたものであり、それは2000年に出された教育改革国民会議の最終報告などを踏まえて、2006年の教育基本法の改正へと繋がっているものである。戦後間もない1947年に制定された教育基本法は、制定以来59年ぶりに全面的に改定された。教育基本法の前文において、旧法では「個人の権利尊重」を強調していたのに対して、新法は「個人の尊厳ならびに公共の精神の尊重、伝統の継承」を明記し、公共性の重視が色濃く打ち出された。また、教育基本法が改正されたことに伴い、学習指導要領も見直しがなされた。「愛国心

教育」の重要性を強調したり、家庭や地域の教育力を重視したりするなど、保守的な思想の影響を強く受けている新しい教育基本法では、文部科学省や教育委員会から学校に対する命令や指導権限が強化されたこともひとつの特徴である。

このように地域や家庭の教育力を重視することは、それまで日本の教育改革が理想としてきた「平等主義」から、地域間・家庭間の格差が教育成果に反映されることもやむを得ないとする「能力主義」的な姿勢へと、その理念を転換してくる契機となった。そして、ここに今日の日本社会に広まっている「格差」問題のルーツをみることができるのである。

こうして、1980年代半ばの臨教審以来、今日に至るまで、日本の教育政策は新保守主義と新自由主義の政策を基調としてきた。新保守主義は、グローバリズムに対抗して、国家モラルと家父長制モラルを守ろうとする方向に進み、新自由主義はグローバリズムに迎合して、個人の責任を極大化する。一見すると正反対にみえる2つのイデオロギーが共在し、教育分野に大きな影響を及ぼしている。

2. 教育「格差」の拡大

世界各国で学校教育における成果主義と競争主義を強化する新自由主義的な教育改革が、キーコンピテンシー (key competencies) などの「新しい能力」の育成を目指す教育と並行して、積極的に導入されている。とくに、1990年代以降の日本では、前節で概観したような教育改革の流れのなかで、学校評価や学校選択制の導入をはじめ、義務教育費国庫負担率を2分の1から3分の1に引き下げるなど、新自由主義と親和的な政策の導入が進められてきた[106]。

ここで気を付けなければならないことは、これらの新自由主義的な思潮の影響を色濃く受けた教育改革は、どうしても経済効率性や教育効果の向上といった、目に見えやすい領域への改革に資源を集中させる傾向にあるということである（とくに教育予算の配分決定において、そうしたことが顕在化しやすい）。し

かし、教育政策を含めた公共政策一般の策定・実施にあたり、仮に資源の最適編成を実現したとしても効率性と公平性の間にトレードオフの関係があるため (Stiglitz, 1998)、教育部門における優先的な投資領域を決定する際にも、社会の平等化と効率的な経済成長との間で矛盾や葛藤が生じやすく、それが教育政策をめぐる対立を引き起こす一因となりうる。とりわけ2000年代以降、こうした対立が教育「格差」の拡大という形で明らかになってきている。そこで、本節では「格差」の問題に焦点をあてながら、現在の日本の教育における新自由主義の影響を分析していく。

　戦後日本の社会は、高度経済成長期を経て「豊かな」社会を実現してきた。そのなかで、戦前と較べて明らかに戦後は社会の平等化が進んできた。たとえば、世帯収入の格差を表すジニ係数をみてみると、1895年から1935年にかけてジニ係数は0.4強から0.6近くへと大きくなっていったが、1955年から1995年のジニ係数の推移をみてみると0.4弱から0.3程度へと減少して、近年はおおよそ0.3程度を維持していることが分かる (原, 2009)。このように、基本的に日本社会は経済的な平等化を実現してきたのだが、その一方で、厳然たる不平等や格差、さらには差別といった問題が存在している。それは、原 (2009) が指摘するように、「身分制的差別 (いわゆる「被差別部落」)、ジェンダー間の格差、障がい者に対する差別、在日外国人や外国人労働者などエスニシティに関する格差や差別など、マイノリティ (「社会的弱者」) の問題」と、「パート労働者や無業層など、企業システムの中に正規の形では組み込まれていない周辺層ともいうべき存在」をめぐる問題である (原, 2009、255頁)。
　これらの不平等や格差、差別が2000年代に入るととくに顕在化し、現代日本の社会では、社会経済的な格差が拡大しつつあるという認識が広く浸透している。それは、主に経済学者や社会学者たちが公表してきた研究成果によって、一般の人々の意識のなかにも広まっている (たとえば、佐藤俊樹, 2000；橘木, 2006；山田, 2004；湯浅, 2008などを参照のこと)。ただし、それと同時に格差については、「格差は、頑張った人が報われた結果生じるもので、格差がある社会自体は否定されるべきではない」というように肯定的に捉える

論者も多い[107]。とはいえ、「格差」の拡大が社会問題としてマスメディアなどで取り上げられることも多く、人々の意識のなかでは重要な課題として認識されていると言って差し支えない。こうした認識は教育分野においても顕在化しており、教育格差に関する学術的な研究も活発に行われている。

1990年代後半から日本の教育における「格差」の問題が議論され始め、2000年代前半にはいくつかの重要な研究が提示された。なかでも、苅谷(2001)は、日本社会の階層分化の状況と、学力の階層間格差の拡大という現象を結びつけて捉え、学校における学習への取り組みや意欲に関して階層間格差が大きく、その結果、学力の格差も拡大していると指摘している[108]。こうした状況を苅谷(2001)は、「インセンティブ・ディバイド」と表現して警鐘を鳴らした。このインセンティブ・ディバイドとは、「努力が報われる社会」以前に、「格差社会においては、努力する環境に格差が生じている(親の収入・教育水準・教育に対する意識といった家庭環境、子供のやる気など)」ことを表している。

また、1989年と2001年に、大阪の小中学校10数校において、小学5年生と中学2年生を対象として実施された学力テストの結果を分析したところ、次のようなことがわかったと、志水(2006、340頁)は指摘している。

①子どもたちの基礎学力の水準は、確実に落ちていると言わざるをえない。
②子どもたちの家庭学習離れが進行しており、それが学力低下の一因となっている。
③できる層とできない層との2こぶラクダ化の兆しが見られる。
④子どもたちの学力と家庭背景・家庭生活との関連が、顕著に強まっている。

ここで指摘されているように、子どもたちの学力と彼らの社会経済背景との間に密接な連関がみられ、恵まれた条件にある子どもは順調に学力水準を高めているのに対して、困難な条件にある子どもは学力面でも伸び悩んでしまっている。こうした状況は、中西他(2009)が指摘するように高校レベルで

もみられ、学科や入学難易度ランクにもとづく高校の格差構造が、生徒の出身階層や卒業後の進路との間に社会的トラッキング・システムを形成している。さらに、川田（2009）は、教育水準の地域格差が、社会階層の地域格差および経済水準の地域格差と密接に関連していることを指摘し、日本の経済活動にみられる「中心－周辺」格差が、教育水準の「中心－周辺」格差に対応してみられ、そこには社会階層も深く関係していると論じている。とくに、義務教育である初等教育や高い進学率をもつ中等教育の地域格差よりも、大学卒業者の地域格差がより明確に認められることを明らかにしている（なお、ここでいう教育水準とは、個人の能力を示す教育達成度ではなく、人口のなかで一定の学校を卒業した人およびその割合で示されるものである）。

　こうした教育面での格差が拡大してきた一因として、新自由主義的な教育改革の影響をみてとることができる。新自由主義の影響が端的に表れている現象として、教育の「民営化（privatization）」の問題を挙げることができる。ここでいう「民営化」とは、公的部門のなかに民間部門の方式を取り込んでいく「公教育のなかの民営化（Privatization in Public Education）」［あるいは、内因的な民営化（endogenous privatization）］という形態と、公的部門の扉を開くことで公的部門が伝統的に独占してきた市場に民間部門の参加を促していく「公教育の民営化（Privatization of Public Education）」［あるいは、外因的な民営化（exogenous privatization）］という形態の、2種類を含むものと理解すべきである（Ball and Youdell, 2007）。いずれの形態においても、「民営化」が進むことによって、従来の公共部門において教育官僚（文科省職員や公務員教師）が行ってきた学校教育とは異なり、教育が商品化され、今日の消費社会を反映するような社会関係が教育の現場にも立ち現れる。たとえば、Karl Marxは価値を「使用価値」と「交換価値」に分けた。教育の世界における使用価値は「市民の育成」、「知的であること」、「教養」、「研究」であるのに対して、交換価値は「単位」、「学位」、「学歴」、「地位」であり、市場原理に従えば、交換価値として捉えられるものが使用価値として考えられるものを駆逐する（佐々木、2006）。ここでは、Ball（2012）が指摘するように、教育が「儲かる商品（profitable commodities）」になってしまっている。

こうした教育の「民営化」は、日本の教育現場で実際に進行している。佐々木（2006）が指摘するように、多くの私立学校が大学進学実績などを前面に出して生徒獲得を行っている。また、公立、私立を問わず、非常勤の教師が急増しており、これらの教師は短期の契約か派遣で、身分保障がなく、社会保険もなく、将来への不安を抱えたまま、ランク付けされ、時給を値切られつつ、教壇に立っている[109]。その一方では、富裕層の子弟を対象に、高額の学費・寮費がかかる受験エリートのための私立校の開設や、公立の中等学校（＝中高一貫校）のエリート校化（すなわち、受験実績を上げることを目的とした公立校の私立校化）などが進んでいる。さらには、公立中学に民間塾の講師が出張授業をし、大手の予備校が公立高校の授業と受験カリキュラムを請け負うといった、授業の「民営化」もさまざまな学校で行われている。

こういった教育の「民営化」が進むなか、たとえば神奈川県の高校入試では、定時制高校への応募者数が急増するといった現象が起きた。1990年代は毎年200人程度の応募者だったのが、2002年に600人、2005年には900人となり、その後も900人前後を推移している。これは、定時制高校の人気が上がったためではなく、2000年代に入ってから神奈川県が高校再編計画を推進するなかで、「特色ある学校作り」という標語のもとに学校の統廃合を繰り返して、2005年までに全日制高校のなかで72クラス分も減ってしまったことが原因であった。つまり、全日制の定員が減少したために、仕方なく定時制を希望する生徒の数が増加したのである。さらには、成績が悪く、経済階層の下位に位置づけられる生徒たちのなかには、公立全日制高校には成績不良のために入学できず、公立定時制高校を目指したら、定時制高校も統廃合されているために近場の学校に通うことができず、かなりの遠距離通学を強いられるといったことも起こっている。このような状況は神奈川県だけに特殊なわけではなく、佐々木（2006）が指摘するように、「学校選択の自由や『特色ある学校作り』のかけ声で、統廃合を進めてきたので、全国的に公立高校の数は減って」おり、そのうえ、よりエリート的な公立中高一貫校に予算を割り当ててきたので、「その分、他校の予算は貧しくなり、特に定時制の廃校が進ん」でいる（佐々木, 2006, 127頁）。

本来、日本の公教育制度は、日本のどこにいても、同じような質の教育を誰もが受けることができるということを目指して、明治以来、制度構築がなされてきた。とくに戦後は、民主的な学校教育の確立という目標のもと、教育の「平等化」が推し進められてきた。しかしながら、ここで概観したように、今日の日本社会では、高額の授業料を支払いながら受験エリートとしての教育を受ける子どもたちがいる一方、社会経済的に厳しい状況に置かれている子どもたちは、学業達成度や教育水準といった面でも多大な困難に直面している。このような教育格差が存在するにもかかわらず、新自由主義的な教育改革が進められてくるなか、基本的に教育分野においても「民営化」が進むことによって、「自己責任」の論理が広められてきたように見受けられる。

　ここまで論じてきたような教育格差の拡大によって生まれた現象を、佐藤(2009)は「学びからの逃走(escape from learning)」という言葉で指摘している。これは、Erich Fromm (1941/1969)の「自由からの逃走(escape from freedom)」をもじった表現であるが、「学ぶ意欲の喪失、学ぶ意味の喪失、学習時間の激減」という現象を表している。これらの現象は、とくに学力下位層(そして、その多くが社会経済的な階層の下位層)に位置づけられる子どもたちの間に顕著にみられる[110]。

　こうした状況を、佐藤は「学びからの逃走」として批判しているのだが、このような現象がとくに東アジア地域の国・地域に特徴的にみられることも指摘している。これまで、日本、韓国、台湾、香港、シンガポールといった東アジアの国・地域の教育は、「国際学力調査で実証された高い学力水準、ほぼ100％の識字率とそれを実現させた平等主義の基礎教育、子どもの高い学習意欲と教師への信頼と尊敬、少ない教育予算で高レベルの教育を実現する経済効率性」(佐藤, 2009, 276頁)といった特徴が卓越したものであると、欧米諸国から高い評価を与えられてきた。しかしながら、こうした東アジア型教育のモデルとなってきた日本の教育は、欧米諸国が2世紀近い時間をかけて緩やかに達成した教育の近代化を、わずか1世紀足らずに達成したという意味で、「圧縮された近代化(compressed modernization)」の産物である。また、

Ronald P. Doreが提唱した「後発効果(late development effect)」が発現していると理解することもできる(Dore, 1976)。

すなわち、身分・階級・階層の差異を超えて、すべての国民に教育機会を保障し、教育による社会移動(social mobility)の流動性を高めることで、教育と産業の近代化を急速に達成した。しかし、その結果、学業面での成功が社会経済的な成功へ繋がるとの考えから、学歴インフレーションも進行し、受験競争が過度に激化することとなった[111]。また、産業化を推進するために、大量の知識を画一的・効率的に伝達し、個人間の競争を組織して所定の教育内容を確実に習得させるような学校教育システムが発達した(これは、生産性と効率性を追求する大量生産のための向上システムにもたとえられる)。こうした学校教育システムを支えるのが、中央集権主義的で官僚主義的な、国家による強力な統制である。これらの背景には、日本の教育の目的が一方では国家の繁栄に置かれ、もう一方では競争による個人の社会移動(出世)に置かれてきたことがある。その結果、「国益中心の国家主義と利己的な個人主義」が教育の「圧縮された近代化」を推進してきたということを佐藤(2009)は指摘している。それと同時に、1990年代からの長引く不況のなかで、どちらの目的も十分に果たせなくなりつつあるという状況もあり、偏狭なナショナリズムの台頭なども受け、2000年代に入ってから教育の公共性が未成熟であることが、多くの論者によって指摘されてきた(たとえば、広田, 2004；藤田, 2005；宮寺, 2006；山田, 2006などを参照のこと)。

ちなみに、このような日本をはじめとする先進国で起きている現象は、途上国にとっても決して他人事ではない。実際、多くの途上国で導入されている教育改革は、新自由主義の影響を色濃く受けた先進国型の教育改革をモデルとしている。また、1990年代以来、「万人のための教育(EFA)」をはじめとする国際目標のもとに、教育機会へのアクセスが飛躍的に拡大してきたなか、教育の内容や実践により踏み込んだ改革の重要性が広く認識されるようになった。そうした教育の質を向上するためには、わかりやすく教育成果を計る指標としての「学力」を過度に重視する教育改革へと偏りがちであり、先述のような課題を先進国でも抱えているにもかかわらず、先進国型の改革を

モデルとして受容してしまう傾向が顕著である。

　さて、先述のように1980年代半ばの臨教審以来、日本の教育政策は新自由主義と新保守主義の影響を色濃く受けてきた。その間、日本の社会経済状況は、いわゆる「勝ち組」と「負け組」を生み出してきたが、教育分野においても学力上位層と学力下位層の二極分化が顕在化してきた。しかし、この問題を「自己責任」として簡単に切り捨てるべきではない。それならば、われわれには何ができるのであろうか。
　そうした問いに対して、たとえば「がんばっている学校」をみつけ、それらの学校を支援していくことの必要性を、志水（2006）は強調している。志水が「がんばっている学校」と名付けた学校で行われた学力テストの結果を他の学校と比較してみると、多くの子どもたちが中位から上位の点数を得ているとともに、下位の点数を記録した子どもがほとんどいないことがわかる。それらの学校では、さまざまな授業の工夫・改善が進められており、それと連動するように、子どもたちの学習態度も良好なものとなっている。とくに、「文化階層」が下位であったり、父親が「非大卒」であるといったグループの子どもたちの学力が、それらの学校ではかなり高い水準に達していることが明らかになった。
　こうした分析を通して、学校における地道な学力保障の取り組みが、子どもたち（とりわけ不利な環境下にある子どもたち）の基礎学力を向上させている様子がわかった。欧米の効果的学校（エフェクティブ・スクール）に関する諸研究を踏まえたうえで、志水はこれらの学校を「日本版エフェクティブ・スクール」であると指摘している。そして、「子どもたちに、責任ある大人として生活していくために不可欠な『学力』と『社会性』を身につけさせることが公教育のつとめだとすれば、それを成し遂げるための主要な舞台は『公立学校』である」（志水, 2006, 347頁）と主張し、日本における教育の公共性を改めて高めていくことの重要性を訴えている。

3. 教育における公共性の再構築――「市民性の教育」の可能性

　前節で、日本において教育格差が拡大している状況について概観したうえで、教育の公共性が失われているという問題を指摘した。こうした見解は多くの論者が指摘しているところであり、たとえば藤田(2005)は、戦後日本の公教育制度を肯定的に評価したうえで、日本における一連の教育改革をよくみると、「改革至上主義」が教育における公共性の崩壊をもたらしてきたと批判している。

　そうした状況のなか、資金、財、労働力、技術などが自由に移動するグローバル資本主義においては、経済や文化が国際化し、移民などが増加するといった現象が起こることに伴い、多文化共生の教育の必要性が高まり、民主主義の発展と公共モラルの育成を求めて「市民性の教育」が多くの国で推進されるようになっており、このことは日本においても例外ではない(佐藤, 2009)。

　また、基本的に、市場原理の経済思想にもとづく新自由主義は、公的部門に対する国家の関与・介入を限定的なものにすることを求めている。そうした新自由主義の台頭に伴い、再分配機能が国家から市場に譲渡されつつあるなか、国家の相対化が進み、国家と国民個人の関係性が変質し、「自立・自律した市民」が「自己責任」をもって競争社会を生き抜いていくことが期待されるようになった(嶺井, 2007；村田, 2001)。しかし、それと同時に、とくに多文化・多民族・多言語な社会環境を有する国においては、教育を通した国民統合やナショナル・アイデンティティの涵養が不可欠になっている[112]。このことは、新自由主義のイデオロギーにもとづく教育改革が、しばしば国家主義的な思潮と相互補完的な関係を保ちながら推進されるという、二宮(2002)の指摘を裏づけることになろう。

　このように、一見、相矛盾しているかとも思われる、個人と国家をともに成り立たせるための教育のあり方が多くの国で模索されているなか、改めて教育改革の担い手が誰であるべきかを考えることが必要である。その問いかけに対する答えは、まず何といっても「市民」であり、政府をはじめとする

第2部　持続可能な社会を実現するための「市民性の教育」　191

公的なアクターは、あくまでも「市民」の自立的・自律的な改革を支援する役割を果たすべきである。こうした考えにもとづき、本節では、教育の公共性を再構築するために「市民性の教育」がもっている可能性について考えてみたい。

　多くの国では、国民国家の形成過程のなかで近代学校教育が重要な役割を果たしてきた。それは、学校教育がリベラル・デモクラシーを担う市民の育成に大きく貢献し、その結果、社会の安定がもたらされるという考え方が広く共有されているからである。ここで意味するリベラル・デモクラシーは、単に平等主義(egalitarianism)の理念を反映するのみならず、「自由な市場には自由な政治制度が欠かせない」(Kennedy, 2004, p.10)という理解のもとに、経済発展においても不可欠な要素として機能することを指摘しておきたい。
　その一方、政治、経済、社会、文化といった多様な領域にわたるリベラル・デモクラシーが、今日では脅威にさらされていると言わざるを得ない状況がある。それは、経済資本、労働力、情報技術、コミュニケーションなどのグローバル化の進展と、冷戦構造の終焉以降にみられる民族や宗教などにもとづく衝突とそれに伴う政治的な不安定状況が、国民国家としての伝統や価値観、ナショナル・アイデンティティといったものに疑問を突きつけていることに起因する。そのため、近年の教育改革の潮流のなかで、「市民性の教育」が重視される傾向がさまざまな国でみられる[113]。
　同じような状況は、日本社会においてもみることができる。それと同時に、戦後日本の教育改革を振り返るなかで、あえて「意図的な国家統合」を図るための市民性(citizenship)という問題が根底にはあることを指摘したい。すなわち、知識として、民主主義の手続きを教えることは比較的容易であるが、それが、当該国の制度や政治文化に裏打ちされていない場合には、シチズンシップや民主主義の知識は、文脈から切り離され、実態的意味をあまりもたないものになってしまう。そのため、そうした価値形成に関わる教育においては「何を教えるのかという判断を誰がするのか」という点にも注意を払わなければならない。この点こそが市民性教育における重要な課題であり、と

くに民主主義や市民性、ナショナル・アイデンティティなどに関わるような教育内容の選別に関する正統性を政府が独占するのではなく、そうした選別の過程に個人やコミュニティの立場からも主体的に参加していく機会が保障されることが欠かせない。それにもかかわらず、新自由主義の思想的潮流が日本の教育政策に大きな影響を及ぼしてきたなかで、この「国家統合」という問題に関しては、「愛国心教育」という形で顕在化し、教育基本法の改正へと繋がっていったことに注意を払わなければならない。

また、1980年代半ばまでの日本の教育改革では、アカデミックな教科の達成度に対する過度な関心の高さに較べて、市民性や道徳、価値といった一人ひとりの人間のあり方に対する関心は必ずしも深まってこなかった。しかし、今日の世界では経済のグローバル化、人の移動、環境破壊など多様な問題が湧き起こっており、こうした状況のなか、経済成長モデルの開発ではなく、人間中心の社会のあり方を考えることがより重要になっている。本書の後半でESDとの関連から検討を加えてきた「市民性教育」は、そうした社会のあり方を教育分野から考えていくうえで多くの示唆をもたらす。また、政府をはじめとする公的なアクターは「市民」による自立的・自律的な「下からの改革」を支援することが期待されており、それこそがポスト・ネオリベラル時代における教育政策の策定・実施のあり方ではないだろうか。

ただし、理念としては学校やコミュニティといったローカル・レベルからの自立的・自律的な教育活動が目指されている市民性教育であるが、実際には行政側からの働きかけが大きな役割を担っていることも指摘しておかなければならない。学校教育のなかで政府が主導して市民性教育を推進するということは、個人やコミュニティの自発性が出発点となるべき市民性教育の理念とそもそも矛盾してしまう危険性を孕んでいることを見逃してはならない。そうしたなか、大学も含めた教育機関（学校）が地域に密着した形で市民性教育をどれだけ推進していけるのかということが、今後さらに問われてくるであろう。そして、そうした学校こそが、志水の名づける「がんばっている学校」であることを指摘しておきたい。

結び——リベラリズムの原点へ

　近代日本の教育政策は、「教育が普及すれば社会の発展につながるという機能主義的な教育観」にもとづくものであり、基本的には教育の社会的機能を積極的に評価し、教育を通した国民統合や体制の維持・再生産を促進しようとする立場に立ってきた。こうした教育改革の方向性は、功罪を併せもったものとなっている。たとえば、国民教育の旗印のもとに教育の近代化を進めたことは、国内での均質的な教育の普及に大きな貢献をした。しかし、学習指導要領が大きな強制力をもっている問題や、国旗掲揚・国歌斉唱を卒業式などの式典で教職員に強制する問題にみられるように、画一的な教育モデルが学校現場に押し付けられてきたことで、閉塞感が生まれたことも事実である。そうしたなか、新自由主義的な教育改革の動きは、柔軟な教育モデルを可能にはしたが、地域間・階層間の教育格差の拡大を招いてしまった。さらには、教育の地方分権化が、積極的に学校運営へ参加することが難しい階層を顕在化させ、格差をさらに拡げる方向に作用してしまっている。

　また、ポスト・ネオリベラル時代の教育改革において、政府に求められる役割は確実に変容している。もちろん、国家の教育目標を提示することで規範や基準を設定したり、それらの目標を実現するための教育行財政の制度を整備したりするといった、国家が担ってきた従来の役割を放棄しなければならないというわけではない。むしろ、国レベルで「市民」の視点に立った教育政策の立案・実施を促進するためにも、政府が従来の役割を果たしながらも、そうした視点の重要性をさまざまな利害関係者（ステークホルダー）に対して訴えていくことが必要である。その際、基本的に政府が主導する教育改革のなかに、市民主導型の「市民性の教育」の要素をバランスよく採り入れていくことが欠かせない。

　こうした先進国で起きている現象を踏まえると、本書の第3章で論じたような途上国の能力開発を支える人材育成について考える際も、単に教育機会へのアクセスが拡大していることを、それで良しとして首肯するわけにはいかないことがわかる。実際には、過度に「学力」に偏重した教育のあり方が

重視され、教育の公共性について十分な議論を重ねることなく、国際協力や開発援助といった文脈のなかで、新自由主義的な教育改革を積極的かつ無批判に導入・促進してしまっているケースがしばしばみられる。こうした点に留意しつつ、途上国の能力開発とそれを支える人材育成に対して教育セクターが果たすべき役割について、さらなる検証を行っていくことが不可欠である。

とくに途上国では、社会経済開発を進めるうえで十分な能力開発を実現できるための教育改革を行っていくことが欠かせない。にもかかわらず、今日、多くの途上国で導入されている教育改革をみると、いわゆる新自由主義的な思潮の影響を大きく受けながら、必ずしも途上国の文脈に沿った改革が行われているとは言えない側面がある。そのため、まずは先進国・途上国を問わず、新自由主義的な思潮がどのように教育改革に影響を及ぼしているのかをさらに検証し続けるとともに、途上国における教育改革のあり方について検討を加えていく必要がある。

加えて、どの社会においても、民主主義の理想を継承し発展させる場として、とくに学校教育の役割が重要であることは、今後も変わらないであろう。第6章でもすでに触れたが、John Dewey(1916/1944)は『民主主義と教育』のなかで、学校教育の果たす機能として「社会的統合の推進」、「(社会的・経済的な)不平等の是正」、「(個々人の)人格的発達の促進」を挙げている。その背景には、当時の欧米諸国の社会状況(産業化と都市化の進展、労働者と市民を主体とする民主主義の発展、社会的権利に対する意識の高まり、児童労働の蔓延、女性の社会進出、等)のなかで発展した自由主義教育の理念をみることができる。こうしたリベラリズム教育思想の源流であるDeweyの主張は、今日さまざまな国で取り組まれている教育改革のあり方を考えるうえで非常に示唆的である。すべての人に保障されるべき教育権のあり方を考えるうえで、民主主義の担い手となる主体を形成する教育とはいかなるものであるのか、さらには人々にとっての「幸福」とは何であり、教育が人々の幸福を実現するうえでどのような役割を果たすことができるのかという問題を、今後ますます考えていく

ことが必要である。

　本章では、日本の教育改革における新自由主義的なイデオロギーの影響と、その結果として生じている教育「格差」の拡大という問題について、批判的に論じた。今日のわれわれに求められていることは、もう一度リベラリズムの原点に回帰するなかで、懐古趣味に陥るのではなく未来志向にもとづき21世紀の教育のあり方を一人ひとりの「市民」の立場から捉え直すことで、ポスト・ネオリベラル時代の教育を構想していくべきであると指摘して、本章の結びとしたい。

注

100　こうした姿勢は、とくに途上国の教育分野への融資拡大などに顕著にみられた。たとえば、開発目標としての貧困撲滅の重要性を指摘したChenery, et al.(1974)は、世界銀行が公正を伴う経済成長は達成可能であることを主張するうえでの理論的支柱となった。

101　このような世界銀行のアプローチの転換が行われた背景については、Psacharopoulos (2006)を参照のこと。

102　世界銀行の教育分野に対するアプローチの変遷については、廣里(2001)、Heyneman(2005)、Jones(1992/2007)、Psacharopoulos(2006)を参照のこと。

103　臨教審が提示した答申は、次の通りである。第1次答申(1985年)「我が国の伝統文化、日本人としての自覚、六年制中等学校、単位制高等学校、共通テスト」、第2次答申(1986年)「初任者研修制度の創設、現職研修の体系化、適格性を欠く教師の排除」、第3次答申(1987年)「教科書検定制度の強化、大学教員の任期制」、第4次答申(1987年)「個性尊重、生涯学習、変化への対応」。

104　答申では、「各教育委員会が、地域の状況に応じて、主体的かつ積極的に教育行政を展開していくためには、地方公共団体が自己の責任において教育長に適材を確保するシステムを導入することが求められる」ため、「国又は都道府県が外部から関与することを改め、地方公共団体の責任において適任者を選任する観点から任命承認制度を廃止」することを提言している(文部省, 1998)。

105　1998年の答申を受けて、2000年4月に「学校教育法施行規則」第8条が改正された。これによって、教員免許状を所有しなくても、10年以上教育に関する職に就いた経験がある者やこれと同等と認められる者に校長の任用資格を認めることで、民間人等を校長に登用することができるようになった。

106　義務教育費国庫負担制度は、国民のすべてに対してその妥当な規模と内容とを保障するため、国が必要な経費を負担することにより、教育の機会均等とその水準の維持向上とを図ることを目的としている。そのため、国の負担比率を下げたということは、教育の量的ならびに質的な面での維持向上を図るためにかける教育予算が地方ごとに

ばらつく可能性を高め、ひいては教育機会や教育内容における地方間格差を拡大する結果をもたらす危険性がある。

107 とくに2000年以降では、保守系の政治家、研究者、企業経営者といった、新自由主義や新保守主義を奉じる人々のなかで、「格差」について肯定的な発言が繰り返し提示されている。こうした論者としては、小泉純一郎や安倍晋三といった政治家、中西輝政、竹中平蔵、八代尚宏などの学者、奥田碩、宮内義彦、御手洗冨士夫、鈴木修といった財界人、三浦朱門のような文学者の名前を挙げることができる。

108 ここでいう「学力」とは、基本的に「学業達成 (academic achievement)」のことであり、従来型の学力テストで測定することができるものを指している。

109 2009年度のデータをみると、全国の国公私立を合わせた小学校教員数が約39万人、中学校教員数が約23万人である。それに対して、公立小中学校の非常勤講師として約1万4,000人分のポストが設けられた(毎日新聞、2008年12月18日朝刊)。教員全体のなかで非常勤講師が占める割合は大きくはないが、2008年度までは非常勤講師数が約7,000人であったところに、ほぼ倍増した。その理由として、常勤の教員のポスト増を文部科学省が求めたのに対して、財務省が予算難を理由に常勤ポストの増加を拒み、その代わりに非常勤ポストを増加することになったという事情がある。

110 たとえば国際教育到達度評価学会 (IEA) の実施したTIMSS調査 (1995年) では、中学校2年生の校外での学習時間(塾を含む)が、国際平均の3.0時間に対して日本の子どもたちは2.3時間であり、比較可能な37カ国中30位であった。さらに、4年後のTIMSS-R調査 (1999年) では、1.7時間(国際平均は2.8時間)にまで減少し、37カ国中35位に転落している。近年のTIMSS調査でも似た傾向が続いており、2003年の調査では中学校2年生の学校外での時間の過ごし方として、宿題をする時間(日本：一日当たりの平均時間が1.0時間、国際平均：1.7時間)が調査対象国のなかでも最も短い一方、テレビやビデオをみる時間(日本：2.7時間、国際平均：1.9時間)は最も長いという結果となっている。また、2007年調査でも、宿題をする時間が1.0時間(国際平均：1.6時間)、テレビやビデオをみる時間は2.5時間(国際平均：1.8時間)と、あまり変化していないことがわかる。

111 ただし、苅谷 (2002) は、実際には戦後日本における受験戦争はそこまで激化したわけではなく、一部の受験生の間にみられた問題が多くの人々の関心を集めるようになるなかで、「過度の受験戦争」というものを問題視する一般の人々の視線が強められていった、と指摘している。こうした指摘には一定の妥当性を認めることができるが、それと同時に、1970年代以降、偏差値による大学の序列化が一般化し、高等教育への進学率の上昇とも相まって、高等教育への進学希望の高まりと受験に対する精神的なストレスが若年層の間に増大してきたことは否定できない。

112 こうしたトランス・ナショナル化やグローバル化と同時に進行する国民性の強化に関する、とくに東南アジアの国民統合と教育の事例として、村田 (2001) 所収の諸論考を参照のこと。

113 Kennedy (2004) は、近年の欧米ならびにアジア諸国における教育改革のなかで公民教育や市民性の教育が重視されている様子を、多様な先行研究をレビューするなかで詳述している。

おわりに

　グローバル化時代の途上国においては、知識基盤社会を生き抜く競争力を備えた人的資源の開発が喫緊の課題となっている。また、多元的な価値観を尊重しつつ、いまだ強固な国民国家の枠組みを維持するために、多くの途上国では教育を通したアイデンティティや市民性の涵養が重要な意味をもっている。こうした今日の途上国が置かれた状況を踏まえ、国際教育開発研究のあり方を検討することが、本書の目指したところである。

　また、教育分野においても他の諸分野と同様にグローバル化が進展するなか、先進国と途上国の区別なく画一的な教育改革が、新自由主義的なイデオロギーの影響を色濃く受けながら進行している。そこでは、規制緩和や地方分権化、市場経済の競争原理などが教育部門にももち込まれ、学校や教師の自立・自律を促すとともに、教育格差の拡大や学歴競争の激化などの問題を引き起こしている。とくに、教育制度や教育行政の整備が十分に進んでいない途上国においては、国際機関や先進国の支援を受けながら、一般的に先進国で行われている教育施策をモデルとして導入せざるを得ない状況がみられる。こうした途上国の教育分野をめぐる環境を理解するうえで、本書で提示した議論が少しでも参考になれば嬉しく思う。

　教育が、「子供あるいは若い世代を善くしようとする親あるいは大人の世代の働きかけ」（村井, 1974, 7頁）であるとすれば、教育という営みは学校でのみ行われるわけではなく、それぞれの社会において豊かで多様な教育実践が積み重ねられている。この「善さ」という言葉は、筆者が学生時代に教育学を学び始めたとき、最初に出会った言葉である。人間は、この世に生を受け

た瞬間から、常に「善く」なろうとする存在であるという考え方は、私にとって教育を考える際の重要な道標(みちしるべ)となってきた。

しかしながら、この世界には、そうした「善く」なろうとする願いや想いをもつにもかかわらず、教育を受けるための十分な機会が保障されていない人々が大勢いる。あるいは、たとえ教育を受けることができたとしても、必ずしも質の高い教育が提供されるわけではない。さらには、教育を受けた後に社会へ出ても、教育を通して身につけた知識や技能を十分に活かすことのできる環境が整っていない場合もある。こうした問題は、とりわけ途上国と呼ばれる地域に暮らす人々にとって、非常に深刻な現実として突きつけられている。

途上国社会に生きる人々が「善く」生きようとするなかで、いかなる困難に直面し、それをいかにして越えていくことができるのか。また、そうした人々に対して、国際社会の一員としてわれわれは何をすることができるのか。本書は、途上国に生きる人々が教育を通して自らの生について考え、自己実現を行っていくことが重要であるという問題意識にもとづき、彼ら・彼女らが自分らしく生きるための「主体性」の所在について考察を加えるうえでも、国際教育開発研究は何らかの役割を果たすことができるのではないか、という思いを抱えながらまとめたものである。甚だ不十分な論点しか提示することはできなかったが、能力開発やエンパワーメント、ライフ・スキル、ESD、市民性の教育、権利としての教育などをめぐる本書の議論は、そういった意図にもとづくものである。

このような意味で本書は、教育学的関心にもとづきながら国際教育開発研究の射程を提示しようという試みであった。そのため、本書の各章には、実証研究としての側面と規範研究としての側面が混在することになった。すなわち、より客観的なデータにもとづく実証研究として国際教育開発研究を位置づけるとともに、「～すべきである」といった規範的な側面からも国際教育開発研究のあり方を検討することが重要であると考えた。教育学者たちのなかにはさまざまに異なる考え方があると思うが、筆者にとって教育学とは実証的な側面と規範的な側面の両面から構成される学問領域であり、それぞ

れの側面から学術的な知見を積み重ねていくとともに、相互に影響し合うことが必要であると考える。このことは、国際教育開発研究を教育学（とくに比較教育学）の一領域として位置づけていくうえで欠かせない。しかしながら、これまでの国際教育開発研究において、こうした作業が十分に（かつ意識的に）行われてきたとは言い難く、筆者はそうした試みのひとつとして本書を構想した。それがどの程度実現できたかは、読者諸賢のご判断に委ねたい。

なお、本書の各章は、これまで筆者が発表してきた論考に加筆修正を行ったものである。各章の初出は、次の通りである。なお、第10章は原文を和訳したものであり、「おわりに」は書き下ろしである。

序　章	「開発途上国における基礎教育の普及」『三田評論』No. 1150, 2011年11月, 42-45頁.
第1章	「政策科学としての比較教育学－教育開発研究における方法論の展開－」『教育学研究』第78巻第4号, 日本教育学会, 2011年12月, 361-373頁.
第2章	「比較教育学と開発研究の関わり」『比較教育学研究』第31号, 日本比較教育学会, 2005年6月, 241-252頁.
第3章	「途上国における能力開発と教育の役割」『農学国際協力』No.13, 名古屋大学農学国際教育協力センター（掲載予定）.
第4章	「開発途上国における教育政策評価と教育指標の活用」『教育学研究』第75巻第4号, 日本教育学会, 2008年12月, 393-404頁.
第5章	「教育とジェンダー－男女間の格差是正と女性のエンパワーメント－」勝間靖編『テキスト国際開発論－貧困をなくすミレニアム開発目標へのアプローチ－』ミネルヴァ書房, 2012年3月, 210-227頁.
第6章	「持続可能な開発のための教育（ESD）における『市民性の教育』に関する理論的考察」『上智大学 教育学論集』第46号, 2012年3月, 31-47頁.
第7章	「カンボジア－EFAとの相互補完的な関係－」立教大学ESD研究

センター監修，阿部治・田中治彦編『アジア太平洋地域のESD－〈持続可能な開発のための教育〉の新展開』明石書店，2012年3月，144-159頁．

第8章　「平和構築のための国際教育協力に関する概念的考察－『権利としての教育』を考える－」『上智大学教育学論集』第47号，2013年3月，1-18頁．

第9章　「国際社会に向けた情報発信－グローバルな情報ガバナンスと教育の役割－」『IATSS Review：国際交通安全学会誌』Vol.36, No.2, 2011年10月，120-126頁．

第10章　"The Influence of Neo-Liberalism on Japan's Educational Reforms," in Turner, D. A. and Yolcu, H.(eds.), *Neo-liberal Educational Reforms: A Critical Analysis.* New York: Routledge, 2014, pp.118-138.

　教育を受けることは基本的な人権であるとともに、教育を受けた人々は経済成長の原動力にもなる。また、教育を受けて自立した「市民」を育成することによって、国家や社会を統合するための基盤づくりが進むと期待される。このように教育の目的は多様である。とはいえ、その一番の目的は、平和な世界を実現するために、国際的な理解や協調を支える一人ひとりの地球市民を育てることである。

　こうした思いをもって、大学生のころから途上国の教育開発に関心をもち、バングラデシュの農村で小学校支援を行うNGOの活動に参加したり、第三世界の教育研究会という途上国の教育研究に携わる専門家たちの研究会に出席するようになった。1990年代前半の当時は、日本における国際教育開発研究の萌芽期ではあったが、まだこの分野について体系的に学ぶことは難しかった。そのころ、無知な大学生であった私は、途上国の教育研究に取り組んでいる先生方に対して、アジアの国に教育援助をしたいという思いを何の考えもなしに伝えては、かなり厳しく叱責を受けたりした。

　と言うのも、太平洋戦争のなかで他国を侵略し、皇国民教育を行ったりし

た傷跡の記憶が、戦後、アジア各地の人々の間には色濃く残っていた。とくに、教育という分野は、国民のアイデンティティ形成に重要な役割をもつ領域であり、アジアの人々の間には日本の植民地支配によって自分たちのアイデンティティが土足で踏みにじられたという思いもあったはずである。そうしたなか、アジア諸国の教育に関心をもった研究者たちは、留学や現地調査の際に石を投げつけられたりするといった苦い経験をしながらも、長年にわたって地道な信頼関係を現地の方々と築き上げながら研究を積み重ねられていた。そういった先生方の目には、無邪気に教育援助が重要だ、アジアの人たちの手助けをしたいと言っていた大学生は、いかにも考えの浅い若者に映ったことだろう。

　それでも、多くの先輩方に応援していただき、カリフォルニア大学ロサンゼルス校（UCLA）に留学することができた。博士号取得後にはユネスコのパリ本部教育局に勤務し、本書でも概観したEFAを推進する事務局に配属され、途上国の教育政策づくりのお手伝いをさせていただくという貴重な経験をする機会に恵まれた。また、こうして国際教育開発の実務でキャリアをスタートさせたころ、日本における国際教育開発の実務や研究を取り巻く環境も変化しており、途上国への教育援助を積極的に行うようになっていた。私は2000年からユネスコで勤務をしたのだが、そのころお会いした日本人の研究者や実務家の方々は国際会議でも活発に議論へ参加され、かつての教育援助に消極的だった日本の様子とは一変していたことに驚かされたものである。その背景には、戦後50年を経て、アジア諸国の間でも日本の教育援助に対する警戒感が薄れ、むしろより積極的に教育援助を行って欲しいという声が高まったことなどがある。

　その後、名古屋大学大学院国際開発研究科、上智大学総合人間科学部教育学科を経て、2013年4月から東京大学大学院教育学研究科の教壇に立ち、国際教育開発に関わる研究と教育に取り組み続けている。いずれの職場においても、それぞれ素晴らしい同僚や優れた学生たちに恵まれ、幸福な研究者人生・教育者人生を歩んでいることに、心から感謝している。

本書は、私が大学教員として日本に帰国してから10年近くにわたって行ってきた研究をまとめたものである。これらの論考を執筆するなかで、非常に多くの研究者や実務家の方々のご指導やご支援を受けてきた。本来であれば、それらすべての方のお名前を挙げて、感謝の言葉を述べなければならない。しかしながら、紙幅の制約もあるため、ごく一部の方々のお名前を挙げるしかできないことをお許しいただきたい。

　まず、私が比較教育学者として国際教育開発研究に取り組む道を開いてくださった、故馬越徹先生(元名古屋大学名誉教授)とJohn N. Hawkins先生(UCLA名誉教授)に心からの謝意を申し上げたい。比較教育学の先達として仰ぎみてきた両先生には、比較教育学のなかで国際教育開発研究が果たすべき役割はますます大きなものになるのだから頑張りなさいと、常に励ましていただいた。また、私の学部時代の恩師である故田中克佳先生(元慶應義塾大学名誉教授)、山本正身先生(慶應義塾大学教授)、真壁宏幹先生(慶應義塾大学教授)の長年にわたるご指導に感謝申し上げたい。慶應の先生方には、私が研究や進路で迷ったり悩んだりする度に、自分の信じた道に自信をもつようにと応援していただいてきた。馬越先生と田中先生に本書をご覧いただくことができないことはとても残念ではあるが、先生方の学恩に深く感謝している。

　ユネスコでは、松浦晃一郎氏(元ユネスコ事務局長)、岩本渉氏(元中等職業教育部長・現文部科学省国際分析官)、Abhimanyu Singh氏(元Dakar Follow-up Unit部長・現北京事務所長)をはじめとする多くの方に支えていただき、充実した仕事に取り組むことができた。ユネスコでの経験が、私の国際教育開発研究の方向性を決めたと強く感じている。また、本書の各章においてユネスコに関する記述が多くなってしまったが、それはユネスコがそもそも国際的な教育の普及・改善において大きな役割を果たしてきたことが主たる理由ではあるのだが、同時に筆者自身の個人的な思い入れの強さによるものであることも付言しておくべきであろう。

　日本に戻ってきてからは、名古屋大学、上智大学、東京大学の同僚の先生方に、いつも温かく見守っていただいてきたことに、心から感謝申し上げたい。とくに、私を名大に呼んでくださった大塚豊先生(福山大学教授・前日本比

較教育学会会長)からは、研究者としての姿勢というものを常に学んでいる。大塚先生の研究に対する真摯なお姿からは、学問の厳しさとともに、知的探究の奥深さを強く感じる。

　そして、武内和彦先生(国連大学上級副学長・東京大学教授)、潮木守一先生(名古屋大学名誉教授)、二宮晧先生(比治山大学学長)、村田翼夫先生(筑波大学名誉教授)、斉藤泰雄先生(国立教育政策研究所名誉所員・フェロー)、内海成治先生(京都女子大学教授)、澤村信英先生(大阪大学教授)、西野節男先生(名古屋大学教授)、高橋基樹先生(神戸大学教授)、小川啓一先生(神戸大学教授)、恒吉僚子先生(東京大学教授)、岡田亜弥先生(名古屋大学教授)、渡辺文夫先生(上智大学名誉教授)、田中治彦先生(上智大学教授)、杉村美紀先生(上智大学教授)、勝間靖先生(早稲田大学教授)、江原裕美先生(帝京大学教授)、吉田和浩先生(広島大学教授)、James H. Williams先生(ジョージ・ワシントン大学准教授)、蟹江憲史先生(東京工業大学准教授)、森下稔先生(東京海洋大学准教授)、浜野隆先生(お茶の水女子大学准教授)、米澤彰純先生(名古屋大学准教授)、服部美奈先生(名古屋大学准教授)、近田政博先生(神戸大学准教授)、中井俊樹先生(名古屋大学准教授)、山田肖子先生(名古屋大学准教授)、西村幹子先生(国際基督教大学上級准教授)、關谷武司先生(関西学院大学准教授)、日下部達哉先生(広島大学准教授)、鈴木隆子先生(九州大学准教授)をはじめとする多くの先生方に支えていただいていることに、いつも感謝している。

　こうした同僚研究者のなかでも私にとって特別な存在が、廣里恭史先生(上智大学教授)と黒田一雄先生(早稲田大学教授)のお二人である。私にとっては、国際教育開発研究の世界における兄のような存在であるお二人からは、いつも本当に温かいご支援とご指導をいただいている。途上国を含めた海外への出張をご一緒したり、出版プロジェクトを立ち上げたり、美味しい食事とお酒とともに公私にわたるさまざまな話で盛り上がったりと、お二人に導かれながら私は研究者としての道を歩いていることを常に実感している。

　また、教育学者として尊敬する佐藤学先生(東京大学名誉教授・学習院大学教授)からの励ましは、自らの研究の道を切り拓いていこうという私の原動力になっている。そして何よりも、仰ぎみる存在である佐藤先生から掛けてい

ただく一言一言が、私にとっては教育学者としての生き方を考えるうえでの貴重な道標である。

さらに、研究と実務を架橋することが国際教育開発研究においては非常に重要である。とりわけ、国際協力機構（JICA）の方々との対話や協働を通して、私なりの研究を考えることができている。JICAの萱嶋信子氏（前人間開発部部長）、佐久間潤氏（東南アジア・大洋州部次長）、石原伸一氏（人間開発部次長）、梅宮直樹氏（マレーシア駐在）をはじめ、とくに教育タスクの方々に心よりお礼申し上げたい。

これまで出会ったさまざまな国の教育学者や教育専門家たちから、実に多くを学んできたことも記しておきたい。とりわけ、この10年以上にわたって私が主たる研究のフィールドとしているカンボジアの共同研究者たちや教育関係者たちに、心からの感謝を申し上げたい。なかでも、Chet Chealy博士（王立プノンペン大学（RUPP）学長）、Sam Dy Sideth博士（RUPP教育学部長）、Chhinh Sitha博士（RUPP教育学大学院副院長）をはじめとする素晴らしい教育学者たちとの対話と、現地の子どもたちや学校関係者、保護者の方々との出会いのなかから、本当にたくさんのことを常に学んでいる。

なお、本書をまとめるにあたっては、山﨑瑛莉さん（東京大学特任研究員）に最終稿の整理をお手伝いいただいた。博士論文執筆中のお忙しいなかにもかかわらず、長時間にわたり丁寧な作業をしてくださったことに感謝申し上げたい。

本書を完成させるまでには、平成20-22年度日本学術振興会科学研究費補助金・基盤研究（B）、平成23-26年度日本学術振興会科学研究費補助金・若手研究（A）、平成25-26年度環境省環境研究総合推進経費戦略課題S-11をはじめとするさまざまな研究支援を受けてきた。これらの研究資金によって、国内外で充実した研究活動を行うことができている。こうした公的資金が自らの研究活動を支えてくださっていることに感謝しつつ、少しでも社会に還元することのできる研究成果を積み上げていけるよう、さらなる精進を重ねていく所存である。

こうして拙い書物ではあるが、本書を出版することができたのも、ひとえに東信堂の下田勝司社長からのご支援によるものである。下田社長とは、2004年6月に名古屋大学で開かれた日本比較教育学会の場で初めてお目にかかった。同大会のシンポジウムで、ユネスコを離れ日本に帰国してまだ日が浅かった私は、日本の学会での議論がどのように行われてきたかといったことをあまり理解しないまま、いまから思うとかなり乱暴な議論にもとづく発表を行った。それは、比較教育学のあり方に対して、また国際教育開発研究の意義に関して、私なりに一石を投じるつもりで行ったとはいえ、基本的には拙い発表であった。しかし、その発表を聞いてくださった下田社長は、ぜひその調子が頑張っていくようにと励ましてくださった。それ以来、編著などの出版に関していつも大変お世話になっているが、下田社長からは「必ず単著を書きなさい」と常に言っていただき、いつしかそれが下田社長と私の間の約束になった。10年近くにわたるその約束を、こうした形でようやく果たすことができることを嬉しく思うとともに、駆け出しの若手研究者であった私にいつも温かいお言葉をかけて励まし続けてくださった下田社長のご厚意と編集者としての情熱に、深甚なる謝意を表したい。

　それから、父と母をはじめとする私の家族に、心からお礼を述べたい。途上国の教育研究を一生の仕事にしたいと言った私に、研究者というのは厳しい道であると最初は猛反対をしていた父だったが、母や私の3人の兄たちが励ましてくれるなかで、いつしか父も私の道を認め、応援してくれるようになった。一昨年の8月に他界した父に、本書を見せることができなかったのは心残りではあるが、父に恥ずかしくない仕事をこれからも積み重ねていきたい。また、近くに住む妻の両親には、共働きの私たちをいつも支えてもらい、そのお陰で妻も私も研究者として充実した仕事をすることができている。義理の両親にも、心から感謝したい。

　最後に、妻の規子と娘の清香に、心からの感謝を述べたい。家族であり、同志でもある妻とは、これまでも一緒に研究者の道を歩いてきたし、これからも励まし合いながら一緒に歩いていくだろう。毎月のように海外出張がある私を、妻と娘が支えてくれるからこそ、こうして思い切り研究に打ち込む

ことができている。この幸せに感謝しながら、これからも私なりの国際教育開発研究の道を切り拓いていきたい。

2015年1月15日
　　　　　　　　　　　　初春の本郷キャンパスの研究室にて
　　　　　　　　　　　　　　　　　　　　　　　　北村 友人

参考文献

石附実編(1996)『比較・国際教育学』東信堂.
今井重孝(1990)「比較教育学方法論に関する一考察―『一般化』志向と『差異化』志向を軸として―」『比較教育学研究』第16号, 19-30頁.
内海成治(2004)『アフガニスタン戦後復興支援―日本人の新しい国際協力―』昭和堂.
内海成治(2005a)「緊急教育支援の動向と課題」広島大学教育開発国際協力研究センター『国際教育協力論集』第8巻第2号, 15-24頁.
内海成治(2005b)「紛争後の国への教育協力の課題―アフガニスタンを事例として―」『比較教育学研究』第31号, 15-27頁.
内海成治・澤村信英・高橋真央・浅野円香(2006)「ケニアの『小さい学校』の意味―マサイランドにおける不完全学校の就学実態―」『国際教育協力論集』第9巻, 第2号, 27-36頁
内海成治・高橋真央・澤村信英(2000)「国際教育協力における調査手法に関する一考察―IST法によるケニア調査をめぐって―」『国際教育協力論集』第3巻, 第2号, 79-96頁.
馬越徹(1998)「比較・国際教育学研究の現在」石附実編著『比較・国際教育学―補正版―』東信堂, 42-59頁.
馬越徹(2007)『比較教育学―越境のレッスン―』東信堂.
ウルストンクラフト、メアリ(白井尭子訳)(1980)『女性の権利の擁護―政治および道徳問題の批判をこめて』未來社.
江原裕美(2001)『開発と教育―国際協力と子どもたちの未来―』新評論.
江原由美子編(1990)『フェミニスト論争―70年代から90年代へ―』勁草書房.
大塚豊(2005)「方法としてのフィールド―比較教育学の方法論的検討の一視点―」『比較教育学研究』第31号, 253-263頁.
大矢暁(2005)「スマトラからアンダマン地震, インド洋津波に思うこと」GUPI Newsletter No.14(2005年2月24日), 特定非営利活動法人地質情報整備活用機構, 1～4頁.
岡田亜弥(2002)「21世紀の教育開発と国際教育協力のパートナー像」『比較教育学研究』第28号, 202-203頁.
小川啓一・西村幹子・北村友人編(2008)『国際教育開発の再検討―途上国の基礎教育普及に向けて―』東信堂.
沖原豊・小澤周三(1991)「比較教育学研究の回顧と展望」『比較教育学研究』第17号, 155-166頁.

勝間靖（2003）「国際機関の視点から―ライフスキルと教材開発―」外務省『国際協力：政府開発援助ODAホームページ』（http://www.mofa.go.jp/mofaj/gaiko/oda/shimin/oda_ngo/shien/02_kyoiku/edu02b08.html［2012年2月10日閲覧］）．

勝間靖（2008）「ジェンダー平等を目指した女子教育の拡充―UNGEIとユニセフ―」澤村信英編著『教育開発国際協力研究の展開―EFA（万人のための教育）達成に向けた実践と課題―』明石書店．

加藤秀俊（1967）「比較文化研究へのこころみ―家族内における訓練と教育の諸形態―」『人文學報』第23号，67-95頁．

金児真由美・木村出・山岸良一（2002）「高等教育支援のあり方―大学間・産学連携―」『開発金融研究所報』第13号，60-97頁．

苅谷剛彦（2001）『階層化日本と教育危機』有信堂高文社．

苅谷剛彦（2002）『教育改革の幻想』筑摩書房．

苅谷剛彦（2007）「『大衆教育社会のゆくえ』以後―10年後のリプライ―」田原宏人・大田直子編『教育のために―理論的応答―』世織書房，237-253頁．

苅谷剛彦・濱名陽子・木村涼子・酒井朗（2010）『教育の社会学［新版］―＜常識＞の問い方，見直し方―』有斐閣．

川田力（2009）「わが国における教育水準の地域格差」小内透編『教育の不平等』日本図書センター．

菅野琴（2002）「教育とジェンダー―『新しい戦略』―」田中由美子・大沢真里・伊藤るり編著『開発とジェンダー―エンパワーメントの国際協力―』国際協力出版会．

北村友人（2004a）「国連教育科学文化機関（UNESCO）」『Development Assistance Key Information System（DAKIS）』国際開発高等教育機構．

北村友人（2004b）「基礎教育への国際的な援助の試み―EFAファスト・トラック・イニシアティブの背景と課題―」『国際協力研究』第20巻第1号、国際協力機構・国際協力総合研修所，53-63頁．

北村友人（2005a）「比較教育学と開発研究の関わり」『比較教育学研究』第31号，241-252頁．

北村友人（2005b）「教育学からのアプローチ」黒田一雄・横関祐見子編『国際教育開発論―理論と実践―』有斐閣，16-38頁．

北村友人（2006）「発展途上国における『市民性の教育』―価値・知識・技能に関する試論―」日本学術振興会人文・社会科学振興プロジェクト研究事業・2006年度第1回「グローバル化時代における市民性の教育」研究会・口頭発表論文（未刊行）．

北村友人（2007）「平和と教育：権利としての教育を考える」『紛争と開発：平和構築のための国際開発協力の研究』（平成15年度～平成18年度科学研究費補助金（基盤研究（A）（2）研究成果報告書（研究課題番号15203007）研究代表者・佐藤安信）203-226頁．

北村友人（2008）「EFA推進のためのグローバル・メカニズム―国際教育協力をめぐる公共性と政治性―」小川啓一・西村幹子・北村友人編著『国際教育開発の再検討―途上国の基礎教育普及に向けて―』東信堂．

北村友人（2011）「国際社会に向けた情報発信―グローバルな情報ガバナンスと教育の

役割—」『国際交通安全学会誌』Vol.36，No.2，120-126頁．
北村友人(2012)「国連教育科学文化機関（ユネスコ）」日本比較教育学会編『比較教育学事典』東信堂，177頁．
北村友人・杉村美紀(2012)『激動するアジアの大学改革—グローバル人材を育成するために—』上智大学出版．
ギデンズ，アンソニー（松尾精文・立松隆介訳）(2002)『左派右派を越えて—ラディカルな政治の未来像—』而立書房．
木村光豪(2000)「『人権の土着化』の試み：カンボジアの人権教育の実践」『龍谷大学大学院法学研究』第2号，1-15頁．
木村光豪(2007)「カンボジアにおけるUNTAC期の人権教育—フォーマルな教育での人権教育カリキュラムを中心に—」『アジア・アフリカ研究』第47巻第3号，52-81．
木村光豪(2008)「カンボジアにおける仏教に根ざした人権教育の研究：法社会学・法人類学からのアプローチ」『人権問題研究』8号，123-136頁．
久木田純(1998)「概説 エンパワーメントとは何か」『現代のエスプリ』376，至文堂，10-34頁．
葛原生子(2006)「女性のエンパワーメント」日本生涯教育学会『生涯学習研究e事典』2006年1月27日更新(http://ejiten.javea.or.jp/content.php?c=TWpJek1ETTA%3D：2010年9月16日閲覧)
グリーン，アンディ（大田直子訳）(2000)『教育・グローバリゼーション・国民国家』東京都立大学出版会．
黒田一雄(1999)「比較教育学研究における国際教育協力の位置の検討—世界銀行の国際協力援助を中心として—」『日本比較教育学会第35回大会発表要旨集録』，120-121頁．
黒田一雄(2008)「女子就学振興政策の社会経済開発効果—分析手法と政策の関係性に関する批判的考察—」澤村信英編著『教育開発国際協力研究の展開—EFA（万人のための教育）達成に向けた実践と課題—』明石書店．
黒田一雄(2009)「国際教育協力の再生—平和・人権・開発への統合的アプローチ—」『国際開発研究』第18巻，第2号，33-45頁．
黒田一雄(2011)「比較教育学はどのような学問か—教育開発研究からの視点—」『比較教育学研究』第42号，97-110頁．
黒田一雄・横関祐見子編(2005)『国際教育開発論—理論と実践—』有斐閣．
ケイ、エレン(1979)（小野寺信・小野寺百合子訳）『児童の世紀』冨山房．
国際協力機構(2003)『日本の教育経験—途上国の教育開発を考える—』国際協力機構．
国際協力機構(2006)『途上国の主体性に基づく総合的課題対処能力の向上を目指して—キャパシティ・ディベロップメント（CD）—』国際協力機構・国際協力総合研修所．
小林哲也(1987)「国際化社会と比較教育学」小林哲也・江原武一編著『国際化社会の教育課題—比較教育学的アプローチ—』行路社，3-41頁．
小林美津江(2009)「格差と子どもの育ち—家庭の経済状況が与える影響—」『立法と調査』No.298, 86-98頁．

小林哲也・江原武一編(1987)『国際化社会の教育課題:比較教育学的アプローチ』行路社.
小松太郎(2005a)「紛争後の教育復興」黒田一雄・横関祐見子編『国際教育開発論―理論と実践―』有斐閣, 208-222頁.
小松太郎(2005b)『バルカン地域における民族融和支援手法の研究―市民教育事業の形成と評価を中心に―』国際協力機構・国際協力総合研修所.
近藤孝弘編(2013)『統合ヨーロッパの市民性教育』名古屋大学出版会.
齋藤みを子(2008)「教育の質に関する課題―EFA達成に向けての質の重要性と質の測定法―」小川啓一・西村幹子・北村友人編著(2008)『国際教育開発の再検討―途上国の基礎教育普及に向けて―』東信堂, 161-190頁.
斎藤みを子・黒田一雄(2000)「アフリカ7カ国における初等教育就学児童の読解力の男女間格差に関する統計的考察―教育の質調査のための南アフリカ諸国連合(SACMEQ)の調査結果から―」『国際教育協力論集』第3巻第1号, 25-39頁.
斉藤泰雄(1998)『開発途上国の初等教育の「質的改善」をめざす教育援助政策の研究』(平成8年度～9年度科学研究費補助金(基盤研究(C)(2))研究成果報告書).
佐々木賢(2006)「教育『民営化』の意味」『現代思想』4月号, 第34巻5号, 114-135頁.
佐藤俊樹(2000)『不平等社会日本』中央公論新社.
佐藤真久(2005)「『国連持続可能な開発のための教育の10年』とACCUの貢献」財団法人ユネスコ・アジア文化センター『ACCUニュース』第351号, 8頁.
佐藤学(2009)「教育の公共性と自立性の再構築へ―グローバル化時代の日本の学校改革―」矢野智司他編『変貌する教育学』世織書房.
佐藤眞理子(2000)「比較教育学研究における国際教育協力の位置の検討」『比較教育学研究』第26号, 232-233頁.
澤田康幸(2003)「教育開発の経済学―現状と展望―」大塚啓二郎・黒崎卓編著『教育と経済発展―途上国における貧困削減に向けて―』東洋経済新報社, 13-48頁.
澤村信英(2001)「教育と開発」佐藤誠編『社会開発論―南北共生のパラダイム―』有信堂高文社, 21-41頁.
澤村信英(2008)「EFA政策の推進と教育の質―ケニアの学校現場から―」小川啓一・西村幹子・北村友人編『国際教育開発の再検討―途上国の基礎教育普及に向けて―』東信堂, 137-158頁.
澤村信英・山本伸二・髙橋真央・内海成治(2003)「ケニア初等学校生徒の進級構造―留年と中途退学の実態―」『国際開発研究』第12巻, 第2号, 97-110頁.
子浦恵(2011)「ケニアの初等教育における学力の学校間格差―SACMEQのデータ分析から―」『人間文化創成科学論叢』第14巻, 245-253頁.
渋谷英章(2001)「地域教育研究の可能性―「地域教育事情」からの脱皮―」『比較教育学研究』第27号, 16-28頁.
志水宏吉(2006)「学力格差を克服する学校―日本版エフェクティブ・スクールを求めて―」『教育学研究』第73巻, 第4号, 336-349頁.
シュナイダー, フリードリヒ(沖原豊訳)(1965)『比較教育学』御茶の水書房.
シュリーバー, ユルゲン編著(馬越徹・今井重孝監訳)(2000)『比較教育学の理論と方

法』東信堂.
庄司真理子(2004)「グローバルな公共秩序の理論をめざして―国連・国家・市民社会―」日本国際政治学会編『国際政治』第137号,1-11頁,2004年.
橘木俊詔(2006)『格差社会―何が問題なのか』岩波書店.
田中由美子(2002)「『開発と女性』(WID)と『ジェンダーと開発』(GAD)」田中由美子・大沢真里・伊藤るり編著『開発とジェンダー―エンパワーメントの国際協力―』国際協力出版会.
千葉杲弘監修,寺尾明人・永田佳之編(2004)『国際教育協力を志す人のために―平和・共生の構築へ―』学文社.
デューイ,ジョン(1975)『民主主義と教育(上)』(松野安男訳)岩波書店.
寺本潔(2012)「防災教育の自校化と社会科の果たす役割―「釜石の奇跡」に学ぶ―」『地理学報告』第114号,29-38頁.
東京大学大学総合教育研究センター(2007)『高等教育のファンディング・システムの国際比較』東京大学大学総合教育研究センター.
冨田晶子(2010)「女性の政治的エンパワーメント測定に関する一考察―新GEM指標作成を通じて―」日本国際政治学会編『国際政治』第161号,97-109頁.
中川真帆(2012)「国際緊急教育支援におけるミニマムスタンダード」内海成治編『はじめての国際協力―変わる世界とどう向き合うか』昭和堂,113-132頁.
中西祐子・中村高康・大内裕和(2005)「戦後日本の子交換格差成立過程と社会階層―1985年SSM調査データの分析を通じて―」小内透編『教育の不平等』日本図書センター.
中道寿一編(2008)『政策科学の挑戦』日本経済評論社.
中村妙子(2008)「マチスモ文化が生み出す貧困―ドミニカ共和国の女性家長世帯に関する一考察」『公益学研究』Vol.8,Issue 1,39-45頁.
中村唯(2010)「途上国に途上国開発におけるジェンダーと女性のエンパワーメント概念の構築―インドにおけるマイクロファイナンスの取り組み(女性自助グループ)を事例に―」日本国際政治学会編『国際政治』第161号,110-124頁.
西村幹子(2007)「開発途上国における教育評価に関する理論的比較研究―国際学力調査、学校調査、世帯調査の視点―」『日本評価研究』第7巻第1号,日本評価学会,47-59頁.
二宮皓(2003)「比較・国際教育学の歩み」石附実編著『比較・国際教育学』東信堂,22-41頁.
二宮厚美(2002)「現代日本の新自由主義と新国家主義―教育改革を素材にしつつ―」『ポリティーク』第4号,旬報社,131-156頁.
日本ユネスコ協会連盟(1999)『ユネスコで世界を読む―21世紀にひきつぐ国連の良心』古今書院.
ヌスバウム,マーサ(2005)『女性と人間開発―潜在能力アプローチ』(池本幸生他訳)岩波書店.
野口昇(1996)『ユネスコ50年の歩みと展望―心のなかに平和のいしずえを』シングルカット社.

林和宏 (2005)「マチスモを通して見るラテンアメリカ・フェミニズム―メキシコを足がかりに―」『ラテンアメリカ・カリブ研究』第12号, 25-34頁.

原純輔 (2009) 「現代日本社会と新しい不平等」小内透編『教育の不平等』日本図書センター.

ハンス, ニコラス(利光道生訳) (1956)『比較教育―教育におよぼす因子と伝統の研究―』明治図書.

樋口陽一 (2000)『個人と国家―今なぜ立憲主義か』集英社新書.

平田利文編 (2007)『市民性教育の研究―日本とタイの比較―』東信堂.

ヒルカー, フランツ (河野重男・森隆夫訳) (1966)『比較教育学』(河野重男・森隆夫訳) 福村出版.

廣里恭史 (2001)「世界銀行の教育協力理念と政策―開発理論と現実の狭間に漂う政策変遷の回顧と展望―」江原裕美編『開発と教育―国際協力と子どもたちの未来―』新評論.

廣里恭史・北村友人 (2007a)「発展途上国の基礎教育開発における国際教育協力『融合モデル』―『万人のための教育』目標達成と能力開発への展望―」『国際開発研究』第16巻第1号, 5-20頁.

廣里恭史・北村友人 (2007b)「発展途上国の教育開発・改革を巡る政治経済学と分析枠組―地方分権化におけるアクター間の相互作用―」『国際教育協力研究』第10巻第3号, 広島大学教育開発国際協力研究センター, 91-110頁.

廣里恭史・林田和則 (2006)「発展途上国の教育開発に関する政治経済学試論―『自立発展的』教育開発モデルの構築に向けて―」『国際教育協力論集』第9巻第2号, 37-49頁.

広田照幸 (2004)『教育』岩波書店.

藤田英典 (2005)『義務教育を問い直す』筑摩書房.

ブレイ, マーク、ボブ・アダムソン、マーク・メイソン編著 (杉村美紀・大和洋子・前田美子・阿古智子訳) (2011)『比較教育研究―何をどう比較するか―』上智大学出版.

星野俊也 (2001)「国際機構―ガヴァナンスのエージェント―」渡辺昭夫・土山寛男編『グローバル・ガヴァナンス―政府なき秩序の模索―』東京大学出版会, 168-191頁.

松井康浩 (2007)「国際関係の理論」高田和夫編『新時代の国際関係論―グローバル化のなかの「場」と「主体」―』法律文化社, 22-47頁.

丸山文裕 (2007)「高等教育への公財政支出」『大学財務経営研究』第4号, 21-34頁.

水野敬子 (2001)『平和構築のための教育協力に関する基礎研究』国際協力機構・国際協力総合研修所.

嶺井明子編 (2007)『世界のシティズンシップ教育―グローバル化時代の国民／市民形成―』東信堂.

宮寺晃夫 (2006)『教育の分配論』勁草書房.

村井実編 (1974)『原典による教育学の歩み』講談社.

村田翼夫編 (2001)『東南アジア諸国の国民統合と教育―多民族社会における葛藤―』東信堂.

村田翼夫・渋谷恵 (1999)「比較教育学と地域研究 (1) ―東南アジア地域研究の立場から―」『比較教育学研究』第25号, 55-60頁.
最上敏樹 (1996)『国際機構論』東京大学出版会.
文部省 (1996)「21世紀を展望した我が国の教育の在り方について」(中央教育審議会・第一次答申)(http://www.mext.go.jp/b_menu/shingi/chuuou/toushin/960701.htm) 2012年8月13日閲覧.
文部省 (1997)「21世紀を展望した我が国の教育の在り方について」(中央教育審議会・第二次答申)(http://www.mext.go.jp/b_menu/hakusho/nc/t19970626001/t19970626001.html) 2012年8月13日閲覧.
文部省 (1998)「今後の地方教育行政の在り方について」(中央教育審議会・答申)(http://www.mext.go.jp/b_menu/shingi/chuuou/toushin/980901.htm) 2012年8月13日閲覧.
文部省調査局 (1962)『日本の成長と教育 (昭和37年度) ―教育の展開と経済の発達―』文部省調査局.
山田肖子 (2011)「日本の比較教育学における伝統と多様化―学会員アンケートと学会掲載論文の傾向分析から―」『比較教育学研究』第42号, 140-158頁.
山田哲也 (2006)「学校教育は互恵的な社会関係を生み出すのか?―教育の社会化機能にみる『格差』是正の可能性―」『教育学研究』第73巻第4号, 403-419頁.
山田昌弘 (2004)『希望格差社会』筑摩書房.
矢守克也 (2012)「『津波てんでんこ』の4つの意味」『自然災害科学』Vol.31, No.1, 35-46頁.
湯浅誠 (2008)『反貧困―「すべり台社会」からの脱出―』岩波書店.
結城貴子 (2005)「ジェンダーと教育」黒田一雄・横関祐見子『国際教育開発論―理論と実践―』有斐閣.
吉村融 (2008)『政策研究の地平へ―GRIPSの挑戦―』出版文化社.
レ・タン・コイ (前平泰志他訳) (1981/1991)『比較教育学―グローバルな視座を求めて―』行路社.
レ・タン・コイ (2000)「異文化間比較における概念の諸問題」シュリーバー, ユルゲン編著, 馬越徹・今井重孝監訳『比較教育学の理論と方法』東信堂, 87-115頁.
渡部茂巳 (2004)「国際機構システムによるグローバルな秩序形成過程の民主化―グローバル・ガバナンスの民主化の一位相―」日本国際政治学会編『国際政治』第137号, 66-82頁.
渡部蓊 (2006)『臨時教育審議会 ―その提言と教育改革の展開―』学術出版会

Altbach, P.G. (2007). *Tradition and Transition: The International Imperative in Higher Education.* Rotterdam, Netherlands: Sense Publishers.
Altbach, P.G., Reisberg, L. and Rumbley, L. (2009). *Trends in Global Higher Education: Tracking an Academic Revolution.* Paris: UNESCO.
Appiah, K.A. (2003). "Liberal Education: The United States Example," in McDonough, K. and Feinberg, W. (eds.). *Citizenship and Education in Liberal-Democratic Societies:*

Teaching for Cosmopolitan Values and Collective Identities. Oxford and New York: Oxford University Press, pp.56-74.

Arnot, M. and Dillabough, J-A. (eds.) (2000). *Challenging Democracy: InternationalPerspectives on Gender, Education and Citizenship.* London and New York: RoutledgeFalmer.

Arnove, R.F. (1999). "Reframing Comparative Education: The Dialectic of the Global and the Local," in Arnove, R.F. and Torres, C.A. (ed.). *Comparative Education: The Dialectic of the Global and the Local.* Lanham, MD: Rowman & Littlefield Publishers, pp.1-23.

Arnove, R.F., Altbach, P.G. and Kelly, G.P. (eds.)(1992). *Emergent Issues in Education: Comparative Perspectives.* Albany, NY: State University of New York Press.

Ball, S. (2012). *Global Education Inc.: New policy networks and the neo-liberal imaginary.* Abingdon, Oxon: Routledge.

Ball, S.J. and Youdell, D. (2007). *Hidden Privatization in Public Education.* Brussels : Education International.

Bereday, G.Z.F. (1964). *Comparative Method in Education.* New York: Holt, Rinehart & Winston.

Bîrzea, C., et al. (2005). *Tool for Quality Assurance of Education for Democratic Citizenship in Schools.* (Joint publication by UNESCO, Council of Europe and CEPS). Paris: UNESCO.

Bonder, G. (2000). "Young women in Argentina: Citizenship representations and practices in the context of transition," in Arnot, M. and Dillabough, J-A. (eds.). *Challenging Democracy: International Perspectives on Gender, Education and Citizenship.* London: RoutledgeFalmer, pp.238-256.

Bray, M. and Thomas, R.M. (1995). "Levels of Comparison in Educational Studies: Different Insights from Different Literatures and the Value of Multilevel Analyses," *Harvard Educational Review,* Vol.65, No.3, pp.472-490.

Bruns, B., Filmer, D., and Patrinos, H.A. (2011). *Making Schools Work: New Evidence on Accountability Reforms.* Washington, D.C.: The World Bank.Holmes, B. (1965). *Problems in Education: A Comparative Approach.* London: Routledge & Kegan Paul.

Buchert, L. (1998). "Education Sector Analysis in Africa: An Evolving Case in Mutual North-South Learning," *Prospects,* Vol. 28, No. 3, pp.353-363.

Carnoy, M. and Samoff, J. (1990). *Education and Social Transformation in the Third World.* Princeton: Princeton University Press.

Chen, K.M. (1997). "Qualitative Research and Educational Policy-Making: Approaching the Reality in Developing Countries," in Crossley, M. and Vulliamy, G. (eds.). *Qualitative Educational Research in Developing Countries: Current Perspectives.* New York: Garland.

Chenery, H.B., et al. (1974). *Redistribution with Growth: Policies to Improve Income Distribution in Developing Countries in the Context of Economic Growth.* London: Oxford University Press.

Colclough, C., Al-Samarrai, S., Rose, P. and Tembon, M. (2003). *Achieving Schooling for All in Africa: Costs, Commitment and Gender.* Aldershot: Ashgate.

Colclough, C. and Lewin, K. (1993). *Educating All the Children: Strategies for Primary Schooling in the South.* Oxford: Clarendon Press.

Commission on Human Security. (2003). *Human Security Now.* New York: Commission on Human Security.

Cornwall, A. (2007). "Pathways of women's development," *Open Democracy* [online], July 30, 2007. Retrieved from: http://www.opendemocracy.net/article/pathways_of_womens_empowerment (Accessed on September 13, 2010).

Cummings, W.K., Tatto, M.T. and Hawkins, J. (2001). *Values Education for Dynamic Societies: Individualism or Collectivism.* Hong Kong: Comparative Education Research Centre, The University of Hong Kong.

Davies, L. (2000). "The civil school and civil society: Gender, democracy and development," in Arnot, M. and Dillabough, J-A. (eds.). *Challenging Democracy: InternationalPerspectives on Gender, Education and Citizenship.* London and New York: RoutledgeFalmer, pp. 278-296.

Davies, L. (2004). *Education and Conflict.* London and New York: RoutledgeFalmer.

Davies, L. and Gunawardena, C. (1992). *Women and Men in Educational Management: an international enquiry.* Paris: IIEP.

Davis, R.G. (1990). "Educational System Assessment and Planning Models," in Walberg, H.J. and Haertel, G.D. (eds.). *The International Encyclopedia of Educational Evaluation.* Oxford, UK: Pergamon Press, pp.710-714.

Department of Environmental Education and Communication. (2009). *5 Year Strategic Plan on Environmental Education for 2009-2013.* Phnom Penh: Ministry of Environment.

Dewey, J. (1916). *Democracy and Education.* New York: The Free Press.

Dewey, J. (1916/1944). *Democracy and Education.* New York : The Free Press (Macmillan).

Dore, R. P. (1976). *The Diploma Disease.* Berkeley: University of California Press.

Dove, L.A. (1986). *Teachers and Teacher Education in Developing Countries: Issues in Planning, Management and Training.* Kent, UK: Croom Helm.

Fromm, E. (1941/1969). *Escape from Freedom.* New York: Henry Holt & Co.

Grauwe, A. (2004). "Decentralization – can it improve schools?," *IIEP Newsletter,* Vol. XXII, No. 4, p.1 and p.3. Paris: UNESCO IIEP.

GSID/ACCU. (2005). *Assessment of Community Learning Centre (CLC) Experience in Cambodia: Making CLC Work.* Nagoya: Graduate School of International Development, Nagoya University.

Haddad, W.D. (1995). *Education Policy-Planning Process: An Applied Framework.* Paris: IIEP/UNESCO.

Haddad, W.D. and Demsky, T. (1995). *Education policy-planning process: An applied framework.* Paris: UNESCO/IIEP.

Halpérin, D.S. (ed.) (1997). T*o Live Together: Shaping New Attitudes to Peace through Education.* Paris: UNESCO/IBE.

Haq, M.u. (1995). *Reflections on Human Development.* New York: Oxford University Press.

Harbison, F.H. and Myer, C.A. (1964). *Education, manpower, and economic growth: Strategies of human resource development.* New York: McGraw-Hill.

Hawkins, J.N. and Rust, V.D. (2001). "Shifting Perspectives on Comparative Research: A view from the USA," *Comparative Education,* Vol.37, No.4, pp.501-506.

Heyneman, S.P. (2005). "The History and Problems in the Making of Education Policy at the World Bank, 1960-2000," in Baker, D.P. and Wiseman, A.W. (eds.). *Global Trends in Educational Policy.* Oxford, UK: Elsevier.

Hirosato, Y. and Kitamura, Y. (eds.). (2009). *The Political Economy of Educational Reforms and Capacity Development in Southeast Asia: Cases of Cambodia, Laos and Vietnam.* Dordrecht: Springer.

Holmes, B. (1965). *Problems in Education: A Comparative Approach.* London: Routledge & Kegan Paul.

IIEP. (1998). *SACMEQ Policy Research: Reports No.1-7.* Paris: UNESCO.

ILO. (1991). Teachers in Developing Countries: A survey of employment conditions. Geneva: ILO.

INEE. (2004). *Minimum Standards for Education in Emergencies, Chronic Crises and Early Reconstruction.* The Inter-Agency Network for Education in Emergencies.

Jimenez, E. and Sawada, Y. (1999). "Do Community-Managed Schools Work? An Evaluation of El Salvador's EDUCO Program," *The World Bank Economic Review,* Vol.13, Issue 3, pp.415-441.

Jones, P.E. (1971). *Comparative Education: Purpose and Method.* St. Lucia, Queensland: University of Queensland Press.

Jones, P.W. (1988). *International Policies for Third World Education: UNESCO, Literacy and Development.* London and New York: Routledge.

Jones, P.W. (1992/2007). *World Bank Financing of Education: Lending, learning and development.* London & New York: Routledge.

Kennedy, K.J. (ed.) (1997). *Citizenship Education and the Modern State.* London and New York: RoutledgeFalmer.

Kennedy, K.J. (2004). "Searching for Citizenship Values in an Uncertain Global Environment," in Lee, W.O., et al. (eds.). *Citizenship Education in Asia and the Pacific: Concepts and Issues.* Hong Kong: Comparative Education Research Centre, The University of Hong Kong (co-published with Kluwer Academic Publishers), pp. 9-24.

Kerr, D. (1999). "Citizenship education in the curriculum: an international review," *The School Field,* 3/4, Autumn/winter. Cited in Poznyak, S. (2003). "Training Teachers for Teaching Citizenship Education."

Knight, J. (2008). *Higher Education in Turmoil: The Changing World of Internationalization.* Rotterdam, Netherlands: Sense Publishers.

Kotite, P. (2012). *Education for conflict prevention and peacebuilding: Meeting the global challenges of the 21st century.* Paris: UNESCO IIEP.

Kuroda, K., Yuki, T. and Kang, K. (2011). *Cross-Border Higher Education for Regional Integration:Analysis of the JICA-RI Survey on Leading Universities in East Asia.* Tokyo: JICA Institute. (http://hdl.handle.net/10685/50)
Lee, W.O. (2004). "Emerging Concepts of Citizenship in the Asian Context," in Lee, W.O., et al. (eds.). *Citizenship Education in Asia and the Pacific: Concepts and Issues.* Hong Kong: Comparative Education Research Centre, The University of Hong Kong, pp.25-35.
Levin, H.M. and McEwan, P.J. (2001). Cost-Effectiveness Analysis: Methods and Applications. London: Sage Publications.
Little, A. (2000). "Development Studies and Comparative Education: Context, content, comparison and contributors," *Comparative Education,* Vol.36, No.3, pp.279-296.
McGinn, N.F. and Cummings, W.K. (eds.) (1997). *International Handbook of Education and Development: Preparing Schools, Students and Nations for the Twenty-First Century.* Oxford, UK: Pergamon.
MaClelland, D.C. (1961). The Achieving Society. New York: The Free Press.
Mendes, E. P. (1995). *Asian values and human rights: Letting the tigers free.* Retrieved from: http://www.uottawa.ca/hrrec/publicat/asian_values.html (Accessed on March 10, 2009).
Meyer, J. and Hannan, M. (1979). *National. Development and the World-System.* Chicago: University of Chicago Press.
MoEYS. (2004). *Policy for Curriculum Development 2005-2009.* Phnom Penh: Ministry of Education, Youth and Sports.
Mundy, K. (2007). "Education for All: Paradoxes and Prospects of a Global Promise," in Baker, D.P. and Wiseman, A.W. (eds.). *Education for All: Global Promises, National Challenges.* Oxford, UK: Elsevier.
Nguyen, N.C., Bosch, O.J.H., and Maani, B.K. (2010). "Creating 'learning laboratories for sustainable development' for UNESCO Biosphere Reserves," A paper presented at the 28th International Conference of the System Dynamics Society, July 25-29, 2010, Seoul, Korea [Retrieved on March 25, 2011 at www.systemdynamics.org/conferences/2010/proceed/].
Nishimura, M., Yamano, T. and Sasaoka, Y. (2008). "Impacts of the Universal Primary Education Policy on Educational Attainment and Private Costs in Rural Uganda," *International Journal of Educational Development,* Vol.28, No.2, pp.161-175.
Noah, H. and Eckstein, M. (1969). *Toward a Science of Comparative Education.* London: Collier Macmillan.
OECD. (2005). *Teachers Matter: Attracting, Developing and Retaining Effective Teachers.* Paris: OECD.
OECD. (2007). *Evidence in Education: Linking Research and Policy.* Paris: OECD.
OECD/DAC. (2006). *The Challenge of Capacity Development: Working Towards Good Practice.* Paris: OECD.
OECD/DAC. (2011). *Perspectives Note on the Enabling Environment for Capacity*

Development. Paris: OECD.

OECD/UNESCO-UIS. (2001). *Teachers for Tomorrow's Schools: Analysis of the World Education Indicators - 2001 Edition.* Paris: OECD/UNESCO-UIS.

Osler, A. and Starkey, H. (1994). "Fundamental issues in teacher education for human rights: A European perspective," *Journal of Moral Education,* Vol.23, No.3, pp.349-359.

Parker, W.C. (2004). "Diversity, Globalization, and Democratic Education: Curriculum Possibilities," in Banks, J.A. (ed.). *Diversity and Citizenship Education.* San Francisco: Jossey-Bass, pp.433-458.

Parkyn, G.W. (1977). "Comparative Education Research and Development Education," *Comparative Education,* Vol.13, No.2, pp.87-93.

Paulston, R. (1977). "Social and Educational Change: Conceptual Frameworks," *Comparative Education Review,* Vol.27, No.1, pp.370-395.

Paulston, R. (1999). "Mapping Comparative Education After Postmodernity," *Comparative Education Review,* Vol.43, No.4, pp.438-463.

Poznyak, S. (2003). "Training Teachers for Teaching Citizenship Education," in Medel-Añonuevo, C. and Mitchell, G. (eds.). *Citizenship, Democracy, and Lifelong Learning.* Hamburg: UNESCO Institute for Education, pp.175-185.

Prouty, B. (2002). *Politics and Policy: New Thinking on How to Achieve Education for All.* Paper prepared for the Annual Bank Conference on Development Economics—Europe, Oslo, 24–26 June 2002.

Psacharopoulos, G. (1994). "Returns to Investment in Education: A Global Update," *World Development,* Vol.22, Issue 9, pp.1325-1343.

Psacharopoulos, G. (2006). "World Bank policy on education: A personal account," *International Journal of Educational Development,* Vol.26, Issue 3, pp.329-338.

Psacharopoulos, G. and Patrinos, H.A. (2004). "Returns to Investment in Education: A Further Update," *Education Economics,* Vol.12, No.2, pp.111-134.

Psacharopoulos, G. and Woodhall, M. (1985). *Education for Development: An Analysis of Investment Choices.* Now York: Oxford University Press, 1985.

Raynor, J. and Wesson, K. (2006). "The Girls' Stipend Program in Bangladesh," *Journal of Education for International Development* 2:2. Retrieved from: http://www.equip123.net/JEID/articles/3/Girls'StipendPrograminBangladesh.pdf (Accessed on November 4, 2010).

Riddell, A.R. (1999a). "The need for a multidisciplinary framework for analysing educational reform in developing countries," *International Journal of Educational Development,* Vol.19, Issue 5, pp.207-217.

Riddell, A. (1999b). "Evaluations of educational reform programmes in developing countries: whose life is it anyway?," *International Journal of Educational Development,* Vol.19, Issue 6, pp.383-394.

Rose, P. (2005). "Is there a 'fast-track' to achieving education for all?" *International Journal of Educational Development,* Vol.25, Issue 4, pp.381–394.

Ross, K.N. and Mählck, L. (1990). *Planning the quality of education: The collection and use of data for informed decision-making.* Paris: UNESCO/IIEP and Pergamon Press.

Ross, K.N. and Postlethwaite, T.N. (1988). "Planning the quality of education: different information for different levels of decision-making," *Prospect*s XVIII, No.3, pp.315-331.

Rust, V. (1991). "Postmodernism and Its Comparative Education Implications," *Comparative Education Review,* Vol.35, No.4, pp.610-626.

Rust, V.D., Soumaré, A., Pescador, O. and Shibuya, M. (1999). "Research Strategies in Comparative Education," *Comparative Education Review,* Vol.43, No.1, pp.86-109.

Saito E., Harun, I., Kuboki I. and Sumar H. (2007). "A Study on The Partnership between school and university to improve mathematics and science education in Indonesia," *International Journal of Educational Development,* Vol.27, Issue 2, pp.194-204.

Saito, E. and Tsukui, A. (2008). "Challenging Common Sense: Cases of school reform for learning community under an international cooperation project in Bac Giang Province, Vietnam," *International Journal of Educational Development,* Vol.28, Issue 5, pp.571-584.

Samoff, J. (1999). "Institutionalizing International Influence," in Arnove, R.F. and Torres, C.A. (eds.). *Comparative Education: The Dialectic of the Global and the Local.* Lanham, MD: Rowman & Littlefield Publishers, pp.51-89.

Sasaoka, Y. and Nishimura, M. (2010). "Does Universal Primary Education Policy Weaken Decentralisation? Participation and Accountability Frameworks in East Africa," *Compare,* Vol.40, No.1, pp.79-95.

Shaw, R. and Takeuchi, Y. (2012). *East Japan Earthquake and Tsunami: Lessons for the Education Sector. Bangkok*: UNESCO Bangkok.

Sieh, K. (2005) "How Science Can Save Lives. We know plenty about earthquake, but we don't always apply the knowledge," *TIME Asia Magazine,* Vol.165, No.1.

Sinclair, M. (2002). *Planning education in and after emergencies.* Paris: UNESCO/IIEP.

Sommers, M. (2004). *Co-ordinating education during emergencies & reconstruction: Challenges & responsibilities.* Paris: UNESCO/IIEP.

Stiglitz, J. (1998). *Towards a new paradigm for development: strategies, policies, and processes.* The 1998 Prebisch Lecture at UNCTAD, 19 October.

Sørensen, J., Vedeld, T. and Haug, M. (2006) *Natural hazards and disasters: Drawing on the international experiences from disaster reduction in developing countries.* Norwegian Institute for Urban and Regional Research.

Stromquist, N. (1990). "Gender Inequality in Education: Accounting for Women's Subordination," *British Journal of Sociology of Education,* Vol.11, No.2, pp.137-154.

Stromquist, N. (2005). "A Comparative and International Education: A Journey toward Equality and Equity," *Harvard Educational Review,* Vol.75, No.1, pp.89-111.

Tawil, S. and Harley, A. (eds.) (2004). *Education, Conflict and Social Cohesion.* Geneva: UNESCO International Bureau of Education.

The EFA-FTI Secretariat (2006). *Education for All – Fast Track Initiative: Status Report*

(Prepared for the EFA-FTI Partnership Meeting, Cairo, Egypt, November 13-14, 2006).

The EFA-FTI Secretariat. (2007). *Quality Education For All Children: Meeting the Challenge* (Annual Report 2007). Washington, D.C.: World Bank.

UIS. (2001). *Report on the meeting and proposal for the future development of EFA indicators.* Montreal: UNESCO Institute for Statistics.

UIS. (2010). *Global Education Digest 2010: Comparing Education Statistics Across the World.* Montreal: UNESCO Institute for Statistics.

UNDP. (1992). *Human Development Report 1992: Global Dimensions of Human Development.* New York: UNDP.

UNDP. (2004). *Human Development Report 2004: Cultural liberty in today's diverse world.* New York: UNDP.

UNESCO. (1990). *World Declaration on Education for all and Framework for Action to Meet Basic Learning Needs.* Paris: UNESCO.

UNESCO. (1995a). *Updating of the 1974 Recommendation on International Education: Endorsement of the Declaration and Approval of the Draft Integrated Framework of Action of the International Conference on Education (1994).* (28 C/37: 8 September 1995)

UNESCO. (1995b). *Declaration of the 44th session of the International. Conference on Education* (Geneva, October 1994) endorsed by the General Conference of UNESCO at its twenty-eight session. Paris, November 1995.

UNESCO. (1996). *Learning: The Treasure Within* (Report to UNESCO of the International Commission on the Education for the Twenty-first Century). Paris: UNESCO.

UNESCO. (2000a). *The Dakar Framework for Action (Education for All: Meeting our Collective Commitments).* Paris: UNESCO.

UNESCO. (2000b). *Education for All 2000 Assessment: Global Synthesis.* Paris: UNESCO.

UNESCO. (2001a). *Literacy and Non-Formal Education in the E-9 Countries.* Paris: UNESCO.

UNESCO. (2001b). *Distance Education in the E-9 Countries.* Paris: UNESCO.

UNESCO. (2001c). *UNESCO facing situations of crisis, conflicts and natural disasters in Member States.* (DG/Memo/01/04: 7 March 2001)

UNESCO. (2002a). Medium-Tern Strategy (2002-2007). Paris: UNESCO.

UNESCO. (2002b). *Report by the Director-General on the Establishment of the UNESCO Institute for Statistics in Canada and the First Year of Operation.* (Submitted to the 165th Session of the Executive Board. 165EX/42, Paris, 4 September 2002.)

UNESCO. (2002c). *EFA Global Monitoring Report 2002: Education for All - Is the World on Track?* Paris: UNESCO.

UNESCO. (2002d). *EFA Global Monitoring Report 2002: Education for All – Is the World on Track?* Paris: UNESCO.

UNESCO. (2003). *Education in Situations of Emergency, Crisis and Reconstruction: UNESCO Strategy.* Paris: UNESCO.

UNESCO (2007). *Education for All by 2015: Will We Make It?* Paris: UNESCO.

UNESCO. (2008). *EFA Global Monitoring Report 2008 –Education for All by 2015: Will We Make It?* Paris: UNESCO.
UNESCO. (2010a). *EFA Global Monitoring Report 2010: Reaching the marginalized.* Paris: UNESCO.
UNESCO. (2010b). *UNESCO National Education Support Strategy: Cambodia 2010-2013.* Phnom Penh: UNESCO Phnom Penh Office.
UNESCO. (2011). *EFA Global Monitoring Report 2011 – The hidden crisis: Armed conflict and education.* Paris: UNESCO.
UNESCO Institute for Education (1999). *Cultural citizenship in the 21st century: adult learning and indigenous peoples.* (A series of 29 booklets documenting workshops held at the Fifth International Conference on Adult Education.) Hamburg: UNESCO Institute for Education.
UNESCO-IIEP. (2010). *Guidebook for Planning Education in Emergencies and Reconstruction: Revised Edition 2010.* Paris: UNESCO-IIEP.
UNESCO Nairobi Cluster. (2006). *Analysis and Data Requirements of Core Indicators for Monitoring Education for All (EFA) Goals: Discussion Paper.* Prepared by UNESCO Nairobi Cluster, Education for All (EFA) Coordinators' Consulation. Nairobi, Kenya, 4-6 July 2006.
UNESCO/OECD. (1999). *Investing in Education: Analysis of the 1999 World Education Indicators.* Paris: UNESCO/OECD.
UNESCO-UIS. (2006). *Education Counts: Benchmarking Progress in 19 WEI Countries – World Education Indicators – 2006.* Montreal: UNESCO Institute for Statistics.
UNESCO-UIS. (2007). *Education Counts: Benchmarking Progress in 19 WEI Countries – World Education Indicators – 2007.* Montreal: UNESCO Institute for Statistics.
UNESCO-UIS/OECD. (2003). *Financing Education- Investments and Returns: Analysis of the World Education Indicators - 2002 Edition.* Paris: UNESCO-UIS/OECD.
UNESCO-UIS/OECD. (2005). *Education Trends in Perspective: Analysis of the World Education Indicators - 2005 Edition.* Paris: UNESCO-UIS/OECD.
United Nations. (2001) *Road map towards the implementation of the United Nations Millennium Declaration: Report of the Secretary-General.* Fifty-sixth session of the General Assembly: Item 40 of the provisional agenda (A/56/326).
Wade, R. and Parker, J. (2008). *EFA-ESD dialogue: Educating for a sustainable world.* Education for Sustainable Development Policy Dialogue No.1. Paris: UNESCO.
Wallerstein, I. (1999). *The End of the World as We Know It: Social Science for the Twenty-first Century.* Minneapolis: University of Minnesota Press.
Watkins, K. (2000). *The Oxfam Education Report.* Oxford, UK: Oxfam GB.
Williams, J.H. and Cummings, W.K. (2005). *Policy-Making for Education Reform in Developing Countries: Contexts and Processes Volume 1.* Lanham, MD: ScarecrowEducation.
Winkler, D.R. and Yeo, B-L. (2007). *Does Decentralization Impact Education Quality?,*

Washington, D.C.: USAID.

World Bank. (1993). *The East Asian Miracle: Economic Growth and Public Policy.* Oxford: Oxford University Press.

World Bank (2002a). *Education for All (EFA) Fast Track Initiative: Draft Proposal.* Discussion paper dated May 9, 2002. Washington, D.C.: World Bank.

World Bank. (2002b). *Education for Dynamic Economies: Action Plan to Accelerate Progress Toward Education for All.* A revised report submitted to the Development Committee, DC2002-0005/Rev 1, April 9, 2002.

World Bank. (2005a). *Expanding Opportunities and Building Competencies for Young People: A New Agenda for Secondary Education.* Washington, D.C.: World Bank.

World Bank. (2005b). *Reshaping the Future: Education and Postconflict Reconstruction.* Washington D.C.: The World Bank.

Yamada, S. (2008). "Educational Borrowing as Negotiation: Reexamining the influence of American black industrial education model on British colonial education in Africa," *Comparative Education,* Vol.44, No 1, pp.21-37.

索 引

欧字

『EFA2000 年評価報告書（EFA 2000 Assessment）』　27
『EFA グローバル・モニタリング報告書（EFA Global Monitoring Report）』　27, 69, 127
EFA 指標（EFA Indicators）　69
EFA ファスト・トラック・イニシアティブ（EFA-FTI）　71

あ行

アイデンティティ　5, 10, 15, 17, 37, 64, 114, 119, 129, 130, 132, 148, 166-168, 190-192, 197, 201
インディカティブ・フレームワーク　72-75, 78
エンパワーメント（empowerment）　91, 130, 148
オックスファム（Oxfam）　47

か行

外部効率性　64, 70
学習の 4 つの柱（The four pillars of education）　108
学校外教育（non-formal education）（ノンフォーマル教育）　111, 136
キーコンピテンシー（key competencies）　182
『教育開発国際誌（International Journal of Educational Development）』　20
教育借用　15, 23, 33, 35, 39
教育の質調査のための南アフリカ諸国連合（SACMEQ）　44
教育のためのグローバル・パートナーシップ（Global Partnership for Education）　71
近代化論　4, 17
グローバル・ガバナンス　169
グローバルな情報ガバナンス　164-166, 170, 175, 200
経済協力開発機構（OECD）　67
国際協力機構　26, 53, 60, 140, 204
国際連合　10, 43, 145, 159
国連開発計画（UNDP）　45
国連教育科学文化機関（ユネスコ）　7, 10, 11, 26, 27, 42-45, 48, 49, 55, 67-69, 71, 74, 79, 106-113, 120, 122, 132, 133, 136, 138, 144, 155, 156, 158-162, 201, 202, 205
国連識字の 10 年（UN Literacy Decade: 2003-2012 年）　112
国連・持続可能な開発のための教育の十年　10
国連児童基金（ユニセフ）　7, 43, 45, 94, 107, 108, 155, 156, 158
国連世界食糧計画（WFP）　98
子どもの権利条約　4, 64, 92, 95, 105
コミットメント・アプローチ　35-37, 42, 48

さ行

ジェンダー格差　69, 83, 84, 86, 88, 90, 93-96, 98-100, 128, 153
ジェンダー平等　83, 88-90, 93, 94, 96, 98-100, 117, 131

224

持続可能な開発のための教育　6, 10, 28, 104, 105, 120, 126, 165, 170, 172, 199, 200
市民社会（civil society）　42, 47
市民性の教育　6, 9, 10, 104-106, 108-110, 112-117, 119-122, 125, 126, 128-130, 160, 177, 178, 190, 191, 193, 198, 199
社会的弱者　79, 111, 144, 146, 183
従属理論（従属論）　4, 17, 58
新自由主義　6, 65, 128, 129, 177-180, 182, 183, 185, 187-190, 192-195, 197
人的資本論　4, 19, 46, 64
世界教育指標（World Education Indicator: WEI）　68
世界教育フォーラム　7, 27, 41, 44, 47, 71, 93, 94, 146, 149
世界銀行　7, 8, 20, 27, 38, 42, 43, 45, 46, 72, 89, 97, 127, 128, 155, 158, 178
世界人権宣言 4, 64, 92, 93, 105, 145, 146

た行

『ダカール行動のための枠組み』（The Dakar Framework for Action）　47
地球規模課題対応国際科学技術協力（Science and Technology Research Partnership for Sustainable Development: SATREPS）　60
知的開発協力（Intellectual Development Cooperation）　61
地方分権化　9, 54, 65, 127, 177, 193, 197

な行

内部効率性　64, 70
日本比較教育学会　17, 20-23, 39, 40, 199, 202, 205
人間開発指数（Human Development Index: HDI）　69
人間の安全保障（human security）　131, 165
能力開発（capacity development）　53

は行

バングラデシュ農村振興委員会（BRAC）　98
万人のための教育　6, 7, 27, 41, 65, 83, 93, 104, 105, 126, 146, 160, 188
万人のための教育世界会議　7, 27, 41, 65, 93, 146
比較教育学 1, 5, 11, 13-18, 20-25, 28, 29, 32-35, 39, 40, 47-49, 67, 199, 202, 205
『比較教育学研究』誌　17, 20, 22
『比較教育評論（Comparative Education Review: CER）』誌　17
平等主義　10, 119, 129, 182, 187, 191
フラッグシップ・イニシアティブ（Flagship Initiatives）　94
米国開発援助庁（USAID）　61
平和の文化（Culture of Peace）　110

ま行

ミレニアム開発目標（Millennium Development Goals: MDGs）　83
民営化（privatization）　185
民主主義　10, 111-113, 116-118, 120, 121, 128, 129, 131-133, 142, 169, 190-192, 194

や行

ユネスコ教育計画国際研究所（UNESCO International Institute for Educational Planning: IIEP）　44
ユネスコ教育研究所（UNESCO Institute for Education: UIE）　44
ユネスコ国際教育局（UNESCO International Bureau of Education: IBE）　44

ら行

ライフ・スキル　　　　　　　　104, 106-109, 112, 113, 116, 120, 126, 134-136, 141, 147, 150, 152, 153, 198
リベラル・デモクラシー　　9, 10, 119, 129, 191

The Scope of International Educational Development Studies

Today, approximately 67 million school-age children in the world cannot go to school and about 796 million people aged 15 or older are illiterate. Many of them live in developing countries and over 60% of them are women. For many years, efforts have been made in the international community to improve the situation in which many people are deprived of opportunities to receive basic education. Results of such efforts vary: some countries have made remarkable accomplishments over the past decade, while others still stop short of providing sufficient educational opportunities for their people. In any case, there is no doubt that many developing countries still face various challenges in terms of educational development.

International educational development studies is a field that academically analyzes the challenges facing educational development in developing countries. So far, it has been European and U.S. scholars who have led the trend in this field's international research. However, research activities by Japanese scholars are also becoming active in recent years. In this book, the author attempts to present his views on which theoretical frameworks and research interests are included in the field of international educational development studies.

Needless to say, international educational development studies addresses extensive topics and so it is extremely difficult for any single researcher to give a comprehensive explanation of the discipline. Therefore, this book discusses international educational development studies particularly from the perspective of comparative education studies, one of the main research areas in international educational development studies. Based on such discussions, the book studies the role of education in developing societies by focusing on such themes as "Education for Sustainable Development (ESD)" and "citizenship education," thereby suggesting what contributions education can make to the creation of a sustainable society, one of the major goals of the 21st century.

【著者】

北村友人(きたむら　ゆうと)

東京大学大学院教育学研究科准教授。国連教育科学文化機関教育専門官補、名古屋大学大学院国際開発研究科准教授、上智大学総合人間科学部教育学科准教授を経て、現職。研究分野は、比較教育学、国際教育開発論。

主要著作：『国際教育開発の再検討－途上国の基礎教育普及に向けて－』(共編著、東信堂、2008年)、『揺れる世界の学力マップ』(共編著、明石書店、2009年)、*Emerging International Dimensions in East Asian Higher Education*(共編著、Springer、2014年)。

国際教育開発の研究射程──「持続可能な社会」のための比較教育学の最前線

2015年5月15日　　初　版第1刷発行　　　　　　　　　〔検印省略〕
　　　　　　　　　　　　　　　　　　　　定価はカバーに表示してあります。

　　　　　　　　　　　　　　　　　　印刷・製本／中央精版印刷株式会社
　　　　　　　　　　　　　　　　　　　　　組版／フレックスアート

著者Ⓒ北村友人／発行者　下田勝司　　　　　　　　　　発　行　所
　　　　　　　　　　　　　　　　　　　　　　　　　株式
東京都文京区向丘1-20-6　　郵便振替 00110-6-37828　　会社 東 信 堂
〒113-0023　TEL(03)3818-5521　FAX(03)3818-5514
Published by TOSHINDO PUBLISHING CO., LTD.
1-20-6, Mukougaoka, Bunkyo-ku, Tokyo, 113-0023, Japan
E-mail : tk203444@fsinet.or.jp　http://www.toshindo-pub.com

ISBN978-4-7989-1294-3　C3037　Copyright Ⓒ Yuto KITAMURA

東信堂

比較教育学事典	日本比較教育学会編	一二〇〇〇円
比較教育学の地平を拓く	森下稔編著／山田肖子	四六〇〇円
比較教育学——越境のレッスン	馬越徹	三六〇〇円
比較教育学——伝統・挑戦・新しいパラダイム　持続可能な社会のための比較教育学の最前線	M・ブレイ編／馬越徹・大塚豊監訳	三八〇〇円
国際教育開発の研究射程	北村友人著	二八〇〇円
国際教育開発の再検討——途上国の基礎教育普及に向けて	小川啓一・西村幹子・北村友人編著	二四〇〇円
発展途上国の保育と国際協力	浜野隆・三輪千明著	三八〇〇円
トランスナショナル高等教育の国際比較——留学概念の転換	杉本均編著	三六〇〇円
現代中国初中等教育の多様化と教育改革	大塚豊監訳／顧明遠著	二九〇〇円
文革後中国基礎教育における「主体性」の育成	大塚豊	三六〇〇円
中国教育の文化的基盤	大塚豊	三二〇〇円
中国大学入試研究——変貌する国家の人材選抜	南部広孝	五〇四八円
中国高等教育独学試験制度の展開	劉文君	三九〇〇円
中国の職業教育拡大政策——背景・実現過程・帰結	王傑	三六〇〇円
中国高等教育の拡大と教育機会の変容	楠山研	六〇〇〇円
「郷土」としての台湾——郷土教育の展開にみるアイデンティティの変容	李霞	四六〇〇円
戦後台湾教育とナショナル・アイデンティティ	林初梅	四六〇〇円
ドイツ統一・EU統合とグローバリズム——教育の視点からみたその軌跡と課題	山﨑直也	二八〇〇円
教育における国家原理と市場原理——チリ現代教育史に関する研究	斉藤泰雄	三八〇〇円
中央アジアの教育とグローバリズム	木戸裕	三二〇〇円
インドの無認可学校研究——公教育を支える「影の制度」	川嶺井辺明敏編著	三二〇〇円
バングラデシュ農村の初等教育制度受容	小原優貴	三六〇〇円
オーストラリアのグローバル教育の理論と実践——開発教育研究の継承と新たな展開	日下部達哉	三六〇〇円
オーストラリアの教員養成とグローバリズム——多様性と公平性の保証に向けて	木村裕	三六〇〇円
[新版]オーストラリア・ニュージーランドの教育——グローバル社会を生き抜く力の育成に向けて	本柳とみ子	三六〇〇円
オーストラリアの言語教育政策——多文化主義における「多様性と」「統一性」の揺らぎと共存	青木麻衣子・佐藤博志編著	二〇〇〇円
マレーシア青年期女性の進路形成	青木麻衣子	三八〇〇円
	鴨川明子	四七〇〇円

〒113-0023　東京都文京区向丘1-20-6
TEL 03-3818-5521　FAX03-3818-5514　振替 00110-6-37828
Email tk203444@fsinet.or.jp　URL:http://www.toshindo-pub.com/

※定価：表示価格（本体）＋税

東信堂

現代アメリカの教育アセスメント行政の展開——マサチューセッツ州（MCASテスト）を中心に	北野秋男編	四八〇〇円
アメリカ公民教育におけるサービス・ラーニング	唐木清志	四六〇〇円
現代アメリカにおける学力形成論の展開——スタンダードに基づくカリキュラムの設計	石井英真	四二〇〇円
ハーバード・プロジェクト・ゼロの芸術認知理論とその実践——内なる知性とクリエイティビティを育むハワード・ガードナーの教育戦略	池内慈朗	六五〇〇円
アメリカにおける学校認証評価の現代的展開	浜田博文編著	二八〇〇円
アメリカにおける多文化的歴史カリキュラム	桐谷正信	三六〇〇円
EUにおける中国系移民の教育エスノグラフィ	山本須美子	四五〇〇円
社会形成力育成カリキュラムの研究	西村公孝	六五〇〇円
現代ドイツ政治・社会学習論——「事実教授」の展開過程の分析	大友秀明	五二〇〇円
現代教育制度改革への提言 上・下	日本教育制度学会編	各二八〇〇円
現代日本の教育課題——二一世紀の方向性を探る	村田翼夫編著 山口満	二八〇〇円
バイリンガルテキスト現代日本の教育	村田翼夫編著	三八〇〇円
発展途上国の保育と国際協力	浜野隆編著 三輪千明	三八〇〇円
日本の教育経験——開発途上国の教育開発を考える	国際協力機構編著	二八〇〇円
子ども・若者の自己形成空間——教育人間学の視線から	高橋勝編著	二七〇〇円
君は自分と通話できるケータイを持っているか——「現代の諸課題と学校教育」講義	小西正雄	二〇〇〇円
教育文化人間論——知の逍遥／論の越境	小西正雄	二四〇〇円
グローバルな学びへ——協同と刷新の教育	田中智志編著	二〇〇〇円
学びを支える活動へ——存在論の深みから	田中智志編著	三五〇〇円
教育の共生体へ——ボディ・エデュケーショナルの思想圏	田中智志編	三五〇〇円
人格形成概念の誕生——近代アメリカの教育概念史	田中智志	三六〇〇円
社会性概念の構築——アメリカ進歩主義教育の概念史	田中智志	三八〇〇円
教育による社会的正義の実現——アメリカの挑戦（1945-1980）	D・ラヴィッチ著 末藤美津子訳	五六〇〇円
学校改革抗争の100年——20世紀アメリカ教育史	末藤・宮本・佐藤訳 D・ラヴィッチ著	六四〇〇円

〒113-0023 東京都文京区向丘1-20-6
TEL 03-3818-5521 FAX 03-3818-5514 振替 00110-6-37828
Email tk203444@fsinet.or.jp URL:http://www.toshindo-pub.com/

※定価：表示価格（本体）＋税

東信堂

大学の自己変革とオートノミー —点検から創造へ—	寺﨑昌男	二五〇〇円
大学教育の創造 —歴史・システム・カリキュラム—	寺﨑昌男	二五〇〇円
大学教育の可能性 —教養教育・評価・実践・FD—	寺﨑昌男	二五〇〇円
大学は歴史の思想で変わる —FD・評価・私学—	寺﨑昌男	二八〇〇円
大学改革 その先を読む	寺﨑昌男	一三〇〇円
大学自らの総合力 —理念とFD そしてSD—	寺﨑昌男	二〇〇〇円
高等教育質保証の国際比較	羽田貴史編	三六〇〇円
主体的学び 創刊号	主体的学び研究所編	一八〇〇円
主体的学び 2号	主体的学び研究所編	一六〇〇円
主体的学び 3号	主体的学び研究所編	一六〇〇円
「主体的学び」につなげる評価と学習方法 —カナダで実践されるICEモデル—	S・ヤング&R・ウィルソン著 土持ゲーリー法一監訳	二五〇〇円
ポートフォリオが日本の大学を変える —ティーチング／ラーニング／アカデミック・ポートフォリオの活用—	土持ゲーリー法一	二五〇〇円
ティーチング・ポートフォリオ 授業改善の秘訣	土持ゲーリー法一	二五〇〇円
ラーニング・ポートフォリオ 学習改善の秘訣	土持ゲーリー法一	二五〇〇円
学生支援に求められる条件 学生支援GPの実践と新しい学びのかたち	大島勇人 清野雄多 濱野	二八〇〇円
学士課程教育の質保証へむけて —学生調査と初年次教育からみえてきたもの—	山田礼子	三二〇〇円
大学教育を科学する —学生の教育評価の国際比較—	山田礼子編著	三六〇〇円
アクティブラーニングと教授学習パラダイムの転換	溝上慎一	二四〇〇円
大学生の学習ダイナミクス —授業内外のラーニング・ブリッジング—	河井亨	四五〇〇円
「学び」の質を保証するアクティブラーニング —3年間の全国大学調査から—	河合塾編著	二〇〇〇円
「深い学び」につながるアクティブラーニング —全国大学の学科調査報告とカリキュラム設計の課題—	河合塾編著	二八〇〇円
アクティブラーニングでなぜ学生が成長するのか —経済系・工学系の全国大学調査からみえてきたこと—	河合塾編著	二八〇〇円
初年次教育でなぜ学生が成長するのか —全国大学調査からみえてきたこと—	河合塾編著	二八〇〇円

〒113-0023 東京都文京区向丘1-20-6　TEL 03-3818-5521　FAX 03-3818-5514　振替 00110-6-37828
Email tk203444@fsinet.or.jp　URL:http://www.toshindo-pub.com/

※定価：表示価格（本体）＋税